优质高效课堂教学研修丛书

YOUZHI GAOXIAO KETANG JIAOXUE YANXIU CONGSHU

新版课程标准下的课堂教学新变化

XINBAN KECHENG BIAOZHUNXIA DE

KETANG JIAOXUE XINBIANHUA

▶ 严先元　严虹焰　汪　玲　编著 ◀

东北师范大学出版社　长　春

图书在版编目（CIP）数据

新版课程标准下的课堂教学新变化/严先元，严
虹焰，汪玲编著．—长春：东北师范大学出版社，
2013.2
ISBN 978 - 7 - 5602 - 8831 - 4

Ⅰ.①新⋯ Ⅱ.①严⋯ ②严⋯ ③汪⋯ Ⅲ.①课堂
教学—教学研究—中小学 Ⅳ.①G632.421

中国版本图书馆 CIP 数据核字(2013)第 030293 号

□策划编辑：刘晓军
□责任编辑：王 蕾 □封面设计：张 然
□责任校对：张 曼 □责任印制：刘兆辉

东北师范大学出版社出版发行
长春净月经济开发区金宝街 118 号（邮政编码：130117）
电话：0431—85687213
传真：0431—85691969
网址：http：// www. nenup. com
电子函件：sdcbs@mail. jl. cn
东北师范大学出版社激光照排中心制版
北京柯蓝博泰印务有限公司印装

2013 年 3 月第 1 版 2019 年 5 月第 3 次印刷
幅面尺寸：169 mm×239 mm 印张：12.5 字数：227 千

定价：23.00 元

目录

目录

导言：新修订的义务教育课程标准有什么新变化①

世纪之交，党中央、国务院为迎接知识经济的挑战、全面提高国民素质、提升综合国力，作出全面实施素质教育、进行基础教育课程改革的重大战略决策。这次基础教育的课程改革，是新中国成立以来的第八次基础教育课程改革。本次课程改革着眼于建立有中国特色、更加符合时代要求的基础教育课程体系，研究制定基础教育各学科课程标准是其中的核心内容。

2001 年印发的《义务教育各学科课程标准（实验稿）》，在十年的改革实践中，极大地促进了教育工作者教育思想观念的转变，大范围引导了教学改革和人才培养方式转变，得到中小学教师的广泛认同。随着改革的深入推进，我们也发现了一些需要进一步提高与完善的地方。如有些学科容量偏多，难度偏大；有些学科具体内容体现循序渐进的梯度不够；相关学科、学段间的衔接有待加强等，课程标准有待修改完善。2010 年，中共中央国务院印发了《国家中长期教育改革和发展规划纲要（2010—2020 年）》，明确提出与时俱进、推进课程改革的任务要求。基于上述背景，教育部委托基础教育课程教材专家工作委员会组织开展了此次义务教育课程标准的修订与审议工作。

新课标新在哪里？

一、坚持育人为本，突出教育改革与发展的战略主题

《国家中长期教育改革发展和规划纲要》（2010—2012 年）提出了"优先发展、育人为本、改革创新、促进公平、提高质量"的工作方针，并确定坚持以人为本、全面实施素质教育是教育改革发展的战略主题，是贯彻党的教育方针的时代要求。其核心是解决好培养什么人、怎样培养人的重大问题，重点是面向全体学生，促进学生全面发展，着力提高学生服务国家、服务人民的责任

---

① 据教育部基础教育课程教材专家工作委员会就印发《义务教育课程标准（2011 年版）》答记者问编写.

感，勇于探索的创新精神和善于解决问题的实践能力。本次新课标修订的原则和重点之一，就是要坚持推进素质教育，促进德智体美全面发展。

二、坚持德育为先，进一步突出德育的时代精神

全面实施素质教育，必须坚持德育为先，把社会主义核心价值体系融入学校课程之中。修订后的义务教育课程标准结合学科特点和学生的年龄特征，进一步加强了德育。一是各学科把落实科学发展观、社会主义核心价值体系作为修订的指导思想，结合学科内容进行了有机渗透。二是进一步突出了中华民族优秀文化传统教育。如：语文课程专设了书法课；数学建议将《九章算术》列为教材内容；历史增加了传统戏剧等反映我国传统文化的内容。三是进一步增强了民族团结教育的针对性和时代性。根据我国多民族的基本国情，按照社会主义和谐社会的总体要求，在原有民族团结教育内容中更加突出了"民族交往、交流、交融"和"共同发展"的内涵。四是强化了法制教育的内容。

三、坚持能力为重，强调创新精神与实践能力的培养

我国基础教育有重视"双基"（基础知识和基本技能）的传统，但对学生的创新精神和实践能力的培养比较薄弱。为此，此次课程标准修订特别强调能力培养。一是进一步丰富了能力培养的基本内涵。如数学课程把传统的"双基"目标发展为"四基"，增加了"基本活动经验、基本思想"的新要求。二是进一步明确了能力培养的基本要求。如针对教师反映对"探究学习"指导有困难的问题，提炼了"探究学习"的基本步骤和一般方法，以加强对能力培养的指导。三是理科课程强化了实验要求。如物理学科明确列出了学生必做的20个实验，化学学科要求学生独立完成8个实验，以加强动手能力的培养。

四、坚持与时俱进，反映社会发展和科技发展的新成果

增强课程的时代性，加强课程内容与现代社会和科技发展以及学生生活的联系是课程改革的重要目标之一。本次修订在注重各学科经典基础内容的同时，坚持了课程内容的与时俱进，及时反映了新时期我国经济社会发展的新成就。如历史学科增加了"十六大以来的新成就"，物理学科增加了"宇宙探

索"、"我国载人航天事业"、"新能源"等有关知识。一些学科结合学科特点，把我国社会发展中出现的一些现实问题作为课程内容，引导学生进行科学判断，如化学学科把"婴儿奶粉中的蛋白质含量"、"臭氧空洞和臭氧层保护"等有关知识列入了课程内容。

五、坚持优质轻负，科学合理地安排课程容量和难度

本次课程标准的修订积极回应了社会各界对教育问题的关切，努力从儿童身心发展的特点和需要出发，科学合理地安排课程容量和难度。

在课程容量控制上，大部分学科进一步精选了内容，减少了学科内容条目。在课程难度控制上，有些学科直接删去了过难的内容；有些学科降低了一些知识点的学习要求，从"认知"和"理解"调整为"了解"；有的学科对难度较大又不宜删除的内容，以"选学"方式处理，既增加课程弹性，也控制了难度；还有些学科按照学生的认知特点，适当调整了不同学段的课程难度，使梯度要求更加清晰，更好地体现循序渐进的原则。

从语文课程标准来看，母语教育非常重要，但其教育的内容与要求必须符合不同年龄阶段孩子的特点。依据小学阶段不同年龄学生的语言发展特点和小学语文识字、写字教学情况的调查结果，修订后的语文课程标准对小学不同年级学生的写字量做了适当调整，以更好地遵循识字写字循序渐进的规律。调整之后，低、中年级适当减少了写字量，高年级相应增加了写字量，整个小学阶段识字写字总量保持不变，仍然要求认识常用汉字 3000 个左右，其中 2500 个会写。

修订后的义务教育课程标准已经颁布，下一步是解决如何落实课程标准的问题，特别是基于课程标准的教学实施已经是摆在广大教师面前的一个值得研究的课题，我们将对此进行认真的探索。

第一章　推进"德育为先"的课堂建设

全面推进素质教育,必须坚持德育为先,把社会主义核心价值体系融入课程,融入教学。

党的十七届六中全会指出:"社会主义核心价值体系是兴国之魂,是社会主义先进文化的精髓,决定着中国特色社会主义发展方向。"社会主义核心价值体系涵盖了学校德育的最基本内容,具有普适性。为确保社会主义教育的正确方向,迫切需要加强社会主义核心价值体系教育,把社会主义核心价值体系教育作为德育的核心,放在学校工作的重中之重位置。

一、把价值引领融入教学过程

2006 年,《中共中央关于构建社会主义和谐社会若干重大问题的决定》明确了社会主义核心价值体系的四个方面内容:马克思主义指导思想提供的是科学的世界观和方法论,是建设社会主义的理论基础和行动指南;中国特色社会主义共同理想代表了当代中国发展进步的方向,集中体现了最广大人民的根本利益和共同愿望;以爱国主义为核心的民族精神和以改革创新为核心的时代精神相互交融,深深熔铸在民族的生命力、创造力和凝聚力之中,为中华民族伟大复兴提供着强大精神力量;社会主义荣辱观体现了社会主义道德的根本要求,为在社会生活中确定价值取向、作出道德判断提供了基本准则,发挥着引领风尚的作用。社会主义核心价值体系四个方面的基本内容,相互联系,相互贯通,有机统一,共同构成了一个完整的价值体系。

（一）价值引领的意义

新世纪新阶段,我国儿童和青少年的生存环境发生了深刻的变化。经济全球化的环境,市场经济的社会环境,数字化的生活环境,个性化的学习环境,多样化的家庭环境等等,促使学校教育必须直面社会开放和价值多元的现实。在多样化的教育环境中,应帮助学生正视道德冲突,解决思想困惑,学会分辨是非，学会判断选择，有针对性地加强社会主义核心价值体系教育。[①]

1. 教育视野中的价值引领

教育作为促进人发展的活动，其重要价值就是对人进行价值引领，以使人能够超越自身发展的局限，更好更快地发展，追求自身成为真正的、纯粹的人的人的存在，完成生而为人的"无限完善的使命"[②]。教育"自一诞生就被赋予了传承知识、承载价值、引领生活、追求理想的神圣使命。它要引导学生求真、寻善、向美，以促进生命不断成长、不断超越现实和生成新的自我"[③]。

"价值"是人们经常接触到的概念。马克思在《评阿·瓦格纳的"政治经济学"教科书》一文中指出："'价值'这个普通的概念是从人们对待满足他的需要的外界物的关系中产生的。"[④]他还在《以李嘉图理论为依据反对政治经济学家的无产阶级反对派》一文中提到，价值"表示物的对人有用或使人愉快等等的属性"[⑤]。从马克思以上所述可见，在价值中反映着主客体的关系，是客观事物满足人的需要所产生的一种意义的评价。

"价值"这一概念的使用范围很广，在不同领域运用，虽然本质属性并未改变，但其所指则有所不同。我国学者石中英指出[⑥]，在经济学领域中，"价值"为"物的价值"或"客体的价值"，主要反映物品或社会服务本身对于占有或消费它们的人们的有用性程度，而在伦理学和教育学领域中，"价值"为"人的价值"或"主体的价值"。在此意义上，"价值"即指人们——个体或群体——在行动时所应该坚持和体现的正确原则，同时也是人们评价他人行为"好坏"、"对错"或"高尚与低俗"的重要标准。

根据以上的区分，"价值教育"（value education）不是有关如何增加物品或社会服务"有用性"的教育，而是有关人们什么样的行为才是"正当的"、"对的"、"好的"或"高尚的"的教育，是有关人们行为正当性原则的教育，因而也是有关培养正直的、真正的、有良好品格的人的教育。价值教育的任务不是要帮助学生掌握有效满足自己各种不同需要的方式方法，而是要帮助他们认识、体验、认同并在日常生活中践行那些被社会公认的正当性原则。从这个角度来说，"价值教育"在内涵上和外延上一方面涵盖了"道德教育"，另一方

---

① 田建国. 社会环境变化：青少年教育的新课题. 中国教育报，2007－05－08.
② ［德］费希特. 论学者的使命人的使命. 梁志学，沈真，译. 北京：商务印书馆，1984：12，9.
③ 张传燧，赵荷花. 教育到底应如何面对生活. 教育研究，2007（8）.
④ ［德］马克思，恩格斯. 马克思恩格斯全集：第19卷. 北京：人民出版社，1972：406.
⑤ ［德］马克思，恩格斯. 马克思恩格斯全集：第26卷第3册. ［M］：北京：人民出版社，1973：326.
⑥ 石中英. 关于当前我国中小学价值教育几个问题的思考. 人民教育，2010（8）.

面又超越了道德教育，可以将它看作道德教育的拓展、丰富和深化。

教学中的价值引领正是基于价值教育的要求而提出的。

2. 多元文化下的社会责任

科技和经济的发展带来了全球化的时代，价值观和信仰的多元、多样、多变是全球化时代的一个重要特征。[①] 基于历史与逻辑统一的角度，可能说，当代中国文化的历史变迁与转型，正在从机理上对道德教育的发展产生着重要的乃至根本性的影响。这种影响之一就突出表现为多元文化已成为制约学校道德教育变革的文化事实与文化生态。[②] "文化的多元挑战人类原有的一元价值和文化霸权，尊重个人的主体自由和选择，使人类原有的相对稳定的价值体系与行为方式渐趋多元化、离散化、冲突化"[③]。教育是一种价值负载的"崇善"活动，担负着"使文化功能和对灵魂的铸造功能融合起来"[④] 的责任，当前，包括课堂教学在内的各种教育活动领域中表现出的价值混乱、道德滑坡、行为偏异，急切地呼唤教育承担起教书育人的"成人之美"的社会责任，因此，道德教育应该通过课堂教学、课外与校外活动、生活实践与社会交往等渠道，引导学生"既尊重差异、包容多样，又有力抵制各种错误和腐朽思想的影响"[⑤]，以不断增强其道德判断能力，形成稳定、健康的道德人格。对处于中国特色社会主义伟大实践关键阶段的我国来说，树立一种"合乎最广大人民群众的最大利益"的核心价值观念，仍然是我们这个时代"最根本的、最高的、统率一切的价值取向、价值标准、价值原则"。要完成这一使命，只有引导学生通过对多元文化与价值的分析、比较与鉴别，才能使其自主建构符合主体需要与时代要求的价值观、道德观。[⑥]

◆**示　例**

教师：切不要轻视自己的社会责任

——一组价值失范的小镜头

●陶西平曾经举过这样一个例子：一次观看影片《白毛女》后，教师要求学生写观后感。有的学生指责杨白劳欠了黄世仁的钱不还，还要劳烦人家上门去讨，真不应该；有的说喜儿也真是太傻，人家黄世仁那么有钱，干吗不肯嫁给他；有的说大春也太不识趣，家里无钱无权，还想娶美女。

---

① 杨韶刚. 多元、多样、多变时代的道德心理学思考. 中国德育，2006（12）.
② 戚万学. 多元文化背景中道德教育的文化自觉. 人民教育，2011（22）.
③ 冯建军，傅淳华. 多元文化时代道德教育的困境与决策. 西北师大学报（社会科学版），2008（1）.
④ ［德］雅斯贝尔斯. 什么是教育. 周讲，译. 北京：生活·读书·新知三联书店，1991.
⑤ 胡锦涛. 高举中国特色社会主义伟大旗帜，为夺取全面建设小康社会新胜利而奋斗. 人民日报，2007—10—27.
⑥ 戚万学. 多元文化背景中道德教育的文化自觉. 人民教育，2011（22）.

●一位教师在讲《狐狸和乌鸦》一课时问学生，结尾狐狸骗到了乌鸦的肉后，乌鸦会怎么想。一个学生回答："乌鸦说，从来没有人称赞过我的羽毛漂亮，今天终于听了一回奉承话，感觉真好。不就是一块肉吗？孩子们，我再给你们找吧！"教师对此大加赞赏，夸学生见解独到。但仔细推敲，这种采用自我解嘲的方法，求得心理上的安慰，违背了课文的价值取向，不利于学生良好个性品质的形成。

●学习《落花生》一课。要做像落花生那样有用的人，不要做只讲体面，而对别人没有好处的人，不仅是课文中父亲的教诲，也是文章的中心思想。但是在执教老师让大家争辩你想做落花生那样的人，还是想做苹果、石榴那样的人时，不少学生认为"我更喜欢做苹果、石榴那样的人"：

"落花生虽然有用，但为什么要深深地埋在地下？如果长在地上，更为别人所了解，有什么不好！"

"石榴、苹果把好看的果实高高挂在树枝上，使别人都能了解自己不是更好吗？"

"我认为美丽不是一个缺点，而是一个优点、一个长处。像苹果、石榴那样既有用又美丽才好呢！"

"现在连大学毕业生也要自己找就业机会。如果他们不会展示自己的长处和才能，向别人介绍自己，单位怎么会聘用他呢！"

●一位教师在讲《掩耳盗铃》这则寓言。教师为启发学生的思维，活跃课堂气氛，说："大家认为掩耳盗铃的人聪明吗？为什么？"学生："不聪明，铃一响就会被人发现。"教师："有没有什么办法既能盗得铃，又不被发现呢？"学生："拿一块棉布捂上铃，就不会被人发现。"老师："不错！你很机灵！"学生："趁主人不在，爱怎样拿就怎样拿！"老师："很好！你更聪明。"学生："老师，我可以大摇大摆地在主人面前取走铃。"老师："这是为何？"学生："我带一大帮人，他还不乖乖送上吗？"

以上事例说明，我国当前确实存在多元文化影响下的价值失范问题，这充分凸显了课堂教中价值引领的必要性和紧迫性。每一位教师都应当强化自己的责任感，把社会主义核心价值体系融入到课堂教学中去。

3．课堂教学中的有机融入

课堂教学是社会主义核心价值体系教育的主渠道，要把各门课程蕴含的社会主义核心价值体系教育资源充分开发出来，把各门课程中社会主义核心价值体系的育人功能充分地发挥出来，使学生在课堂学习的过程中受到教育。

教学本身就具有丰富的教育性价值和使命。从伦理精神与道德价值的视角关照当前的课堂教学，对于课堂教学教育性的落实意义重大。课堂不仅有教学效率、教学方法、课堂管理等科学性、规范性的要求，同时还有合理、善良与幸福等道德性的要求。道德的课堂着眼于教师和学生作为一个真正的人，着眼于学生的充分、全面、多元和自由地发展，着眼于学生愉快、和谐的精神体验。这种课堂应当具有鲜明的教育价值观、鲜明的育人立场和明确的道德目标。①

总之，要把教学活动作为一种价值关涉的活动，在教学目标、教学内容、教与学的活动方式和教学评价等方面凸显其价值意义，使之成为真正的"创价活动"。②

◆ 示 例

"文以载道"
——《詹天佑》教学的一个小片段③

师：刚才我们读到一个词"回击"，它有哪些近义词？

生：反击、打击。

师：这里为什么要用"回击"？

生：因为帝国主义者认为，这是一个笑话。

师：一个笑话？告诉我们，你说的是哪一段文字？

生：第三自然段。

师：好，我们跟你一起来学第三自然段。

生：（读）有一家外国报纸轻蔑地说："能在南口以北修筑铁路的中国工程师还没有出世呢。"

生：（读）"原来，从南口往北过居庸关到八达岭，一路上都是高山深涧、悬崖峭壁。他们认为，这样艰巨的工程，外国著名的工程师也不敢轻易尝试，至于中国人，是无论如何也完成不了的。"

生：这让我们想到了，高山深涧和悬崖峭壁间的勘测线路；想到了两端凿进和中部凿开；想到了"人"字形线路的设计。这些困难，发达国家的工程技术人员早就预见到了，但他们也不敢轻易尝试，所以他们认为我们不可能成功，他们嘲笑我们。

师：你们认为外国人的嘲笑有理由吗？

生1：有理由，因为当时的清政府腐败无能。

生2：没有理由，因为帝国主义者对中国的情况还不了解，我们已经有自己的铁路工程师了。

---

① 郅庭瑾. 道德的课堂：问题与思考. 思想理论教育，2007（1）.

② 赵文平. 教学价理研究：教学论亟须深入关注的领域. 当代教育科学，2010（23）.

③ 雷玲，主编. 听名师讲课·语文卷. 南宁：广西教育出版社，2004；110—111.

生 3：有理由，因为当时中国的技术太落后了。

生 4：有理由，虽然有一个詹天佑，但那么多困难不是他一个人能克服的。

生 5：没有理由，中国人是有志气的，詹天佑是有志气的。

生 6：有理由，中国落后的不仅仅是科技，主要是政府腐败。如果政府是腐败的，光有几个科学家有什么用呢？

生 7：有理由，因为这是第一条完全由中国人自己修筑的铁路。在这之前，中国的铁路都是外国人设计修筑的。这是第一条完全由中国人自己修筑的铁路，而且那么难，外国人认为很多困难他们都不能克服，中国人当然更不行了。

数学课堂上的价值辨析

一位教师听到一名同学在闲谈中说道："《白毛女》中杨白劳借了钱为什么不还钱？驴打滚的债和复利有什么不同？"这位教师把这一问题提到数学课上来讨论，复习和推导单利与复利的计算公式，比较杨白劳年代的"高利贷"和现在银行的"贷款利率"，引导大家从数学的角度考察"半殖民地半封建社会的超经济剥削"与"平等互利的借贷关系"之间的区别。这样进行教育，非常生动活泼，学生也理解了阶级矛盾的含义。这位教师能够抓住学生闲谈时的疑惑进行教育，更是难能可贵。我们经常听到一些故事，说以前的名教授、名特级教师，往往会在课堂上讲一些题外话，给学生的印象十分深刻，甚至会影响其人生道路。这种优良传统，现在很少有人提倡，也缺乏继承人了。

（二）价值引领的重点

我国新一轮课程改革提出要"改变课程过于注重知识传授的倾向，强调形成积极主动的学习态度，使获得基础知识与基本技能的过程同时成为学会学习和形成正确价值观的过程"。这是一种培养"完整的人"的取向，即"把一个人在体力、智力、情绪、伦理各方面的因素综合起来，使他成为一个完善的人"。这是学校的中心职责。"学校必须是'有教育意义的'，因为它们必须成为我们弄清楚如何实现人道、亲切、优美和共同利益等学校和社会中通常缺乏的价值观的主要基地之一"。[①]

1. 揭示课程内容的价值蕴含

课程内容是根据特定的教育价值观及相应的课程目标，从学科知识、当代社会生活经验或学习者的经验中选择课程要素的过程。这些要素包括概念、原

---

① ［加］克里夫·贝克. 优化学校教育：一种价值的观点. 戚万学，等译. 上海：华东师范大学出版社，2003：41.

理、技能、方法、价值等。① 我国的课程研究者曾指出，已经选择出的课程内容（或学习内容）是从三个层次来组织的，一是宏观层次，体现着教育目标或课程总目标；二是中观层次，通常表现为科目；三是微观层次，是每门特定学科中的具体内容。②

从宏观层次看，《基础教育课程改革纲要（试行）》提出"新课程的培养目标应体现时代的要求"，其具体表述与社会主义核心价值体系是完全一致的。也就是说，我国新课程全部内容所蕴含的观点、立场和方法，负载了社会主义核心价值体系内涵的基本方面。我们必须自觉地将社会主义核心价值体系作为理解和把握课程目标的指导思想和深刻依据，完整地融入课程实施（教学活动）中去。

从中观层次看，每个学科都有独特的育人价值。叶澜教授从内涵和外延两方面对此做过描述："任何一门学科的教学，都要认真分析本学科对于学生而言独特的发展价值，它除了指该学科领域所涉及的知识对学生的发展价值外，还应该包括服务于学生丰富对所处的变化着的世界的认识；为他们在这个世界中形成、实现自己的意愿，提供不同的路径和独特的视角；学习该学科发现问题的方法和思维的策略、特有的运算符号和逻辑；提供一种唯有在这个学科的学习中才可能获得的经历和体验；提升独特的学科美的发现、欣赏和表现能力。"③ 因此，在教学中，每个学科对学生的发展价值，除了一个领域的知识以外，从更深的层次看，还应为学生的发展提供唯有这个学科的学习才可能获得的价值理念、经历、体验、独特视角、路径以及不同的思维方式。这就需要把备课的重点，从一般的授课内容向价值思考转变，尤其要从学科的独特价值出发，把教学目标的设定作为教学的价值定位和价值承诺。④

从微观层次看，教师要充分利用和挖掘不同学科在内容与材料本身所蕴含的道德教育资源。里考纳列举过各科教学中可以利用的一些价值因素，例如：数学和科学课中科学家的生平成就、生活和治学态度；语文课中文学上榜样人物的道德作用；历史课中历史人物的德行与自律精神；在体育与健康课中展示适度的自我控制对个人健康和品行的重要⑤。此外，要从教学设计、结构、策略、方法等方面加以研究、开发和创造，并对诸多环节中的自我表现加以反思和调整。

---

① 张华. 课程与教学论. 上海：上海教育出版社，2002：191.

② 丁念金. 课程论. 福州：福建教育出版社，2007：87.

③ 叶澜. "新基础教育"发展性研究报告集. 北京：中国轻工业出版社，2004：21.

④ 成尚荣. 把价值关怀贯穿有效教学全过程. 中国教育报，2008－10－17.

⑤ 袁桂林. 当代西方道德教育理论. 福州：福建教育出版社，2005：254.

◆示　例

知识的价值启示

●有一位教师在给临毕业的学生们上最后一节课时，把他们带到实验室，让他们做最后一次实验——水的三种形态。教师对孩子们说道："人生也有三种形态，当你对生活持 0℃ 以下的态度时，你的人生便是结冻的冰；当你对生活持平常态度的话，人生便是水，虽可流动，但无法超过湖河的局限；如果你对生活持 100℃ 的激情，你就是水蒸气，能够不受限制，积极生活。"

这位教师的教诲，将有助于学生们树立崇高的人生信念，从而去追求乐观、积极向上的生活。

●一位生物学科教师讲"人的生殖和发育"的第一节"精卵结合孕育新生命"时，设置了这样一个思考题："父方提供的精子可达几亿个，完成受精作用的精子往往只有一个，你有何感想？"经过思考讨论，学生认识到受精的过程就是一个优选淘汰的过程；生命来之不易，我们应该感到幸运，应该珍惜；每个人都是非常优秀的，因为他（她）不是百里挑一，也不是万里挑一，而是几亿中挑一的。

●四川省成都市树德中学特级教师游老师在教完了解析几何"直线和圆"这一单元后，有学生在"数学作文"中写了这样一首诗：

数 学 情 结

所有直线表眷恋，前后延伸情无限；

所有交叉是歧路，生活处处有风险；

所有曲线像爱情，曲折饱含苦与甜；

所有故事绘人生，周而复始总是圆（缘）。

这些例子可以引发我们许多思考，如：数学或科学知识真的与"价值"无涉吗？知识教学的意义仅仅是获得客观世界中一些已被证明的"规律"吗？"知识就是力量"，这种"力量"是只是征服物质世界的力量，还是有丰富生命世界的力量？知识所唤起的体验、感悟、憧憬与追求，其对人生的意义应当是一种"必需品"，还是一种可有可无的"副产品"？……

2. 注重学习意义的价值理解

我国学者檀传宝提出，从教育角度讲，价值就是事物向主体呈现的意义。① 课程知识学习的意义，其实是"学有何用"和"学有所用"的问题。这

---

① 檀传宝. 教育是人类价值生命的中介. 教育研究，2000（3）.

种意义有的是在教材中点明的，有的是在事例中隐含的，有的则是在学习活动中寄寓的，需要教师通过教学把它揭示出来，让学生明白并把它作为一种信念。例如，某一学科知识的学习涉及怎样的对象世界，需要认识些什么问题，它在生产生活中能发挥何种作用，可以解决哪些具体问题等等，都需要有一个正确的答案。其实我们常讲的"为社会主义现代化"、"为民族振兴"、"为实现远大理想"而努力学习，都附着于并体现在教学内容中。

明白学有何用并不能只靠微言大义的谈论。在教学中，一项知识内容在社会生活和个人成长中的作用，一些事例指向的服务范围和精神领域，一种学习活动带来的社会效益和个体收获，无处不体现"学有所用"。在坚持正确的价值取向时，要注意不能让"价值实现"背离了课程与教学设计的根本目的。如果把"学习的意义"视为学生的一种价值追求、一种价值观的表现，价值观作为判断是非曲直、真善美和假恶丑、好与坏的价值标准，则是人们在处理普遍性价值问题上所持的立场、观点和态度的总和。"一种价值观是否科学、合理、先进，归根到底要看它如何反映和反映了什么样的主体利益、条件和需要，是否同事物的发展规律和人类历史进步的趋势相一致"[①]。因此，学生对学习某一知识内容的意义理解也就成为教师价值引领的题中应有之义。

◈示　例
学习"合成氨"一课的价值引领

在讲述高二重要内容"合成氨"时，上海继光中学化学教师陈寅没有沿用传统的授课方式，而是花了整整一堂课给学生讲述了合成氨的发明者哈伯的故事。

"如果没有哈伯在1909年发明的合成氨技术，世界粮食产量至少要减少一半，他的发明使得数千万甚至数亿万人免于饥饿……但是在第二次世界大战中，哈伯却用自己的所长为德国军方研制化学武器，遭受各国科学家的指责……直到晚年哈伯才幡然醒悟，对科学家来说良知最重要。"

结束时陈寅对学生们说："他的人生很可能就是你们的人生，物质本身没有好坏，全在于使用他的人。"教室里鸦雀无声，学生们陷入了深深的思考。没有过多的强调和注解，但教师所要传递的思想无痕地印刻在了学生们的心中。

---

① 北京师范大学价值与文化研究中心. 关于价值观研究现状的调研报告. 北京：北京师范大学出版社，2002：31—32.

3. 关注实现形式的价值影响

英国道德教育专家泰勒（Taylor）在 1996 年的研究中曾指出："价值观教育得以实现的形式方面，比价值观教育的内容本身更为重要，事情怎么说的、做的，要比说了、做了一些什么更有影响力。"[①] 在每一门学科的课堂教学中，总会用一些最基本的活动形式来保证教学任务的实现，如知识的传授、各种训练的展开、在广阔文化背景上的体验等等，这些形式本身具有重要的价值涵育功能。

杜威曾指出，如果把学科看作使儿童认识社会活动的情况的一种工具，那么，任何一门学科就具有三种不同的价值：知识的价值、训练的价值和文化修养的价值。"知识只有在提出被置于社会生活背景中的材料的明确形象和概念时，才是名副其实的有教育性的。训练只有在它代表把知识反映到个人自己的能力中去，使他将能力服务于社会目的时，才是名副其实的有教育性的。如果文化修养要成为名副其实的有教育性，而不是外表光泽或人为的装饰，就要代表知识和训练的生动联合。它标志着个人的人生观的社会化。"[②] 事实上，采用什么样的手段去达到某种目的，就昭示着一定的价值信仰和价值选择。

◈ 示　例

充盈着民主、平等、尊重精神的对话教学
——特级教师高万祥教作文课《如何谦让》

下面是选自特级教师高万祥给学生上作文课《如何谦让》时的一个片段。

上课后，高老师首先对学生说道："同学们，小学时我们学过《孔融让梨》的故事，但同学们知道这则故事的关键在哪个字眼上吗？"

学生异口同声地回答道："让。"

"好，同学们，千百年来，《孔融让梨》的故事一直流传下来，成为谦让品德的典范。如今社会竞争非常激烈，有的人认为还需要谦让精神，有的人却认为谦让'落伍'了，再也不能适应社会了。那么，我们到底还需不需要谦让精神呢？同学们可以充分发挥自己的想象，尽情回答。"高老师看着大家说道。

同学们都认真地思考起来，有些人甚至还露出了担心的表情。

过了一会儿，第一名同学说道："当今社会还需要谦让精神，有谦让才能适应社会。比如，开学发新书时，往往都会有一两本破损或起皱的。如果同学们没有谦让精神，人人都不要破皱的书，那么这本破损或起皱的书怎么处置呢？幸好有些同学站起来说：'老师，请把那本书给我吧！'所以，社会需要谦

① ［英］莫尼卡·泰勒. 价值观教育与教育中的价值观. 杨韶刚，万明，编译 // 朱小蔓，主编. 道德教育论丛（第 2 卷）南京：南京师范大学出版社，2002：367.
② ［美］约翰·杜威. 学校与社会·明日之学校. 赵祥麟，译. 北京：人民教育出版社，1994：153.

让精神。"

第二名同学则提出了不同的意见："我反对。在公共汽车上，你把座位让出来给老人、孕妇坐，反倒被一些不讲礼貌的人抢先坐下了。这种谦让还有什么意义呢？"

第三名同学说道："学习成绩在班里名列前茅的同学，你能对他说'请把你的名次让给我'吗？或者说'我的第一名这次就让给你了'。这明摆着是不可能的。因此说，谦让精神已不适应社会的需要了。"

第四名同学说道："我觉得这个观点应该视环境而定，有些无所谓的小事可以互相谦让，但是在一些重要的事情上，就必须寸土必争。比如在学习上，就应该展开竞争，这样才能起到互相促进的作用。"

第五名学生说道："我认为当今社会竞争很激烈，但是无论在学习上、工作上、社会上都需要这种'谦让'的美德。学习上有了谦让才能互相促进，共同进步，否则就可能会故步自封；工作上有了谦让则能更好地开拓事业，没有它便会争个鱼死网破、两败俱伤；社会上有了谦让，便能推进社会文明的进步，没有它整个社会则无法发展，不进则退。"

高老师又问道："对于谦让，大家都持有不同的意见，那么我们该如何解决这个'度'的问题呢？"

这时，一名学生说道："我认为应该视具体的对象而定。就像我以前看到过这样一个故事：

三个中国人正在打篮球，这时有四个美国人跑来要与他们三对三地对打比赛。显然，四个美国人中有一个人只能站在旁边观看，他们没有说谁不应该上场，而是主动地拿起篮球站在罚球线上准备投篮，结果投中的三个人参与比赛，没投中的人就自觉地退到一边观看，这当中他们一句话也没说，但很自然地解决了谁该上场、谁不该上场的问题。大家既不需要违心地谦让，也可以避免因激烈竞争而伤友谊。

所以，我觉得有时当你不知道是否该谦让时，就可以找一个裁判或者旁观者，来帮助你解决这个问题。"

高老师听后，对大家的回答非常满意，欣慰地说道："同学们能踊跃发言，各抒己见，真是太好了。而且大家都能开动脑筋想问题，由一个问题延伸到另一个问题上，特别是有很多同学能很全面地谈论带有现实意义的社会问题。不过，老师想补充一句，竞争和谦让精神并不矛盾，竞争中你大可当仁不让，但竞争无论如何激烈，也必须学礼、识礼、守礼，方能提高效率。无论你持有的是什么样的观点，只要能言之成理，自圆其说，就可以形成一篇好的文章。今天，我们的作文题目就是'如何谦让'。"

说完，同学们都开始认真地写了起来。

高老师通过使用"延伸"提问法，使学生不仅掌握了运用发散性思维思考问题，更学会了联系实际思考问题，做到举一反三，使学生的写作水平得到了更大的提高。

（三）价值引领的事项

杜威指出："只要人继续是一个人，情感、欲望、意向和选择就总是有的；所以只要人继续是一个人，就总是要有关于价值的观念、判断和信仰的。"这是人的本性。"但是我们本性的这些表现却需要人们的指导，而只有通过知识人们才有可能进行指导。"①匈牙利文化社会学家维坦依也认为："在价值王国里发生的经常性的运动和变化，要求人的积极干预，要求人的行动有利于价值的实现。"②就人们的道德生活表现或道德价值活动而言，道德教育就是一种必要的"指导"和"积极干预"。

1. 培养善良人性

教育担负着培育良知和人性的任务。我国学者赵荷花认为③，人性可以理解为由与人每日的生命实践息息相关的习性、秉性、共性、天性构成的开放的、复杂的生命系统，教育可以围绕这五个方面引导学生实现人性的发展与完满。教育的重要使命就是对学生人性成长进行价值引导，帮助学生实现心灵的转向；同时亦告知我们人是把握自身命运的主体，教育要使学生能够学会在人性抉择中把握正确的方向，步入人性上升之路。教育要通过发现、发展、提升、成就人性而实现自身的意义，通过使学生的人性完整和谐上升性发展，臻于纯真、至善、极美之境来追寻"教育世界中理想生命的生成"。④"教育赋予人以人所独有的应然性，使人有追求，有理想、有创造、有超越、有意义世界的建构，有终极性的关怀，它引导人，使得这种种人的属性得以从他们身上萌发、形成、伸张、提升，使他有别于世界上其他的物，使他成为真正的人"。⑤

◈示　例
教育，首先应关注人、人性

一位纳粹集中营的幸存者当上了美国一所中学的校长，每当一位新教师来到学校，他都要交给那位教师一封信，信是这样写的：

---

① ［美］约翰·杜威. 确定性的寻求：关于知行关系的研究. 傅统先，译. 上海：上海人民出版社，2005：230.

② ［匈］维坦依. 文化学与价值导论. 徐志宏，译. 北京：中国人民大学出版社，1992：108.

③ 赵荷花. 人性论的新视角及其教育意义. 教育学报，2010（6）.

④ 李政涛. 教育学的生命之维. 教育研究，2004（4）.

⑤ 鲁洁. 实然与应然两重性：教育学的一种人性假设. 华东师范大学学报（教育科学版），1998（4）.

"亲爱的老师，我是集中营的生还者，我亲眼看到人类所不应看到的情景：毒气室由学有专长的工程师建造，儿童被学识渊博的医生毒死，幼儿被训练有素的护士杀害，妇女和婴儿被受到高中或大学教育的人们枪杀。看到这一切，我怀疑，教育究竟是为什么？我的请求是请你们帮助学生成为具有人性的人。你们的努力绝不应当被用于创造学识渊博的怪物、多才多艺的变态狂、受过高等教育的屠夫。只有在能使我们的孩子具有人性的情况下，读写算的能力才具有价值。"

教育是把双刃剑，能保护自己，也可能砍伤自己；能保护美好，也可能破坏美好。

"1"的理解

这是小学一年级的一节数学课，课题是"'1'的认识"。

大家知道，教学枯燥无味，更何况是"1"的教学呢？且看这位教师的教学。他在形象地使用学具，让孩子们认识了"1"之后，迅速将孩子们引入了一个精彩的世界——

"同学们，你们能用身边的事物说说你心中的'1'吗？"教师用期待的目光扫视着全班同学，小手一个个举起来了。

"我们教室里有'1'块黑板。"

"我今天穿了'1'条漂亮的裙子。"

"我买了'1'块橡皮。"

教师巧妙的一问，让学生自然地把数学与身边的事物联系起来，科学的价值与意义就在生活之中，学生在不知不觉中接受了这一深奥的道理。课堂教学还在继续……

"报告老师，我们班只有'1'个同学从来不举手。"

全班哗然。目光一齐投向那个一直低着头的小男孩。这是大家始料不及的发言。老师略有所思，然后高兴地说："你是一个仔细观察、关心同学的好孩子。"这时，同学们的注意力又集中到刚才发言的那个同学身上，脸上都露出羡慕的神色。课堂上出现了片刻的平静，这时，教师走向那个一直低着头的小男孩。也许是受到这种特殊气氛的感染，只见小男孩缓缓地举起了右手，老师兴奋地说："欢迎李力同学发言。"

"我是'1'个孤儿，我想有'1'个温暖的家。"

老师带头鼓起了掌："说得真好，连用了两个'1'。同学们能帮助他实现这个愿望吗？"学生们的发言更加踊跃了。

"你有'1'个好朋友，那就是我。"

"你有'1'个关心你的老师。"

"你有'1'个团结友爱的班集体。"

关于"1"的认识，由此进入了一个全新的境界——人文关怀。这里有同学对同学的理解与关怀，有老师对学生的期待与关切。在这种温馨的交流中，那个"小男孩"的心灵受到了强烈的震撼与召唤；在这种和谐的交流中，教师与学生之间、学生与学生之间的情感得到升华。

2. 明辨荣辱是非

荣辱观是人们对荣誉和耻辱的看法。只有分清是非荣辱，明辨善恶美丑，一个人才能形成正确的价值判断，一个社会才能形成良好的社会风尚。面对目前社会上的某些价值混乱、道德失范和不当行为，社会主义荣辱观旗帜鲜明地为全体社会成员提供了基本的价值判断准则和行为规范，它是社会主义核心价值体系的基础，在现阶段，主要表现为"八荣八耻"。[①]

分清是非善恶、荣辱美丑是价值判断的核心。课堂教学的内容、教学活动的过程，都负载着一定"价值意义"而绝非中立的"客观事项"。学生在课堂活动中习得的观点、立场和方法，应当是学生健康成长的滋养，而不能成为污染他们心灵的毒品。特别是在当前多元文化背景下，坚持主流价值观导向、坚持正确的道德引领，迫切地需要在课堂教学中做到辨别是非、区分善恶。

◉ **示　例**

教学，首要的是分清是非善恶

两位教师都上了中学物理的"电流"一课。

第一位老师通过演示与讲解把有关电流的知识让学生理解了。他接着说："其实，电流的知识在我们日常生活中有广泛的应用，比如说，偷电的技巧就要运用电流的知识……"

他接着仔细分析了一些偷电的"窍门"。

另一位老师结合电流知识在科技应用和生活服务方面的大量事例，让学生展开讨论、实验和探索，在他的引导和点拨下学生理解了电流的基础知识。紧接着，他和学生一起研究怎样利用电流的相关知识，开展珍惜能源和节约用电的活动……

显然，在这两位教师的课堂上，同样的知识和教法赋予了不同的价值取向和道德意义，很值得我们去辨析与深思。

3. 凝聚价值共识

随着知识绝对性和静态性的解构，对课程内容的理解越来越"多元化"，其多义性的特征更加凸显出来。同时，多元文化的背景也越来越多地影响学生

---

① 李华华. 加强社会主义核心价值体系的认同感，载传统社会思想与当代核心价值建构. 北京：知识产权出版社，2011：358.

的价值理解。在课堂教学中，教师对教材的创造性解读与学生对教材的个性化理解，既可以让课堂充满活力，又可能使学生萌生困惑，这是在推进新课程实施和建构有效课堂中不能不面对的问题。

应当说，教与学的内容是由一个个"学习课题"组合而成的系统，课程设计总是按照特定目标"选择和组织"人类文化宝库中的某些有教育价值的经验。从这个意义上说，进入课程的每个课题的主旨是明确的，为此，课程标准也对此进行了规范。但对于学生个体的学习而言，掌握某一课题的内容又必须凭借他自身的经验和体验，这就有可能出现与课题主旨相抵触甚至背离的状况，因此，教学中教师要把握好"放"与"收"的度，在"规范"与"自由"之间寻求平衡，尽量引导学生在发散思维和抒发创意的基础上，把握题旨、统合认识，将那些偏颇的看法纳入正确理解的轨道。这即是在坚持"理性判断标准一致"的原则下，努力寻求未来的彼此理解和"视域融合"。[①]

◉示　例

怎样看待"阴暗面"
——社会事件中的价值引领

高三语文老师崔蓉曾让学生以"走进阳光"为题写作文。写作材料是一首小诗，大意是，不要因为有阴影就抗拒阳光，要做一个走进阳光的人，这样即使有阴影，但朝阳的一面总是反射着亮光。

但是，学生们完成的作文让崔蓉大吃一惊。

一个学生写道："灿烂的阳光下，阴影是那么显眼。君不见'小悦悦'事件中，18个路人或围观或路过竟不加援手……我诅咒这阳光，我宁愿长居于黑暗，这样至少我所看见的世界表里如一。"

从写作技巧上看，文章很规范，但学生只看到阴暗，却看不见阳光。"一叶障目，不知世态，以为自己看到的负面新闻报道就是世界的全部，他没有自己的独立思考啊。"崔蓉紧拧着眉，手敲击着办公桌，"作文上的病根不在于写作技巧，而在于思想，在于看问题的角度。"

她说，看事情是什么角度，就决定了你将来是什么样的人。

第二天，崔蓉特地组织了一节作文讲评课。

她问学生："很多同学的作文中，都提到了'小悦悦'事件。认为它凸显了人性的冷漠和丑恶，那么，你们是怎么了解到'小悦悦'事件的呢？"

"当然是从报纸和网上的新闻了解的。"

"好！请大家再想想，为什么这件事会成为新闻？"

---

① 严从根."重叠共识"的"重叠共识"：德育改革的合理性诉求.全球教育展望，2009：7.

学生答得飞快:"当然是因为它有新闻价值啊。"

崔蓉笑了:"新闻价值是什么?有这么一句俗话,说狗咬人不是新闻,人咬狗才是新闻,这句话是什么意思?"

沉思了一会儿,一个学生站起来说:"因为狗咬人是常见的现象,不具备新闻的价值;而人咬狗不常见,所以它能引发社会效应,这就是新闻价值了。"

崔蓉拍拍他的肩膀说:"你说得很在理。那么,我们现在回过头来想想,'小悦悦'事件为什么能成为新闻?"他很快地答道:"因为'小悦悦'事件有新闻价值——"他忽然停住,望着崔蓉不好意思地笑了,补充道:"这个新闻价值就在于,这个事件不是普遍现象,却反映了社会上一小部分人的典型思想,能够引起大家的义愤,制造社会影响,对吗?"

另一个学生表示赞同:"没错!'小悦悦'事件在折射出部分人的自私与冷漠之余,更彰显了不计私利救助小悦悦的陈贤妹以及更多的为小悦悦后续治疗劳心劳力的善心人。这个事件的负面影响肯定是有的,但正面影响更大些。"

崔蓉欣慰地笑了:"很好,我们不要凡事只会激动地批判,而是要像这样冷静、全面、深刻地对事件进行思考,才能作出理性的经得起推敲的评价。"

下课后,她让学生重写"走进阳光"的话题作文。

相比第一次,第二次作文有了很大进步。虽然水平参差不齐,但在立意上,学生们则少了些偏激,多了几分理性的思考。

(摘自:人民教育,2012—08)

二、让道德的光辉普照课堂阵地

马克思曾经说过,道德观念一旦形成,就像"一种普照的光,它掩盖了一切其他色彩,改变着它们的特点",成为一种不能选择的、普遍的"客观的思维形式"。可以肯定,当教师带着这种"普照的光"走进教室,那些真、善、美的色彩定会使课堂熠熠生辉。

当今世界,"教育崇善"、"呼唤教育的伦理精神"、"追寻教学道德",已经成为急切的期盼。这正如雅克·德洛尔在《教育:必要的乌托邦》一文中所指出的:"在一个以喧嚣、狂热以及分布不均的经济和科学进步为标志的世纪即将结束,一个其前景是忧虑和希望参半的新世纪即将开始的时候,迫切需要所有感到自己负有某种责任的人既能注意教育的目的，也能注意教育的手段。"①
教学理所当然地负起全面育人的责任，让道德的光辉普照课堂阵地。

（一）课堂活动的道德教化

世界教育史专家康纳尔说过，在 20 世纪的课堂内，出现了一个持续而稳
定的运动，即教学过程转到教育过程，学校从教学过程到教育过程的转变，是
一个人性化的过程，这一过程将重点由教书转至育人。教学工作是教师最经常
最基本的工作，而教学本来就包括"教书"与"育人"；"教书"与"育人"
原本是同一教学过程的两个方面，而并非"把德育渗透于教学"的意思。杜威
认为："学校的智力训练和道德训练之间非常可悲的分割，获得知识和性格成
长之间的可悲分离，不过是由于没有把学校看作和建成本身就有社会生活的社
会机构的一种表现。"②

关于道德、道德教育与教学的关系，经典教育学的奠基人赫尔巴特说过，
道德"普遍地认为是人类最高的目的，因此也是教育的最高目的"，"教学的最
高的、最后的目的包括在这一概念之中——德行"。他在《普通教育学》中开
篇即讲："我得立刻承认，不存在'无教学的教育'这个概念，正如反过来，
我不承认有任何'无教育的教学'这个概念一样。"③ 他认为教育性教学才是
真正的教学，教学是教育的主要途径。无论是"教学性教育"还是"教育性教
学"都体现出通过各种课程教学的实施进行道德教育的思想。因此，诺丁斯进
一步指出，有"伦理上的考虑的教师将教学视为道德事业"。④

1. "教什么"的道德选择

"教什么"是根据教学目的而进行的一种选择。从教学的目的来看，教学
的根本意义是"育人"，是促进学生的发展，因此，应当把教学视为一种向善
之事、精神之事、"成人"之事。这也如诺丁斯所说："学校的主要目标应该是
培养学生们成为健康的、有能力的、有道德的人。这是一个伟大的任务，其他
所有任务都应该为其服务。"⑤

课堂教学的内容是按照学科课程的要求来组织的。教师可以通过学科教学
发挥其道德影响力。因为道德教育是弥漫在学校生活的全部时空中的，它可以

① 联合国教科文组织国际教育发展委员会. 学会生存. 华东师范大学比较教育研究所，译. 上海：上海译文出版社，1979.
② ［美］杜威. 学校与社会·明日之学校. 北京：人民教育出版社，1994.
③ ［德］赫尔巴特. 赫尔巴特文集（三）. 李其龙，等译. 杭州：浙江教育出版社，2002.
④ ［美］诺丁斯. 学会关心：教育的另一种模式. 北京：教育科学出版社，2003.
⑤ ［美］诺丁斯. 学会关心：教育的另一种模式. 北京：教育科学出版社，2003.

在专设德育课上进行，但目前我国还是在学科课堂中进行，如语文学科，可以通过阅读、写作和口语表达，写心抒真，渗透一种情感教育。根据新课标，现在的语文教材大都是文选性的，这就要求教材编写者、教师选文应当同时考虑其美学价值和伦理价值，指导阅读要选择适切的方式，既便于教师向学生传达文章作者和自己的思想、情感和信念，又便于学生通过阅读找到自己理解和表达的平台。所以说，制定课程标准是第一次创造，编写教材是第二次创造，教师教学是第三次创造，学生学习是第四次创造，这是一个完整、开放的过程。再如数学学科，我们认为，数学课可以通过严谨的数学推导证明数学是美的，是严谨的，是很客观公正的，它可以培养出人的一种伦理品格。不仅如此，对于数学家传记、数学史的介绍，同样可以通过教师本人的学识、信念转化对学生进行道德品质的潜在教育，如对事业的热爱，对未知世界的持久好奇，克服困难的意志力等。它不需要占用很多时间，也不仅仅是一种情绪调剂，而是通过教师对这种科学精神的内化、人文素养的提高在教学的特定情境中很自然地传递给学生的一种人格品质，这里就涉及所谓的"教育智慧"。[①]

　　一般来说，学科内容中富含的观点、立场、方法都具有思想道德意义，其中的自然科学知识价值中立，但在它转换为课程知识的过程中，经过教育处理，已经被赋予了一定的教育价值，也许已有的教学内容看上去与价值无涉，但可能蕴含着隐性价值。

◉示　例
从两个教例看课程内容中隐含的价值引领
（一）

　　加拿大某所中学一位教学经验丰富的教师，在考试卷中，竟出了如此荒唐的题目：

　　"罗福斯是个特种营业中介，旗下有 3 名应召女郎，每笔生意可赚 65 美元，如果罗福斯每天收入是 800 美元，请计算每名应召女郎一天至少要接客几位。"

　　由于考卷充满了色情与暴力，愤怒的家长联名将出题者告上教育部。而该名教师在接受调查时竟然宣称：题目要出得活，才能引发学生答题的兴趣。

　　实际上，道德教育是学校教育中非常重要、非常基本的一环。许多时候，身教胜于言教，教师本身体现出来的道德观和价值观便是"活"的教材了。

（二）

　　有位教师上"生活中的比"一课时，引导学生联系生活感受"比"的广泛

---

　　① 朱小蔓. 关注心灵成长的教育. 北京：北京大学出版社，2012：327.

存在。

师（出示图片）：奥运会上，每当五星红旗冉冉升起，每个中华儿女都会心潮澎湃。在珠峰上、在南极点，都有我们的五星红旗高高飘扬。这一切，都说明了我们伟大的祖国正日益强大，你们要将祖国的明天建设得更美好。同学们，我们每天面对着国旗，你们有没有注意到其中有什么数学问题？（出示揭示语"形式为长方形，长、宽比为三比二"）你们知道这句话是什么意思吗？

生1：五星红旗的长如果是3米，它的宽就应该是2米。

生2：不管是大的五星红旗还是小的五星红旗，它的长宽比都是3∶2。

师（出示图片）：居里夫人用8吨沥青提炼了1克镭，沥青与镭的比是8 000 000∶1。看到这个比，你有什么感受？

生3：我感受到了居里夫人做实验的艰辛。

生4：我感受到了居里夫人的伟大。

师：是的，居里夫人为提炼镭付出了艰辛的努力，甚至为此影响了自己的健康，但她无偿地把这项技术奉献给了社会，而没有申请专利。因此，居里夫人成为历史上第一个两次获得诺贝尔奖的科学家。

2. "怎么教"的道德实践

从教学的方法和形式来看，教育是一种道德性的实践，教育和教学都是道德事业，不仅具有道德的目的，而且必须以道德的方式进行，即"以善致善"。教师因此是道德主体，教师的教育实践是道德性的实践，教师的日常教育行动必须有道德原则的约束，必须符合道德要求，必须承担道德责任。[①] 可以说，不仅是教学内容，而且教学的全过程都应该具有教育性。要使教学成为道德事业，不管是教学的意向，还是师生双边互动的形式或教学具体内容，都必须符合一定文化体系中伦理规范的要求，采取一种学生在道德上能够接受的方式来进行。正如雅斯贝尔斯所说："以正确的方式传授知识和技能，其本身就已经是一种对整个人的精神教育。"[②]杜威也说过："每一门学科、每一种教学方法、学校中的每一偶发事件都孕育着培养道德的可能性。"[③]我们的任务是，思考如何提高在教学活动中做好道德教育的自觉性。

朱小蔓教授曾指出，所有的学科教学活动的组织过程中都包含着学生的道德学习，如课堂中的纪律、考试中的诚信、合作学习、倾听与发问，这些其实都隐含着一个人如何处理情境中的社会关系、养成习惯、发展道德品质的问

---

① 金生鈜. 何为好教师. 中国教师，2008 (1).

② ［德］雅斯贝尔斯. 什么是教育. 北京：生活·读书·新知三联书店，1991.

③ ［美］杜威. 学校与社会·明日之学校. 北京：人民教育出版社，1994.

题。① 对教学的教育性的表现，班华教授也曾大体上概括有四个方面：作为教学内容的学科知识对思想品德的形成具有奠定科学知识基础和智力支持的作用；良好的教学组织形式、教学方法、师生关系、课堂氛围等对学生的良好品德形成具有熏陶、感染的作用；学生学习活动本身对优良品质的发展具有锻炼作用；教师人格对学生的发展具有榜样示范作用。②

◈ 示　例

实事求是的精神
——"老师是一只青蛙"

那是个阳光灿烂的日子，同往常一样，我们又该学习新课了。不同的是，有许多老师来听课。

学习的课文是《坐井观天》，一切都在有条不紊地进行着。以前，每学完这课，为了培养同学们的创造性思维，我都要让他们根据课文内容展开想象，以"青蛙跳出井口了"为题进行说话写话训练，效果非常好。按照惯例，学完新课后我又一次让同学们想象青蛙要是跳出井口了，将会怎样。学生们的学习兴趣又被激发起来，有的和同桌互说，有的前后桌凑在一起争论，还有的仰起小脸在思考。

待平静下来，我开始点名。李梦说，青蛙跳出井口后，看到了无边无际的大海，海涛声吓得它忙向小鸟求救。王婉佳说，青蛙看到了高高的山峰和一眼望不到边的田野，田野里开满了五颜六色的花，上面飞舞着蝴蝶和蜜蜂，青蛙陶醉了，它觉得以前的日子都白过了。孙艳蕾同学竟然让青蛙坐上了飞机去环球旅行，青蛙一下飞机就对小鸟说："不看不知道，世界真大啊！"听课老师都被他的话逗笑了，我也没想到他会把正大综艺的广告词"不看不知道，世界真奇妙"改用得这么恰当。

张雨是新转来我班的学生，我看到她把手举得高高的，便点了她的名。她站起来说："青蛙从井里跳出来，它到外面看了看，觉得还是井里好，它又跳回了井里。"同学们听了哄堂大笑，我也笑了。我打断了她的话，问大家："是井里好，还是井外好？"我示意张雨坐下，随口说道："我看你是一只青蛙，坐井观天。"之后，我又让大家把自己想的和说的写出来。

在批阅同学们交上来的作业时，我看到了张雨续写的故事：青蛙跳出井口，它来到一条小河边，它累了想去喝口水：突然，它听到一声大吼："不要喝，水里有毒！"果然，水上漂着不少死鱼。它抬头一看，原来不远处有一只老青蛙在对它说话。它刚要说声谢谢，就听到一声惨叫，一柄钢叉已刺穿了那

---

① 朱小曼. 关注心灵成长的教育. 北京：北京师范大学出版社，2012：327.

② 班华. 中学教育学. 北京：人民教育出版社，1992.

只老青蛙的身子，那只老青蛙痛苦地挣扎着。青蛙吓呆了，这外面的世界太可怕了，它急忙赶回去，又跳到了井里：还是井里好，井里安全啊！

我的心被震撼了。河水里常漂有死鱼，菜市上也常有卖青蛙的，这都是我们有目共睹的，让青蛙跳回井里又有什么不好？可我没有给她一个发表自己观点的机会。倘若让她把话说完，不仅同学们不会再笑她，而且将给我的课堂教学增添一抹亮色。我不是要培养他们创造性思维吗？可我竟然说她是一只坐井观天的青蛙。孩子的心灵就像井外那多彩的世界，需要跳出来的恰恰是自以为是的我。

收起笑，我在张雨的作业下的空格里工工整整地写下一句话："对不起，老师是一只青蛙。"

（作者：孙娟，资料来源：《教师博览》2001 年 11 期）

坦诚的、友善的态度
——特级教师宁鸿彬的"两欢迎，三允许"

北京中学语文特级教师宁鸿彬，对学生有"两欢迎，三允许"的规定，即"欢迎质疑，欢迎争辩"，"允许出错，允许改正，允许保留意见。"比如，他教初一语文课《分马》时，有名学生发言："这篇课文题目不恰当，得改。白大嫂分到的骡子，老初分了头牛，李毛驴要的是驴，分的都不是马呀！"宁老师很感兴趣地问："那你说得怎么改？""改成三个字：分牲口。""你敢向名作家周立波挑战。好！"这时，一名学生争辩道："老师说错了，不是向周立波挑战，是向课文编者挑战，因为题目是编者加的。""好，你这是向我挑战！"一番赞许、鼓励之后，宁老师以商讨的口吻，向学生讲明了标题不需改的道理。

又如，一次期末考试，有个叫杨帆的女同学，因试卷上的第一篇短文分段不当而失分，上讲评课时，她不服气地对宁老师说："我分四段，您分三段，我认为我分得对。我不要求改分数，您给我讲讲好吗？"当宁老师讲述之后，问她："明白了吗？""没有。"宁老师换了个角度再讲，杨帆仍不懂。课后，宁老师又给她讲，终无效果。这时，宁老师尽管内心着急，但仍然和颜悦色地允许她保留意见。此后，教学中每涉及分段问题，宁老师总注意联系杨帆提出的问题，对此，杨帆敏感又执着。有一次讲到"可分可不分"的段落，杨帆当堂表示"很受启发"，声称她多分出的那一段当属此类，不应判为错。又过了几个月，宁鸿彬老师讲到某些自然段，从语言表面现象，如时间的推移、地点的转换和人物关系的变化来看，似乎可以分段，但从文章的内在条理上看则构不成层次，所以不应分段。至此。杨帆豁然开朗，终于心悦诚服了。

3."谁在教"的道德示范

在人类道德史上，教师职业道德往往处于当时社会道德的最高水准上，代表着社会成员道德涵养的最高层次。崇高的教师职业道德曾激励了无数的人选择并从事教师这个"太阳底下最光辉的事业"。师德发展和师德建设离不开师德崇高性，"教育工作者承担了维护最高道德标准的责任"①。我国学者认为，否定师德崇高性有悖教育的真义。对于教师而言，"向善性"是神圣的教育使命做出的本质规定，任何社会历史发展阶段都不应当摒弃师德在崇高性方面的追求。② 从这个意义上说，教师无论在课堂上还是生活中都应当是一个人格化的榜样，他的一言一行都可能具有道德示范的意义。

与一切道德关系一样，教师职业的关系类型基本上可以概括为对人（他人、群体、自我）、对物（工作中的财物、环境等）、对事（对待职业）三个方面的道德关系。其中，师生关系无疑处于核心位置，其他道德关系的处理都是围绕师生关系而存在。我国教师职业道德规范把"关爱学生"作为师德的灵魂，正反映了师生关系在道德建设方面的重要性。教师对学生的"爱"是一种"教育爱"、"理性的爱"。有的学者指出，这种爱有三种境界：喜欢，指向儿童的优点；喜爱，包容儿童的缺点；真爱，超越儿童的优缺点。

作为超越了儿童优缺点的真爱，从教育者角度看，主要包括四个要素，即对儿童的关心、责任、尊重和认识。"对儿童的尊重"使儿童按照其本性成长和发展；"对儿童的认识"使得这种尊重成为可能；"对儿童的关心与责任"构成了教育爱的本质，意味着教育者心中时刻有儿童，对儿童的需要、兴趣与要求等非常敏感，并随时对其主动做出反应，以促进他们依其本性成长和发展。也正是在这一意义上，安东尼·圣欧伯利说爱是"我引导你回到你自己的过程"。从儿童角度看，他们最终从有可能失去爱的恐惧中彻底解脱了出来，从教育者的操纵与控制中获得了解放，不仅被允许，而且被保护与鼓励保留自己的个性，依其本性自由发展。③

当然，教师的爱必须是理智的，需要把教育引导与严格要求和必要的管理结合起来。"儿童的生活既需要自由也需要秩序"，"他们需要受到控制的自由以及那种将自由推向前进的控制"。④ "在我们面前有两条路可走，一条是迫使、强制儿童服从自己的教育者的意志，另一条是指引他们走上自我教育和自我教养的道路。"⑤

---

① 全美教师协会. 教师道德. 中国教师，2005（7）.

② 李敏，檀传宝. 师德崇高性与底线道德. 课程·教材·教法，2008（6）.

③ 秦元东. 教育爱的三种境界. 上海教育科研，2008（6）.

④ 范梅南. 教学机智：教育智慧的意蕴. 李树英，译. 北京：教育科学出版社，2001.

⑤ ［苏］阿莫纳什维利. 孩子们，你们好. 北京：教育科学出版社，2002（18）.

◆**示　例**

特级教师的特殊之举

一所乡村小学好不容易请到了一位省特级教师来上一节公开课。学校里的教师都没有见识过特级教师，有的对特级教师不以为意，有的认为特级教师是凭关系、熬工龄评上的……

特级教师来了，没想到竟是一位年轻美丽的女老师。特级教师说，上课时她将随便走进一间教室上课。谁也没想到，她走进的恰恰是一个全校闻名的后进班。

讲台上乱七八糟地散落着粉笔，桌面铺着一层厚厚的粉笔灰。特级教师用目光扫视一周后，迅速收拾好桌上的粉笔，然后走下讲台，绕到前面，背对着学生，面对着黑板，轻轻吹去桌上的粉笔灰。片刻的鸦雀无声后，教室里响起一片掌声，所有观摩的教师和学生用掌声给她的"开场白"打了最高分。

课上她出了几道题让学生做，然后讲解了这几道题的做法。讲完后，她说了一句话："请做对的同学扬一扬眉毛，暂时没做好的同学笑一笑。"

此刻，所有的老师都明白了什么样的教师才是特级教师。

《菜根谭》中有这样一句话："人品做到极处，无有他奇，只是本然。"我想，这位特级教师爱学生的行为也无有他奇，只是出于"心中时时装着学生，尊重学生，爱护学生，渴望带给学生成长和生活的快乐"的本然罢了。正是这种本然告诉我们教师，爱学生，不是口号，不是空话，不是花架子，不是口头禅，不是居高临下地说教、批评或指责学生，而是要用扎扎实实、自然而然、润物无声的行动告诉学生应该如何做；正是这种本然告诉我们教师，爱学生，不要求教师有轰轰烈烈的壮举，而是重在细节取胜。

（二）课堂生活的道德濡养

学生生活的改造和学习的革命一直是当代教育改革的重要问题。杜威指出："学校必须呈现现在的生活——对儿童来说是真实而生气勃勃的生活。"[①]学生在课堂里生活的主题是"学习"。日本学者佐藤学教授认为，学习是学习者主动与客观世界对话，与他人对话，与自身对话的过程，是一种文化的、社会的、伦理的实践。通过这三种对话实践，我们建构知识和经验的意义，建构人际关系，形成自身的内心世界的意志、思考与情感。我们应从这三种状态来认识学习——建构客观世界之意义的"认知性实践"，建构伙伴关系的"社会性实践"，探索自身模式的"伦理性实践"，即"学习的三位一体论"。[②]

---

① ［美］杜威. 学校与社会·明日之教育. 北京：人民教育出版社，1994.
② ［日］佐藤学. 课程与教师. 北京：教育科学出版社，2003.

学生在课堂上应当过上一种"沸腾的精神生活"，这种生活对学生的道德涵养意义深远却又相当现实。

1. 丰富的智慧滋养

课堂是学生获得知识最重要的场合，这是无疑的。但是，学生是否真正理解了知识的意义与价值？知识所蕴含的全部力量是否对他们的精神生活产生了应有的影响？求知的活动与过程是否唤起了他们灵魂深处种种敏锐的感应？这些则是很值得每位教师深思的。

苏霍姆林斯基认为，智力活动是学生"精神生活"的组成部分。按照他独特的"知识观"，知识具有双重作用：知识确实是将来从事工作所不可缺少的；知识又是学生精神生活的一部分，是"照亮生活道路的光源"。他反复强调："精神空虚是教育的大敌。"学校的任务在于正确地使青年一代过着丰富的"精神生活"，形成良好的精神面貌。一个"精神生活"丰富、"精神世界"开阔的人，就一定是一个明智、有正义感而意志坚定的人。因此，学校应当培养学生的理智感，发展学生的"智力兴趣和需要"，"让精神上的认识欢乐感来支配孩子"，使他们终身保持一种"渴求知识的愿望"，学会利用空闲时间。

雅斯贝尔斯说："教学应当使教育的文化功能和对灵魂的铸造功能融合起来"，"教学活动中的读、写、算的学习并不是技能的获得，而是从此参与精神生活"。① 我们每位教师都应当这样来要求自己：课堂是一个精神生活的空间，知识与知识学习的活动带给学生的是充实的、沸腾的精神生活。正是这样的精神生活，为学生的发展与成长提供最丰富的滋养。

应当特别提到的是，按照皮亚杰的研究，学生的智慧发展与他们的道德认知能力发展是一致的、相互作用的。这无疑启示我们，学生的道德判断和道德推理能力，同学生的智力水平有一种关联与相互作用的关系。

◈ **示　例**

从学知识到认识"人和事物"

杭州朱乐平老师，刚一上课，就列出讨论的问题：下表是小明、小红和小强在三次考试中的数学成绩，请判断三个同学中谁的数学成绩比较好。

	第一次	第二次	第三次
小明	63	84	90
小红	82	78	80
小强	96	81	66

---

① ［德］雅斯贝尔斯. 什么是教育. 北京：生活·读书·新知三联书店，1991.

问题一提出，各小组立即展开热烈的讨论，大家各抒己见，争先发言。

生1：我认为是小明。因为从表上看，小明的成绩一次比一次进步，而且在最后一次考试中他考的分数最高。

生2：我认为小强的成绩比较好，因为他的平均分最高。

生3：小红成绩好，她的成绩比较平稳，不像其他两人有时考得好有时考得不好。

生4：小强好，他第一次临场发挥最好，考了96分，是所有分数中的最高分。

生5（振振有词地）：小明好。虽然第一次他考得最差，但第三次他考得最好。俗话说，谁笑到最后，谁就是真正的胜利者。

生6：我认为小强好。因为他前两次都考得很好，第三次可能是考试失误。

生7：小明好。因为他第三次考得好，说明他现在是最好。（注意：他用了"现在是"这个词）

师：刚才大家讲出了这么多看法，都有一定的道理。这说明我们选择了不同的标准，在不同的标准下就会有不同的结果。（所有的同学都若有所悟地点头。课上到这儿，听课的老师都认为帷幕将要拉上，可朱老师并不满足，只见他话锋一转）通过这个例子，你们有什么总结的话要说吗？

大家略作沉思，又纷纷举起了小手。

生1：思考问题时，应从不同的角度，用不同的方法，这样可以拓宽我们的解题思路。

生2：想问题不能光凭一些数据，而应该把各种情况综合起来考虑。

生3：我认为面对问题时，只要我们善于开拓思维，就能想出各种方法。

生4：语文有多种答案，而数学往往是一个答案，所以我们要努力改变这种现状。数学也可以有多种答案，就像刚才的例子。

师（再次进行调控）：同学们说得真棒。刚才总结的是在解决数学问题方面的一些观点。那么在做人方面呢？（又是一石激起千层浪）

生1：做每件事不能只站在自己的角度去考虑问题，而应该多站在他人的角度去想。

生2：看一个人，不能只看到他的缺点，还要看到他的优点，每个人的优点应该是大于他的缺点的。

生3：多方面地看一个人，然后再总结，千万不能光凭一件事就断定一个人怎么样。

生4：看问题不能只用一种老方法，而要用新颖的眼光。

生5：看一个人不能只看外表，要看本质。

生 6：解决问题要多用自己的脑子想，不能光听别人怎么说。

生 7：应该允许每个人有自己的方法，如吃面包时，不一定非要同时喝牛奶，也可以搭配果酱或其他什么的。

2．真切的情感体验

学生来到课堂上，并不只是照单领取一笔"知识货品"，而应当是来领略知识的魅力，全身心地感受知识带给他们的快乐。也就是说，课堂教学的知识教育也是情感教育。苏霍姆林斯基说过："只有当感情的血液在知识这个活的机体中流过的时候，知识才能触及人的精神世界。"我国学者朱小蔓说："情感教育从某种意义上说，就是丰富人的感受，包括对自然、对艺术形式、对社会人际的感受，珍视、保留人的敏锐的感受能力、强烈的感受欲望及其细致和独特。""学校情感教育主动创造人的感受机会，设计各种体验活动方式，可望使教育者的个体体验由被动的、自发的、瞬间即逝的发展为主动地挖掘其意义、领略和享受其意义，并促使人再度去追求这类积极的、高尚的体验。"①

在课堂教学所唤起的情感中，一种很重要的体验就是"情感移入"，即"移情"。通常有两种意义：其一是认知维度，情感移入被看作对他人情感、思维、意向及自我评价的觉知；其二是情感维度，情感移入被视为一种共鸣情感反应。事实上，情感移入的两个维度是互相作用的，共鸣反应的能力通常依赖于对他人情感进行认知推断的可能程度；另一方面，被唤起的共鸣情感为理解人提供了内部线索。心理学研究指出，情感移入为诸如帮助和安慰别人、遵守秩序、合作、共享等亲社会行为提供了动机基础。② 因此，课堂教学中引导学生"设身处境"地移入情感，也是一种思想感染和道德教化。

◉示　例
撞击心灵的一课

这是一位七年级的语文教师讲《散步》一课时的教学片段：

师：（极有人情味地读课文）我的母亲虽然高大，然而很瘦，自然不算重；儿子虽然很胖，毕竟幼小，自然也轻。但我和妻子都是慢慢地（读得特慢），稳稳地（读得特稳），走得很仔细，好像我背上的同她背上的加起来，就是整个世界。

师：你是怎样理解"慢慢地"、"稳稳地"这两个词的意境的？想好了你就说。（师在这里故意加了"意境"一词，给学生一个想象的空间，给学生一个回味的余地。如果不加"意境"，韵味就大不一样了。教师让学生"想好了你

---

① 朱小蔓. 情感教育的意识及其特殊机制. 教育研究，1993（7）.
② 秦建健. 情感移入的定义与测量. 心理学动态，1988（1）.

就说",积极地"发展学生的思维能力,激发想象力和创造潜能",发展学生的口语交际能力,制造一个竞争的氛围,让学生展示了自己的个性)

生1:老师,我是这样想的:母亲年龄大,儿子年纪小,都怕摔,所以要"慢慢地"、"稳稳地"。

师:不要跟老师说,直接跟大家说就行。(师不让提"老师",让"跟大家说",拉近了师生间的距离,学生更乐意发言)

生2:我是这样想的:"我"为了让母亲、儿子呼吸更多的新鲜空气,所以要"慢慢地"、"稳稳地"。

生3:我是这样想的:"慢慢地"、"稳稳地"是为了让母亲、儿子尽情欣赏大自然的美丽景色。

生4:"我"孝敬母亲,是自己一片孝心,妻子疼爱儿子,是一片爱心。如果飞快地背过去,好像有厌烦的意味。

生5:我也是这么想的。我想社会上所有的人都这样的话,世界将变成一个美好的人间。

(学生争先恐后地发言,大有一发不可收的气势。学生妙语连珠,教师却因时间不够流露出惋惜的表情)

师:老师还想听听大家的精彩发言,不过先听老师唱两句歌词吧。(教师重复唱"只要人人都献出一点爱,世界将变成美好的人间")

师:来,让我们一起唱两遍吧!(此时,我们看出学生已陶醉在这美好的境界中)

师:谁能举一个你身边的例子,说说人与人之间的友情、亲情、师生情、父子情、母子情等等。

师:同学们说得真好!请每人选一两个最精彩的,在作文课上展示一下自己的风采。

师:从课本上到社会上,我们看到了和和睦睦的家庭令人羡慕。但是现在社会上还有一些人不顾人情、友情、亲情,谁能举例说明?(教师在本来不平静的学生心里,又撞击了一下)

生1:我们村有一个媳妇,每天跟她婆婆吵架。

生2:我的邻居夫妻俩,每天吵,真烦人。

生3:我的叔叔不孝顺,他不但不给我奶奶买好吃的,还吃我爸爸给奶奶买的好吃的。还惹我奶奶生气。(这个学生有点热泪盈眶了)

师:是嘛!你批评一下你叔叔嘛!

生:我不敢,他都敢跟我奶奶吵吵,还不敢打我?

师:看来问题严重了,请代老师向你奶奶问一声好,她受委屈了。(学生抹抹泪,点点头)看来你是一个非常孝顺的孩子,老师佩服你。(师不失时机

地进行品德教育)

（教师见学生动了真情，就趁势让学生互相撞击心灵深处，想让他们迸发更灿烂的火花）

师：大家继续说。

生1：我妈对我奶奶就不好，还骂我奶奶"老东西"。（这个女生哭了）

生2：我爸爸爱喝酒，喝醉了就打我妈，还打我。（这个女生也流下了眼泪）

生3：我没有见过我妈妈，我不知什么是母爱。（这个女生说得更叫人心酸，此时，全班都沉浸在情感的海洋里）

师：老师也感动了。这个话题留给我们的综合实践课。把你亲身经历的感人事整理好，咱们开个"人情、友情、亲情"专题报告会。（教师巧妙地结束了本课，既给学生留下了一个动心的话题，又能体现课程标准的要求："选出研究主题"，用报告会的形式"展示学习成果"，"能主动进行探究性学习，在实践中学习、运用语文"。该教师使用课本，但不死扣课本，使学生在参与中得到发展）

看似平淡无奇也没有激越情感的行为描写和文字表达，这样深厚的意义，能这样强烈地唤起学生的情感体验和撞击学生的心灵，这样的教学，不愧为"三维目标"的落实做了最好的注解。

3. 和谐的社会交往

课堂是一个"小社会"。在这个小社会中存在着特殊的社会组织——班级与小组；特殊的社会角色——作为权威的教师与有着不同家庭及群体背景的学生；特殊的社会文化——作为"法定文化"的教学内容及作为亚文化的教师文化与学生群体文化；特殊的社会活动——有目的、有计划的教育人际交往；特定的社会规范——课堂规章制度以及由此而发生的各种基本的社会行为，诸如控制与服从，对抗与磋商，竞争与合作等。在这个意义上，课堂首先是一个正式的社会活动场，然后才是一个教育活动场。课堂的这种社会性质，直接影响着学生的社会性发展。

教学是为实现教学目的，将教师、学生、教材、环境等要素组织在一个体系中的活动。教学活动中最活跃、最积极的因素是人——教师和学生，所以说师生关系是教学活动中的基本关系。在具体的课堂教学活动中，普遍地存在着教师与学生、学生与学生之间的交往活动。这种交往有不同于一般人际交往的地方，它是以促进学生发展为目的，以人类的文明成果（课程）为中介的一种社会性相互作用。在这一过程中，教师和学生分享彼此的思考、经验和知识，交流彼此的情感、体验和观念，丰富教学内容，求得新的发现，从而达成共识、共享和共进，实现教学相长和共同发展。

课堂教学中师生之间的交往互动关系，首先意味着建立一种平等的教与学关系。同时，师生交往的过程就是经验共享、爱的传递、感情交流的过程，它本身就是教育的目的而不是教育的手段。好的教师能够成为学生多方面兴趣平衡发展的导师。这种交往互动的关系还会给学生带来心理的自由和心理安全感，表现为一种建立在理解基础上的和谐心理气氛，也就是交流沟通、彼此尊重、设身处境、共同体验和宽容接纳。

◉ 示 例

引领学生在交往中研讨

上课铃声响过之后，江老师说："昨天，大家对《江畔独步寻花》这首古诗都做了预习，今天我们一起来学习这首古诗。我们先学头两句，看看这两句写了什么。先默读几遍，边读边体会，想好了就可以举手发言了。"老师的话音落了不一会儿，一只只手便举了起来。

生1："头两句，写黄四娘家的花很多，'满'字是写花多，'千朵万朵'也是写花多，多得把花枝都坠低了。"

生2："老师，我不同意他说的，是'压枝低'，写花多得把花枝都压低了，是花在上面；他说'坠枝低'，虽然也是说花多，但那是花在下面……"

师："我也同意这名同学的意见，'坠'字和'压'字意思是不一样的，诗中写的是'压'字。"

生2："老师，我不同意您后面说的话，不管诗中写的是不是'压'字，'压'和'坠'就是不一样。"

师："这名同学对老师的纠正非常好，应该改为作者用'压'字不用'坠'字，用得非常准确。"

生3："我认为第一句'黄四娘家花满蹊'是概括写，第二句'千朵万朵压枝低'是具体写。"

生4："我认为这两句还是照应写。"

师："从这两句的关系上看，还有什么写法？"

学生们一时无话。教师说："我看第一句是从远处看，第二句是从近处看。"

生5："老师，那不一定。从近处看，花也是开满蹊，从远处看更看不见花枝，更是'压枝低'。"

生6："我不同意你的意见。只有从远处看，才更是'花满蹊'；从近处看，怎么也能看见路径，写'花满蹊'就不那么准确。"

生2："我也不同意那个同学的意见。第二句就是从近处看写的，因为只有从近处才能看到一朵又一朵的花,从远处看是一片花,更看不到花枝,看不到'压枝低'。"

师："请问这两名同学,你们是因为这是老师的看法,才同意老师说的吗?"

生2:"老师,那才不是,谁说得有理,我就支持谁!前面,对您说的'诗中写的是压字',我不是也提出了反对意见吗?"

师："那就对了!可是,我同时又认为第二句前四个字和后三个字写的前后矛盾:'千朵万朵'写花多,花多了就看不见把花枝压低了,要能看见把花枝压低了,就不应该写'千朵万朵'。你们怎么认识?"

学生们纷纷举手,有的一边举手一边说:"老师,我不同意您的看法!""老师,前后不矛盾!"……

4. 内向的自我观照

课堂教学要真正深入学生的内心世界,走进学生的精神世界,就必须唤醒学生的自我意识,引领学生用所学到的东西审视自己,这样,知识才能发挥出既认识和改造客观世界,又认识和改造主观世界的作用。在课堂教学中,只有当不同学科的知识、各种教育影响经过生活的整合而化为生气勃勃的精神进入各人的生活世界并实现彼此融合时,人所获得的不再是信息码的简单堆积,而是面向整个生活世界的精神整体,人才能经由教育而作为人真正受益。①

如果课堂中所得到的知识完全是一种与自身无涉的纯客观知识,这种知识就很难起到唤醒自我的良知,叩问自身行为的道德教化的作用,伦理性、政治性的实践也就成为侈谈。事实上,课堂中的与自己的对话,正是使课程知识获得个人意义的必要途径。正像罗素指出的:"整个社会的知识和单独个人的知识比起来,一方面可以说多,另一方面也可以说少:就整个社会所搜集的知识总量来说,社会的知识包括百科全书的全部内容和学术团体的全部文献,但是关于构成个人生活的特殊色调和纹理的那些温暖而亲切的事物,它却一无所知。"所以知识教学一定要增强"切己性"。

在课堂教学中引导学生与自己对话,是让公共知识转化为个人知识的一个环节,学生在其中的自我观照,使学生用学到的东西来对照自身、来领会知识所寓含的启示,来审视自己与周围所发生的事情,从而使知识走进内心,走进生活,促进学生更深刻地认识自己和社会,为自我意识的觉醒和从我做起的行为提供内在的支持。

---

① 刘铁芳,张伯邑. 人·生活·教育. 现代教育研究,1996 (3).

◉**示　例**

回到自我的审视

　　有一次，在上"水质污染对植物生长的影响"的活动课时，我在课前准备了一些相关资料制作成演示文稿，准备一边播放一边讲解。结果课刚上一半，学生的反响就非常激烈，并且讨论的主题也转移了：

　　生：老师，我们每天用餐巾纸，要浪费很多纸呢。

　　生：我每天在小摊上买早饭用的全是一次性筷子。

　　生：还有修正液，那股味道可难闻了。

　　生：对对对，还有那个圆珠笔芯，同学们用完了都随手一扔。

　　生：这有什么，我每天洗澡还要用掉很多水呢。

　　生：我妈才浪费呢，家里每个房间的灯都开着。

　　听到这里，我心中为之一动，活动课的最终目的，除了教会学生操作技能和科学知识以外，更重要的是教会学生正确的生活方式和科学的环境观。因此，我立刻因势利导，激发学生关于生活与环境的探讨。

　　师：非常好！大家的环境危机意识很强，那么，我们可以从身边的小事做起，并在日常生活中转化为积极的行动，投身到保护家园的活动中。请同学们讨论一下，我们能够为环保做些什么呢？

　　生：我以后要节约用水，用妈妈洗菜的水来冲马桶。

　　生：我要把家里的废电池收集起来，一起扔到废电池箱里。

　　生：我再也不用一次性筷子了……

　　师：同学们说得都非常好！这只是一小部分，我相信你们能够想到和做到的会更多。地球只有一个，生命只有一次，只要我们都从自我做起，从小事做起，我们的地球家园就会更加美好！

（三）课堂环境的道德熏陶

　　学生总是在一定的社会环境中生活和学习，并在同一环境的互动中建构起自身的道德观念和行为。朱小蔓教授曾提出"发展性"德育的概念，他认为，环境也是"发展性"德育中情感机制的有机组成部分。在此，环境是指个体之外的大大小小的社会共同体，小到一个班级、家庭，大到国家、民族。这些大大小小的社会共同体为个体所提供的足够的、支持性的道德环境，是德性发展的重要保障。个体在环境所构成的生存状态，以及个体对此适应所带来的情绪上的感受，是德育的重要前提和条件。如果提供了支持性的道德环境，他就表现为顺遂，当然这是指比较健康和公正的社会环境对于同样健康的道德需求的满足。人在好的生存关系中容易产生出安全、依恋、归属、自信、自尊的生活感受，而这些感受构成了他德性成长的基础。① 课堂作为学生经常生活于其中的重要环境，对学生的德性的形成具有不可忽视的作用。

1. 课堂上的人文关怀

教育作为一种人性提升的活动，必须以人为本，以人为目的，以人的发展为依归，它充满一种人文关怀。美国教育家内尔·诺丁斯曾提出一种以关怀为核心的道德教育理论，他认为，所有的教育行为过程和方法都应具有道德性，即关怀性。诺丁斯指出："关怀是一种'投注或全身心投入'的状态，'即在精神上有某种责任感，对某事或某人抱有担心和牵挂感'。关怀意味着对某事或某人负责，保护其利益，促进其发展。"②

诺丁斯在关怀教育上提出的具体做法包括：教育的目的应当是培养有关怀意识和能力的人，尽可能让师生、生生相处在一起；放松控制的冲动；让教师和学生更多地自己做出判断；教师不必为教学成功而无所不知；把专业定义得更为宽泛实用；鼓励自我评价。让学生参与管理自己的教室和学校；为所有学生提供出色的课程，非升学取向的课程可以同样丰富、有深度；取消高考的统一标准；每天至少有一部分时间从事关怀主题；自由讨论现存的问题，包括信仰问题；帮助学生以道德的方式彼此相待，给他们实践关怀的机会；帮助学生理解团体和个人如何产生对立和敌对，使他们学会如何"站在双方的立场上"解决问题；鼓励学生关心动物、植物、自然环境以及人类创造的物质、精神文明的世界；帮助学生深切地关心自己的思想；告诉学生在任何领域的关怀都需要有能力；关怀意味着责任，发挥我们的能力，使接受我们关怀的人、物或思想观念从中受益；关怀绝非可有可无，它是人生中牢固而富有弹性的支柱。③

◆示　例

课堂中的情感关注

姜庄镇中心小学孙美芳老师教授"统计"时，让每名学生来当一个小小统计员，一起来把全班同学的生日做一个小小的统计，让每名学生把全班同学的生日做成一张统计图，并可以用自己喜欢的颜色涂竖条。但是当一个瘦瘦的小女孩 G 站起来展示自己的作品时，学生哄堂大笑，小女孩低下了头，她涂的统计图没有其他学生的那么绚丽多彩，不少月份竟然用了灰色和黑色。

师：（指一生 A）你为什么笑呢？

生 A：老师，三月是春天，春天小草绿了，庄稼绿了，树木绿了……春天是充满生机和活力的，应该是绿色的呀。

---

① 朱小蔓. 关注心灵成长的教育. 北京：北京师范大学出版社，2012：65.
② 侯晶晶. 关怀德育论. 人民教育出版社，2005：65.
③ 朱小蔓. 关注心是成长的教育. 北京：北京师范大学出版社，2012：191.

师：我们来听听她的原因好吗？那你能告诉老师和同学们，你为什么这么涂吗？

生G：（怯怯地站起来，低着头）我妈妈前年十月生病了，去年三月死了……我想我妈妈，我要妈妈……（小女孩哭了，教室里骤然安静下来，原来的哄笑声没有了，许多孩子眼里充满了泪花）

师：同学们，小G同学的孝心多么令人感动，小G同学对母亲的感情多么深厚，这正是人类最高尚、最纯洁的感情，这不正是我们每一个同学所需要具有的感情吗？请同学们珍惜自己和亲人的美好感情吧！

孙老师对学生中"弱势群体"的关注，既有利于抚慰小女孩受伤的心灵，又激发了同学们孝敬父母、友爱他人的感情，使知识与技能，过程与方法，情感态度与价值观三维教学目标得到了最佳的结合与落实。

2. 课堂上的交流对话

能促进学生有效学习与发展的环境是什么样的环境呢？钟启泉教授认为是一种尊重学生个性、由学生主动投入的"参与性环境"、"对话性环境"。

教育是人类经验的传递活动。"教育在任何意义上都是在交流中完成的。一方面是在教育中个体与历史的交流；另一方面是个体与个体的交流"。从对话的角度来说，"教育就是对话，是上一代人与下一代人的对话，是历史与现实的对话，是教师与学生的对话，是人类的历史经验与学生个体的对话"。[①] 我国学者张华认为，对话是一种融教学价值观、知识观与方法论于一体的教学哲学。对话教学是师生基于关系价值和关系认知，整合反思与互动，在尊重差异的前提下合作创造知识和生活的话语实践。该实践旨在发展批判意识、自由思想、独立人格、关心伦理和民主的社区。[②]

对话是价值引领和道德教化的可靠途径。无论是作为普遍现象的道德，还是作为个别现象的道德都是对话的产物，体现着对话的本质。从另一个角度说，对话也被赋予了道德或伦理的意蕴。"对话性使得价值、善、真理都显示在对话过程中……在对话性教育共同体中，这些价值渗透在教育的各个方面，展现着自己的视野，求教育者进入到教育生活中，他自己的成长视野相遇着教育中的价值，从而使得个人的成长向着价值去创造自己的精神。"[③] 在教学过程中对话所体现的不仅仅是一种教学的民主与平等，更能投射出人与人之间的尊重与理解，体现出一种教学伦理关怀，彰显着一种教学道德精神，或者其本

① 金生．理解与教育：走向哲学解释学的教育哲学导论．北京：教育科学出版社，1997：57.
② 张华．对话教学：涵义与价值．全球教育展望，2008（6）.
③ 金生．规训与教化．北京：教育科学出版社，2004：201.

身就意味着一种道德教育理念。[①]

◆ **示 例**

融洽的交流与对话

　　全国著名特级教师于永正老师在课堂提问时，就经常鼓励学生积极地回答问题参与对话，特别是那些胆小的、不敢回答问题的学生。

　　有一次，于老师执教《全神贯注》一课。上课不久，于老师就提出了一个问题让大家回答，很多学生都高高地举起了手。但仍有几名学生不举手，于是于老师便指定一名不举手的学生起立回答问题。那名学生面色通红，声音很小地说："我没这个勇气。"

　　于老师和蔼地走到他跟前说："没勇气不要紧，于老师'特许'你坐着回答，怎么样？"这名学生点点头，坐在座位上回答了问题。

　　"回答得很不错嘛，可见你在课下认真预习了课文，以后要继续努力。"这名学生回答完后，于老师及时地表扬了他。

　　过了一会儿，于老师又点名让这个"没勇气"的学生起来回答问题。听到于老师的鼓励和表扬，这名学生有了勇气，虽然声音听起来仍然有些颤抖，但圆满地回答了问题。这名学生回答完后，于老师大声地鼓励："你回答得很好，理解能力很强，下次，你应该勇敢地站起来。"

　　在接下来的课堂提问中，这名原本胆小的学生多次站起来发言。

　　后来于老师又提出了一个问题，这个问题一提出，学生的观点就旗帜鲜明地分成了两大派，并且都不服对方。于是，于老师指名让两名不爱回答问题的学生作为代表来阐述自己一方的观点，并说出理由。

　　这两名学生惶惶然地站在那里，有些手足无措。于老师说："大家帮帮他们，你们找个地方先单独演练演练。"

　　这样一来，课堂气氛就活跃起来，大家都热心地帮助本组的代表，一起跑到一个角落起劲地练习起来。

　　"如果回答错了该怎么办呢？我有点担心。"当一名学生紧张得如此说时，于老师递上一杯水让他喝，并幽默地为他摸摸胸压压惊。在大家善意的笑声和热烈的掌声中，这名学生很不错地阐述了自己的观点。

　　理由阐述完后，于老师问："他们和自己比回答得怎么样？"

　　学生齐声回答："好！"

　　"是啊，每个人和自己相比，都有了了不起的进步。回答问题不在于对与错，最重要的是有勇气说出自己的现点，你们今天能站在大家面前说出自己的

[①] 黎琼锋，何洪. 对话，不仅仅是对. 全球教育展望，2009（10）.

观点，这就是一个很大的进步。"

课堂上顿时响起一片热烈的掌声。

3. 课堂上的心理气氛

心理氛围是一种看不见但笼罩在课堂上的精神环境，通常称作"课堂气氛"，突出表现在课堂的社会交往和心理反应之中，如拘谨程度、灵活性、结构、焦虑、教师的控制、主动性以及激励作用，等等。课堂气氛由师生之间、学生之间的情感交流与认知活动构成，它既反映了师生关系的性质，又影响着师生关系。不同的班级有不同的课堂气氛，即使在同一个班级，也会存在不同的"气氛区"，如一位教师上课时气氛融洽、活跃，另一位教师上课时气氛却是躁动或漠然。但是，课堂气氛又有相对的稳定性，一旦形成了某种课堂气氛，往往就能保持相当长的一段时间，甚至不同的课堂活动也有可能被同样的气氛笼罩。

有的学者将课堂气氛分为积极的、消极的和反抗的三种类型。另有一些学者认为课堂气氛可以表现为三种：一是以教师设身处境地理解学生为特征的"支持型气氛"；二是以学生提心吊胆地提防某种打击为特征的"防卫型气氛"；三是以师生相互反对为特征的"对抗型气氛"。所有研究几乎都指出，积极的、师生相互理解与支持的气氛，会提高课堂学习的效率，形成更多的努力和创造性探索。

形成一种积极和谐的课堂气氛，受许多因素的制约，其中一个关键的因素是教师的领导方式，即教育工作者传输信息和行使规定的行为方式。因此，教师要把爱与关心融入到教学行动中，以尊重的态度、民主的作风、悦纳的情怀和耐心的引导，营造充满心理安全与心理开放的积极心理气氛。

◆ 示 例

营造宽容悦纳的心理氛围

一次，上海特级教师于漪上公开课，学习《宇宙里有些什么》。课程讲解一段时间以后，她让学生看看书，提提问题。

这时，一名学生站起来问："课文中有这样一句话：'这些恒星系大都有一千万万颗以上的恒星'，这里的'万万'是多少？"话音刚落，全班学生都笑了。问问题的学生很后悔，责怪自己怎么问了一个这么蠢的问题，谁不知道"万万"是"亿"呢？没等老师让他坐，就灰溜溜地坐下了，深深地埋下了头，懊悔自己不该给老师的公开课添这样的麻烦。

于老师笑着说："这个问题不用回答，可能大家都知道了。可是我要问：既然'万万'是'亿'，作者为什么不用一个'亿'字，反而用两个字'万万'呢？谁能解释？"教室里静了下来，学生们都在思考。

　　于老师的学生毕竟是养之有素的，随即便有人举手。于老师叫一名学生站起来回答。学生说："我也不太懂，不过我想说说看。我觉得用'万万'读着顺口，还有，好像'万万'比'亿'多。"于老师说："讲得非常好，别的同学还想说什么吗？"当于老师确认没有不同看法后总结说："通过对'万万'的讨论，我们了解到汉字重叠的修辞作用。它不但读起来响亮，而且增强了表现力。那么，同学们想一想，我们今天这个知识是怎样获得的呢？"全班学生不约而同地将视线集中到刚才发问的学生身上。这名学生如释重负，先前那种羞愧、自责的心理一扫而光，仿佛自己一下子又聪明了许多。

三、用先进文化润泽精神生命

　　先进文化首先是价值观念的先进，是与时俱进而不是没落颓废，是科学昌明阔步前进，而不是愚昧迷信自欺欺人，是面向世界、面向未来、面向现代化的开放心胸，而不是抱残守缺的狭隘，是重在建设与积累的理性，而不是动辄起哄破坏的砸烂。以社会主义核心价值体系为主要内容的先进文化，反映了时代特征，顺应了人民的期待，符合历史发展的规律，必须予以坚持和发展。[①]

　　教育是直面人的精神生命的特殊社会实践活动。教师在课堂教学中面对的是一个个活生生的人。每一名学生都是有需求、有智慧、有情感、有意志的生命个体。而我们的课堂教学却常常忘记这一点。正像叶澜教授指出的："教育除了社会性之外，还有鲜明的生命性。人的生命是教育的基石，生命是教育学思考的原点。在一定意义上，教育是直面人的生命，为了人生命质量的提高而进行的社会活动，是以人为本的社会中最能体现生命关怀的一项事业。"[②]

　　（一）增强文化自觉与自信

　　所谓文化自觉，用费孝通先生的说法就是"生活在一定文化中的人对其文化有'自知之明'，明白它的来历，形成过程，所具有的特色和它发展的趋向，不带任何'文化回归'的意思，不是要'复旧'，同时也不主张'全盘西化'或'全盘他化'。自知之明是为了加强文化转型的自主能力，取得决定适应新环境、新时代时文化选择的自主地位。"[③] 也就是说，文化自觉是指一个民族、国家及其人民在文化上的觉醒和觉悟，包括对文化在社会生活中的地位和作用

---

　　① 黄永林. 文化自觉：文化大发展的重要基础. 中国教育报，2011-11-08.

　　② 教育研究杂志社记者. 为"生命·实践教育学派"的创建而努力. 教育研究，2004（2）.

　　③ 费孝通. 反思·对话·文化自觉. 北京大学学报，1997（3）.

的深刻认识，对文化发展条件和规律的主动把握，对文化发展权利和责任的勇敢担当。

1. 推动学校教学文化的建设与发展

文化是人类社会活动的产物，也是时代精神的精华。文化的概念本质上是一个符号学的概念，它暗示了"人是一个悬浮在他自己编织的意义之网中的动物"。而教学正是意义的传递和人类精神的启蒙，也是人类创新生活方式、追寻精神家园的过程。教学本身即文化，教学的一切关乎文化，无论是内在的还是外在的，显性的还是隐性的，教学都蕴含着自觉、自足、自新的教学文化。①

课堂以传承和创造知识为使命，同时，还承载着促进学生人格与精神发展的人文意义，这种意义就是讲授文化。课堂是文化传播的中心，而文化是知识产生的土壤，是联结知识与学生发展的纽带。②另有学者分析认为，课堂从本质上说是文化在空间和时间上的存在，课堂文化本质上是育人的文化。③

教师是推动教学文化建设的主导力量。新的教学文化要求教师不仅要教给学生知识，更重要的是，要用文化培育人，让学生在浓厚的文化氛围中，体验到在科学与人文的海洋里邀游、探索和创新的乐趣，体悟到真正意义上的科学精神与人文精神；在激发起对科学、对人文和对一切创造性事物的热爱的同时，也激发起对自然、对生活和对生命的热爱，从而引导学生逐步树立起崇高的理想境界以及人生观和价值观，从而以自己的聪明才智和特长去实现更高的人生价值。④

总之，当代教学文化的唤醒、回归与自觉是个循序渐进的实践过程，它在人文唤醒中获得精神的张力，彰显生命的价值和本色；它在回归生活中不断生成，使教学实践凸显教学生活的本真；它在课堂内外的教学变革中自觉践履，不断开拓教学文化精神养育的空间。⑤

◆示　例

焕发儿童的生命光彩⑥

——特级教师孙双金的"情智语文"

"情能促智"、"智能生情"是一种源于生命自然的状态，它可以从生命活

---

① 龚孟伟，李如密. 试论当代教学文化形态和功能. 课程·教材·教法，2011（4）.
② 李长吉. 讲授文化：课堂教学的责任. 教育研究，2011（10）.
③ 朱旭东. 论大学课堂学术文化的重建. 清华大学教育研究，2011（3）.
④ 龚孟伟. 从知识教育到文化教育. 教育研究，2007（1）.
⑤ 龚孟伟. 试论当代教学文化的唤醒、回归与自觉. 课程·教材·教法，2012（3）.
⑥ 周一贯. 焕发儿童生命的光彩. 人民教育，2011（22）.

动层面促成"言语"与"思想"或"工具"与"人文"的统一：

孙双金执教《落花生》一课，要学生初读课文之后再默读全文，把自己不理解的地方画出来，敢于大胆地提出问题。可是5分钟后学生一脸茫然，竟提不出什么。孙老师笑了笑，启发道："那么，你们有没有不太理解的词语，这也可以提呀！"

终于有一个男生小心翼翼地举起了小手："老师，'茅亭'是什么意思？"孙老师称赞他的勇敢和认真，请大家给予掌声鼓励。

"老师，'新花生'是什么意思？"

"老师，'开辟'是什么意思？"

由于被激励，许多学生开始有了属于自己的"？"，但都还停留在就词问词的水平上，孙老师便决定打破他们的思维定式。

"你们有没有不理解的句子呢？"

学生不再像刚才那样茫然了，而是陷入了思考。

"'那天晚上天色不大好，可是父亲也来了，实在很难得'这句话我不懂。"一个女生说。

"你真能干，一下子就找到一个重要的问题。"孙老师立即把课文中的这句话给投影出来，并提示，"就这句话我们起码还可以再提三个问题，你们动脑筋想想看。我相信你们一定可以提出来。"

有了明确的"攻击"目标，大家的脑筋开动起来了。

"那天晚上为什么天色不大好呢？"一个男孩问了一个不着边际的问题，引得全班哄堂大笑。

"老师，在我们家里父亲和我们在一起吃饭是经常的事，为什么这家却'很难得'呢？"

"真聪明，你联系自己的家庭生活实际提出了有价值的问题。"孙老师鼓励说。

"那天晚上天色不大好，父亲为什么也来了呢？"又一个有价值的问题出来了。

"'可是父亲也来了'为什么要用'也'呢？"学生开始咬文嚼字了。

"父亲来就是为了吃花生吗？他还有什么用意吗？"

这个根据课堂实录整理的案例中，孙双金以情智共建的理念为驱动，在解除学生情绪束缚的同时，逐步开启了孩子智性的大门。于是言语和思想同构的局面便自然展开——学生从只问词解到提出了很有价值的问题，"言语"与"思想"不再是贴不拢的"两层皮"："那天晚上天色不大好，可是父亲也来了，实在很难得。"这是一句多么普通的句子，然而平常的文句中蕴含了极为丰富的思想内涵，"天色不大好"与"可是"；"实在"与"难得"，"为什么要用个'也'"……这些问题直指文本背后的丰盈含意。

教学过程中，"思想"也凭借这些极为平常的"言语"呈现着、表达着，深深地启发着儿童。

2. 担当起传承优秀文化传统的责任

文化的自觉与自信都建立在对自身文化的深刻认知基础之上。中华民族的文化是人类历史上少有的没有中断的文化，它所孕育的价值传统也一直在延续着，引导着中华儿女的行为，塑造着中华民族的理想生活。开展文化传统和传统价值教育是中小学校应尽的责任和应担负的使命。当前，我国的许多中小学校注重开展传统文化教育，这是一件值得肯定的好事情。但是，传统文化教育的精髓不应当在于使青少年学生诵读、识记或表演一些传统的经典，而在于通过这些经典的学习逐渐地接近、接触和领悟优秀的传统价值文化，像"爱国"、"孝亲"、"诚信"、"勤奋"、"廉洁"、"节俭"、"谦逊"、"道义"等，并结合时代的需要把这些传统价值创造性地应用到当下的工作、学习和生活中去。在相当程度上，我们可以说，缺乏这种优秀传统价值的教育，我们的教育就没有中国特色、中国精神和中国气派，就不能培养出真正的"中国人"。[1]

我们必须认识到，中华文明是人类文明的重要组成部分，其倡导的和谐、大同、天人合一、厚德载物、自强不息、辩证思维等都是人类社会最重要的价值观。我们必须继承和弘扬这些优秀的传统文化。在对待我们的历史、传统和文化上，我们再不能干曾一度非常热衷的自我作践、自我颠覆、自我否定的蠢事了。[2] 就文化自信而言，当下主要应以悠久辉煌的传统文化为指向。我们如果缺乏文化自信，对优秀传统文化的自信将会流为思古之幽情，成为无力应对现实和外来文化冲击而只能暂避一时"精神慰藉所"，创造未来新文化的自信与活力也将因缺乏当下的根基而无以真正的挺立和激活。[3]

◆ 示 例

文化意义同语文魅力的统一

孙双全执教古诗《泊船瓜洲》，没有采用惯常的用"绿"字为诗眼统领全文，由教师讲析为主的做法，而是把着眼点放在情智交融、充满了人文情怀的"还"字上，找到了一个新的提升学生认识和实践的落脚点。然后随着学生解读的深入，教师相机写下了由学生讨论发现、概括而成的合理认识。待学生对全诗的解读告一段落时，一个思路清楚、透析入理的板书也就自然形成了：

---

① 石中英. 关于当前我国中小学价值教育几个问题的思考. 人民教育，2010（8）.

② 黄永林. 文化自觉：文化大发展的重要基础. 中国教育报，2011—11—08.

③ 沈壮海. 文化自信的基点应确立在哪里. 中国教育报，2012—04—20.

泊船瓜洲

句面义	句中义	句外义
京口瓜洲一水间，		
钟山只隔数重山。	靠家近→	应该还
春风又绿江南岸，	离家久→	更该还
明月何时照我还？	思家切→	不能还

在此基础上概括出了中国文学史上永恒的"回家"主题，最终提炼出王安石作为北宋重臣、政治改革家的"舍小家，为大家"的精神。

在下半节课里，孙老师又以"绿"字为中心，引出了"炼字"的情趣训练，从王安石对"绿"字的妙用，引用"红杏枝头春意（　）""风乍起，吹（　）一池春水"等，让学生猜想句意填上合适的字。这样的语言训练，不仅深化了对"绿"的意象，而且触类旁通，让学生有了推敲炼字的实践机会。这种练中见"情"、细处显"智"的炼字探讨，把学生的情智不断推向纵深，充分显示了认识与实践并举的语文有效教学策略，使经典古诗学习成为一种对人生情感、生命智慧的诗意享受。

3. 教会学生进行价值选择和文化理解

费孝通先生曾说过，不同文明应"在形成中的多元文化的世界里确立自己的位置，经过自主的适应，和其他文化一起，取长补短，共同建立一个有共同认可的基本秩序和一套各种文化能和平共处，各舒所长，联手发展的共处守则。……'各美其美，美人之美，美美与共，天下大同'"[1]。这就是不同的文化与价值观应在保持自己的特色与追求的基础上，以平等的姿态进行对话，求同存异，相互理解、相互借鉴和补充，共同发展。从现实的情况看，我国学校课堂改革与发展，面对复杂的文化价值选择，却缺乏主动应对的准备："我们的学生既缺乏对世界文化的判断、选择和认同，也缺乏对民族文化的理解、接纳，还缺乏对丰富文化资源进行选择的能力和跨文化的交流能力。"[2] 具体到现代课堂教学这一层面上，教材中所传递的主导价值取向受到来自学生多元化价值体验的极大冲击，课堂教学如何教会学生进行合理的价值选择？课堂教学如何教会学生理解多元化的文化价值？课堂教学恐怕不再仅仅承担着知识传授的任务，还要肩负着教会学生价值选择和文化理解的使命，复杂多元的社会文化生态环境给学校课堂带来了新的挑战。

---

① 费孝通. 反思·对话·文化自觉. 北京大学学报，1999（3）.

② 裴娣娜. 文吉吉. 社会转型时期中学生价值观探析. 教育研究，2006（7）.

◈ 示　例

理　解　肖　邦

《把我的心脏带回祖国》（苏教版语文十一册）叙述的是著名音乐家肖邦离开祖国，前往巴黎，至死不忘祖国的感人故事。在教学中我抓住了学生的一个质疑，引导学生走进文本，走近肖邦，解决了学生心中的疑惑，帮助学生理解了文章重点内容，接受了肖邦强烈爱国主义情感的熏陶。

［教学片段］

教师：读了第一段，谁能用自己的话说说这一段写了什么？

学生：这一段写肖邦被迫离开自己的祖国。

教师：语言很简单，谁能把离开原因加进去，说一说？

学生：波兰被列强瓜分，肖邦被迫离开自己的祖国。

教师：讲得很好，语言简洁。

学生：老师，我觉得肖邦不应该离开自己的祖国。因为他的祖国被别的国家瓜分，人民被欺侮、被压迫。如果他爱国的话，就应该留下来为祖国战斗。

（其他学生都笑了，质疑的同学盯着我，等待我的回答。我愣了一下，备课时没想到会有这个问题。我立刻想到如果这个问题处理得不好，后面就无法让学生感悟肖邦的爱国主义情感，我决定改变我当初的教学设计）

教师：这名同学虽然不是回答老师的问题，但他真实地讲出了自己在读书过程中产生的疑问，这也是一个有价值的问题。同学们，当我们在读书过程中产生疑问时，首先要通过进一步仔细看文章来寻求解答。不知这名同学的问题在文章中是否能找到答案，请同学们再一次仔细读文章，找找看。

（学生兴致勃勃地读书，有些学生还边读边画）

教师：同学们找到问题的答案了吗？

学生：肖邦是爱国的，他的离开是迫不得已的，我从"满怀悲愤"、"不得不离开"中能看出。

学生：肖邦离开自己的祖国，是因为祖国动荡不安，他无法展示自己的才华，我从"年轻而富有才华"中读出来的。他到法国不是逃避战争，而是他在音乐事业上有追求，不能说他不爱自己的祖国。

学生：肖邦不可能不爱国，要是他是个不爱国的人，他的老师和同学不可能到郊外为他送行。你看他的老师专门为他谱写了《即使你远在他乡》，还送他祖国的泥土当作纪念。

学生：从倒数第二小节中"原来的肺结核病又复发了"可以看出，他身体不是太好，即使他留在国内，也不可能像战士那样战斗。相反到了国外他可以用他的音乐，为祖国做贡献。你看他写下了《革命进行曲》，一定发挥了很大的作用。

学生：一个人是不是爱自己的祖国，不是看他在不在自己的祖国，当时不少著名的波兰人也去了国外，但他们还是爱自己的祖国。①

（二）培育民族与时代精神

民族精神和时代精神是贯穿社会主义核心价值体系的基本内容，也是联结其他基本内容的纽带。在建设社会主义和谐社会的进程中，应大力开展民族精神和时代精神教育，启发和引导人们澄清价值迷乱、摒弃价值堕落，高扬社会主义核心价值的主旋律，构筑起符合中国特色社会主义发展要求的社会主义核心价值体系。

1. 在课堂教学中发掘教育内容

中华民族的传统民族精神中蕴含着不少体现民族优良价值品质和价值精神的内容，如爱国、仁义、宽厚、忠勇、尚和、诚信等；现代以来，中国共产党领导培育的诸如长征精神、延安精神、西柏坡精神、"两弹一星"精神、抗洪精神等革命和建设精神中也蕴含着无私奉献、全心全意为人民服务等崇高的价值观；在当代中国特色社会主义建设的鲜活实践中，任长霞、牛玉儒、许振超等先进时代英模身上更是体现了富有时代精神、浓缩时代价值的当代优秀价值观。开展民族精神和时代精神教育，既要从传统的优秀社会价值观中汲取营养，发掘其中具有永久价值魅力的精神元素来教育和启发人们，又要突出地弘扬时代先锋和模范人物所体现的价值精神。同时还应适当地汲取当今世界和国际社会中其他民族的优秀价值品质和价值观念，努力培育适合时代进步及中国社会发展要求的社会主义核心价值。

2. 围绕课堂教学创新教育方式

进行民族精神和时代精神教育要力戒单纯、抽象的理论灌输和僵死、呆板的说教，应当运用一切切实可行并富有教育启发意义的工具和手段，把说服教育和实践教育结合起来，变呆滞的宣传教育为灵活多样的体验教育。在具体的教育实践中，应注重民族精神和时代精神的具体化，利用特定场合和情景进行重点教育，选择适当的节假日、重大历史事件和历史人物纪念日的契机，通过组织丰富多彩、形式多样的国民教育和精神文明创建活动，普及、推广优秀的价值观念。同时，应努力把民族精神和时代精神教育日常化、实时化，尤其注重把日常生活教育和实时生活批判相结合，在传递优秀价值精神的同时教育人们批判和摒弃丑陋的价值追求，使民族精神和时代精神所蕴含的优秀核心价值观渗透到日常生活、课堂学习和工作中。

---

① 郑琰主编. 传道：让教学更有效. 北京：中国人民大学出版社，2008：241－242.

3. 整合学习资源提升教育效果

要把学科课程与活动课程结合起来，把课堂学习与社会实践结合起来，把学校教育资源与社会文化资源结合起来，让学生生动活泼地、主动地汲取精神营养，形成健康人格。

信息共享和传递是现代人进行价值交流和价值转化的重要媒介。当今时代，信息网络技术发展迅速，一些时髦和新奇的网络信息传播方式不断涌现并普及，直接影响着社会大众的思想价值观并进而改变他们的传统行为方式。开展民族精神和时代精神教育要适应形势的变化，除充分利用报纸、杂志、书籍、电视、广播等传统传媒手段外，尤其要注重利用网络媒体进行社会主义核心价值观的培育和塑造，倡导积极、健康、文明、进步的价值观念，防止反动的、消极的、负面信息的滋生蔓延，消除有害信息对网民价值观的影响，营造良好的网络舆论氛围和网上教育环境，适时提高民族精神和时代精神教育的效果。

（三）关注社会与科技发展

本次新修订的课程标准，坚持与时俱进，突出时代性，加强了课程内容与现代社会和科技发展以及学生生活的联系，在注重各学科经典基础内容的同时，坚持了课程内容的与时俱进，新增知识点，及时反映新时期我国经济社会发展的新成就。如历史学科增加了"十六大以来的新成就"，充分反映了科技进步的新成果；物理学科增加了"宇宙探索"、"我国载人航天事业"、"新能源"等有关知识。除此之外，一些学科结合学科特点，把我国社会发展中出现的一些现实问题作为课程内容，引导学生进行科学判断。如化学学科把"婴儿奶粉中的蛋白质含量"、"臭氧空洞和臭氧层保护"等有关知识列入了课程内容。

新课标新增加的反映社会发展和科技进步的内容，对课堂教学创造了极为广阔的文化涵育空间。

◉ 示　例

思想品德课程标准的修订：
体现时代精神，提升课程的时代高度

此次课标修订遵循与时俱进的原则，在突出思想品德课程特点的前提下，课标修订紧跟时代发展的步伐，体现以人为本，合理增加科学发展观、核心价值观、公民教育三部分教育内容，注意培养生态文明意识和确立全球化视野，强调情感发展对品德培养的重要性。

1. 在目标中增加了"公共精神"的要求。在我们这个消费时代，埋头自己的利益是普遍倾向，因而特别需要提倡作为时代精神之一的"公共精神"。

基于这种考虑，除在目标中增加公共精神培养的要求之外，我们在内容标准中也对这一要求进行了落实："积极参与公共生活、公益活动，自觉爱护公共设施，遵守公共秩序，有为他人、为社会服务的精神"。

2."媒介素养"的培养。当今社会是一个电子媒介盛世，电子媒介不仅是我们每日生活所必须依赖的外在工具，如同空气一样，随着我们的一呼一吸进入我们的心灵深处，因此媒介素养的高低不仅决定着我们能否有效地使用电子媒介，更决定着我们自身的存在。本次修订除了在目标中突出了"提高媒介素养，积极适应信息化社会"的要求，也在内容标准中提出了具体要求，针对的就是电子媒介盛世对年轻一代所提供的机遇与挑战。

另外，关于生态教育的内容、关于全球意识和国际视野的要求、关于认同中华文化、弘扬民族精神的要求等内容的调整，都是本着与时俱进、体现时代精神要求，提升课程标准的时代高度的宗旨进行修订的。[①]

1. 加强科技文化的陶养

科技革命是当代社会一大亮点，这不仅意味着科学知识的增长，也意味着科学精神的张扬和科学文化的发展。

科学文化有一种符号载体——知识，但科学文化还有某种可称为精神、理念、价值观之类的东西存在着。这东西虽然无形，却是科学文化中更为深刻、更为本质的东西，在很大程度上决定着知识、制度和器物三大领域的产生和发展，可以说是科学文化之魂，这就是科学文化的形而上层面。逻辑实证主义和功利主义的科学观所应对的，充其量只是科学文化形而下层面的两大领域，即知识领域和器物领域，远不是整个科学文化。

科学文化的中心是人，是一代又一代富有创造性的科学家，是他们在长期的科学实践中以自己的聪明才智创造了各种各样的科学知识乃至整个科学的文化传统。这些伟大的科学家以及他们所传承的精神乃是整个科学文化的核心，也是整个科学文化的生命之根。后代人若真正学习科学，所要学习的不仅仅是现有的科学知识，更重要的是还要学习与这些知识不可分割地联系在一起的整个科学文化传统，特别是那些伟大科学家的人格以及精神。

◆示　例

"借题发挥"
——让学生看到知识背后的人

●在教学过程中可以通过"借题发挥"，介绍有关知识背后隐匿着的一些可歌可颂、可敬可佩的人物轶事，使学生对这些教学内容产生亲切感，从而使

---

① 高德胜. 坚持·明确·完善·提高. 课程·教材·教法，2012（3）.

之具有情感色彩。例如，有的教师讲到放射性物质的时候，专门介绍了居里夫人是怎样历尽千辛万苦，克服了物质上、精力上、身体上常人难以想象的困难和煎熬，最后成功提炼出 1 克纯镭，两度获得诺贝尔奖的事迹。教师还讲述了这样一件轶事：有人愿出资五万英镑的巨款购买她的 1 克镭，她却说："镭乃仁慈之工具，故为世界所有。"学生听了无不为之动情，学习有关内容倍加努力。

● 例如一位化学教师在教碱金属部分内容时，在先告诉学生金属钠是由英国化学家戴维发现的之后说，戴维用电解法将分解得到的生成物倒入盛有清水的大玻璃杯中时，轰的一声发生剧烈的燃烧和爆炸，戴维从此失去了一只眼睛，但这丝毫没有动摇他酷爱科学、勇攀科学高峰的决心。他十分风趣地说：幸好瞎了一只眼，还有一只眼，还可以继续为化学事业工作。后来戴维加倍努力地工作，成功地用电解法制得了钾和钠，还成功地制得了钡、钙、锶、镁等金属，又制取了非金属硼和笑气（NO_2）等。青年学生要好好向戴维学习，将全部精力用于学习，将来为祖国的四化建设做出应有的贡献。

● 还有的教师在生物课上讲到微生物时，特地介绍世界著名的法国微生物学家巴斯德。巴斯德小时候并不是一个超群绝伦的孩子，他的小学老师甚至认为"他是班级中个子最小、最羞怯、最不见得有出息的一名学生"。然而巴斯德却以顽强的意志和忘我工作的精神奋战在他日后所从事的科研工作中，成为近代微生物学的奠基人。他创造的巴斯德牛奶消毒法，至今还在运用。他在十几岁时就写道，词典里最重要的词是"意志"、"工作"、"成功"，并以此作为他终身的座右铭。这些介绍无疑对学生学习有关知识产生良好的情感激励效果。

2. 凸显生命关怀的取向

随着社会转型步伐的加快，人们的生命意识日益凸显。有学者指出，现行德育范式应以生命为思维原点，探寻生命维度，形成关爱生命的德育范畴、思维方式和逻辑体系。在生命内涵多维解读的基础上，着重将生命教育作为学校道德教育的本真要求。同时，反思当前"去生命化"德育范式的种种困境，努力从生命维度对德育目标、德育过程、德育方法等进行重新审视和更新。这种"生命关怀"取向的德育研究，突出表现在将生理健康教育、心理健康教育、生死教育、安全教育等作为新时代德育的内涵，生态伦理教育、科技伦理教育、经济伦理教育、网络伦理教育等也逐步得到重视。

学校德育与学生的生命实践息息相关，教育现实也正在呼唤着学校德育要关注学生的生命成长、生命完善和生命实现。这里所说的"生命"，不仅是指身体意义上的生命，同时也是指精神意义上的生命。学校德育对于生命实践的脱离，一方面是学校德育在目标、课程设置等方面没能充分关注学生的身体生命和精神生命的成长，没有把学生作为一个生命的主体来观照；另一方面是学校德育过分强调道德认知的发展。因此，应探讨人的生命本真，分析研究道德认知与道德实践的融合，以及生命实践如何在学校德育中的具体实施，倡导学校德育对学生生命的回归，对德育过程进行审美化改造，以有助于学校德育实践的改善，促进学生的生命成长。①

◆示　例

珍　视　生　命

曾听过一节"创意颇深"的自然课。教师为了证实氧气对生命的重要性，便做了一个实验：把一只白鼠放在一个玻璃罐子里，慢慢抽去罐子里的氧气。小白鼠一开始很活泼，随着氧气的不断减少，它开始抽搐起来，最后四肢蹬了几下就死去了。整个实验过程形象直观，让人一目了然。在整个实验过程中，听课的老师和学生都观察得非常仔细，整个课堂静悄悄的。通过这个实验，学生很快就总结出了氧气对于生命来说是不可缺少的，只是整堂课的气氛因为小白鼠的死而变得十分压抑。

评课时，教师们七嘴八舌地说着本堂课的优点。但是，突然有一位教师站起来说："我对该老师的课有看法。虽然层次清晰，步骤明了，学生从实验过程中很快就明白了氧气对于生命的重要性，但是，该老师违背了'热爱生命'的原则，教育过程缺乏人道主义。"

大家都以惊异的目光看着这位老师，他继续说道："教育的目的是要给孩子真知，但更重要的是要让他们学会心中有爱。这堂课虽然给了孩子们知识，但丧失了人性，把最重要的东西丢了。为了证明氧气对生命的重要性，可以用动物来做实验，但是，动物也是生命，我们应该教孩子热爱生命。"

"那么，如果非要用动物来做实验，怎样才能既达到实验目的，又给孩子们生命教育，培养他们的爱心呢？"有人问道。

"很简单，小白鼠在挣扎时，立刻再给罐内通氧气，不但可以再一次证明氧气对生命的重要性，而且能挽救白鼠的生命，并且我敢保证孩子们看到小白鼠'复活'时，一定会很激动，气氛一定很热烈。"掌声响了起来。

泰戈尔说过："教育的目的应当是向人传送生命的气息。"教师作为人类灵魂的工程师，有责任唤起学生尊重生命的良知。我们不仅要珍爱自己的生命，也要尊重所有有生命的个体。在给学生传授知识的同时，我们也不要忘记把学生培养成有人性的人。

---

① 高宝立，金东贤，许建争. 尊重人、关心人、理解人、发展人. 中国教育报，2010—01—19.

3. 实现公民教育的转型

随着我国市场经济和社会主义民主政治的健康发展。我国公民社会正在逐步形成和壮大。我国公民素质及其价值诉求也得到了极大提升,其主要表现集中在公民独立自主和民主意识提高、公民的权利诉求日益高涨、公民自治能力不断增强等。但是,公民教育在诸多方面仍存在与现代公民社会不相适应的情况。实现公民教育的现代转型既是我国公民社会成长所提出的必然要求,也是公民教育结出丰硕成果的关键所在。我国公民教育应转变为以权利为起点的权利义务教育和以赏罚机制为载体的道德教育,实现制度性正式约束与公民自教自律相结合,公民教育的承担者应由政府职能部门转变为与民间组织相结合。

公民教育是培育公民品质和公民精神的重要形式,它承担着"使人成为公民"的教育使命。但是,公民品质的生成和发展不能仅仅依靠公民知识的讲授和学习,更重要的是要搭建一个公共生活的参与平台,引导受教育者在公民参与过程中不断完善自身的公民品质。对学校公共生活和校外公共生活的积极参与,事实上为公民品质的发展提供了一个实践、学习、锻炼和理解的途径。缺少了公民参与,公民品质也就失去了培育和锻炼的实践场所。因此,从这个意义上说,参与式公民学习具有非常重要的教育意义,它可以为公民品质的培育提供一个良好的实践平台,从而更好地完成公民教育的目标与使命。①

---

① 叶飞. 参与式公民学习与公民教育的实践建构. 中国教育学刊,2011 (10).

第二章　体现"学生为本"的教学旨趣

　　贯彻"以人为本"的科学发展观，就教育来说，就是坚持"育人为本"。人是教育的对象，是活生生的有生命的个体。"在一定意义上，教育是直面人的生命，通过人的生命，为了人的生命质量的提高而进行的社会活动，是以人为本的社会中最体现生命关怀的一项事业。"① 因此，"教育学思考一切教育问题的根本出发点是学生的生命成长，是学生作为主体人的发展需要和发展过程"②。教育作为培养人的社会活动，它"所关心的是整个的人，不只是作为产品的人；所关心的是富有创造性的生活，不只是物质生产的生活"③。

一、坚持育人为本

　　教育的基本功能是育人，犹如叶澜教授所说："在教学中，教师实际上通过'教书'实现'育人'，为教好书需要知道育什么样的人。当前我国基础教育中课堂教学的价值观需要从单一地传递教科书中呈现的现成知识，转为培养能在当代社会中实现主动、健康发展的一代新人。我们认为，学科、书本知识在课堂教学中是'育人'的资源与手段，服务于'育人'这一根本目的。"④

　　正是这种"教书"与"育人"的统一观，要求我们在课堂教学中，直面学生的生命，焕发生命的活力。

　　（一）润泽生命

　　教育正向生命存在的可能性进军，教育只有服务于生命才有价值。判断一种教育是否尊重和合理的"基本的尺度是看它有没有体现对生命的关爱，有没有使每个身处教育世界中的生命都焕发了生命活力，有没有使生命的能量通过

---

① 叶澜. 让课堂焕发出生命活力：论中小学教学改革的深化. 教育研究，1997（9）.
② 叶澜. "新基础教育"语丝. 基础教育，2004（5）.
③ 联合国教科文组织国际教育委员会. 学会生存：教育世界的今天和明天. 华东师范大学比较教育研究所，译. 北京：教育科学出版社，1996（276）.
④ 叶澜. 重建课堂教学价值观. 教育研究，2002（5）.

这样得到了增值、提升和扩展"①。我国学者在"生命化教育"的改革中鲜明地提出，生命化的教育，在起点上，直面人的生命；在过程中，通过人的生命，遵循生命的本性；在结果上，润泽灵魂，追寻生命的意义和价值，提高生命的质量。直面生命是前提，遵循生命是保证，完善生命是目的。教育只有将三者协调一致，才能实现其生命的本质，才是完整的生命化教育的内涵。

1. 顺应自然本性，行天纵之教

早在近代启蒙运动之肇始，卢梭就主张教育与生命同步开始，强调被教育者是一个有着各种需要和正在不断成长发展起来的生命体。教育的基本目的就是要顺应人的本性及其自然发展的需要。苏霍姆林斯基曾说过："人的内心里有一种根深蒂固的需求——总想感到自己是发现者、研究者、探寻者。在儿童的精神世界中，这种需求特别强烈。"②杜威也指出，儿童有四种天生的本能或兴趣：制作本能、交际本能、艺术表现和探索本能。"儿童生动活泼的生长是依靠这些天赋资源的运用获得的。"③

我国"生本教育"的研究认为，教学的原动力是儿童的学习天性，是儿童的学。它是支配着学习者和学的行动的，也是决定教的效果的根本的和强大的动力。要构成合理高效的动力体系，就必须使教居于有效地发挥学的作用的助动力的地位。现今解决基础教育问题的关键，就是要把主要依靠教转变为主要依靠学，即学先于教，学决定教，学成就教，学大于教。④

◆■示　例

顺应学生的天性，机敏地引导学习
——一只蝴蝶引出的"生成"

一天，学生们在课上正专心写作业。忽然，一只蝴蝶从窗户飞入教室，在学生们的头顶翩翩起舞。不知哪名学生情不自禁地说了一声："啊……好漂亮。"其他学生的注意力瞬间被吸引到蝴蝶身上。有的学生站起来用手扑打，有的喊道："别打它，把它放回窗外——"顿时教室里沸腾了。

我刚想制止，突然灵机一动：这是多么难得的机会！学生们这样全神贯注地观察一件事物，正是可遇不可求的好事啊！于是，我对学生说："这只小小的蝴蝶，漂亮不漂亮呀？它到这里来要干什么？为什么喜欢在同学们周围飞舞？你想对它说点什么……"

我的话音刚落，同学们"来电"了，七嘴八舌，说个不停。

---

①　李政涛. 教育的生命之维. 教育研究，2004（6）.

②　[苏]苏霍姆林斯基. 给教师的一百条建议. 周蕖，等译. 天津：天津人民出版社，1981：70.

③　赵祥麟，王承绪编译. 杜威教育论著述. 上海：华东师范大学出版社，1981：38.

④　郭思乐. 学校教学的动力分析. 课程·教材·教法，2008（1）.

"它太漂亮了！在嫩黄的翅膀上点缀着乌黑的花纹，左右小翅膀上各有一个蓝色的斑点，多么鲜艳美丽！它自由自在，翩翩起舞，就像会飞的花朵！"

"它是迷路了，才来到我们这里。"

"同学们穿的衣服很鲜艳，教室里和校园里现在都很美丽，空气又很新鲜，它把我们这里当成花园了……"

"我猜想，它是看见我们学习紧张，来给我们表演节目的，让我们轻松一下。"

"它是来看望我们的，看我们学习是否专心。"

于是我因势利导，要求学生把自己看到的、听到的、想到的都一一记下来，以"蝴蝶"为题，当作一次作文练笔。学生听后兴趣盎然，很快就写出了自己的得意之作。抓脑袋、咬笔杆的没有了，他们争先恐后地要求念自己的文章。

对新异事物的好奇是人的一种天性，顺应这种天性进行学习引导是教师的智慧。这只偶然飞进来的蝴蝶为教学提供了新生成点。抓住这个点，教师组织了一个新的思维生成过程、新的学习生成过程，挖掘想象之源，捕捉、创设生活情景中的想象之点，引导学生展开想象的翅膀，有效地把教育教学融合在一起，把知识、能力融合在一起，把爱心、智慧融合在一起。教师也在这个生成过程中得到了发展、提升，同时，它使我感悟到作文源于生活。

厚待学生的不安分，呵护学生的探求欲

教学"分数的初步认识"，在学生联系已有的生活经验（画图、文字等）初步理解1/2（一半）后，教师组织学生利用手中纸片折出1/2。其中有一名学生把一张圆形纸片两次对折平均分成了4份。

老师拿起该生的作业纸，问："你能说说这样折是什么意思吗？"

生："我这样折是和其他同学不一样的意思，把一个圆平均分成4份，2份就是它的1/2。"

师："那其中的一份呢？"

生："老师，是不是1/4呢？"

师（故作惊喜地）："1/4是什么意思呢？"（教师把作业纸贴在黑板的最高位置）

学生七嘴八舌地说出1/4表示的意思。

师："同学们，刚才老师要你们折1/2，这个小朋友却折出1/4，大家对这事怎么看？"

生1："老师，他真的不听话，上课一定走神了。"

生2："他自作主张，不守规矩。"

师："请你说说看。"

生 3："我批评他不听讲，但是我要表扬他教给我们一个新的分数。"

师："你能一分为二地看问题，好辩证呢！"

生 4："老师，我不同意他们的意思。我觉得他真了不起，他很有创造未来的意思。"

生 5："老师，他挺有想象力。"

生 6："老师，他能举一反三地学习。"

……

在学生一番评价之后，教师真诚地向这名学生说："我真的好佩服你。老师只教了 1/2，你却能勇敢地创造出一个新的分数，这样的学习才叫创造性学习！"

2. 遵循成长规律，存敬畏之心

教育作为"成人之事"、"成人之业"的手段，必须遵循人的成长规律，并对这一规律存有"敬畏之心"。大体上说，人的成长既有"共性"方面的规律，又有"个性"方面的规律，我们都不能轻慢对待它。

我国古代教育名著《学记》早就提出"不陵节而施"、"学不躐等"等遵循学生成长规律的主张，但我们今天似乎完全忘记了这些优秀的文化遗训，而大搞种种揠苗助长的急功近利之事。这种僭越，最终将受到无法预料的惩罚。

我国古代的智者不仅强调了循序渐进，同时还十分注重因材施教，这些其实都反映了教育的基本规律，即使到了今天也具有十分重要的意义。当代哲学人类学创始人马克斯·舍勒认为，人的位置就在于没有定位和趋向于定位之中。正是由于人没有与生俱来的人性、本质或在宇宙中的特定位置，因而，每一个个体的生命都是独一无二的、蕴含着无限可能性的存在。唯其因为它的这些特性，决定了任何人在面对自己的生命和别人的生命的时候，都必须心存敬畏和尊重，并自觉地维护和珍爱生命。

◆示　例

点滴积累　循序渐进

一位特级教师在接手了一个"差班"后，第一次留给学生的作文题目是"记一件有意义的事"，一看到题目，学生就高喊："不会写！""连句子都写不通，怎么写得出一篇文章。"……教师耐心地帮助学生寻找题材，指导写作文的步骤与方法，甚至还和学生讨论了结构框架与重点词语。学生要动笔了，老师说："这次作文最起码的要求是：把题目放在一行的中间位置；如果分段，每段开头要空两格。"学生的作文都达到了这两项要求，教师也以这两项要求为标准评分。此后，教师每次都在原有基础上提出学生经过努力就能达到的两三个新要求，学生在教师提出的分步目标推动下，经过一学期三十多次的"小作文"的训练，看到了自己的进步，体验到不断努力后就会成功的欢乐。

教师的睿智在于科学地分析了构成结果的要素，针对学生的实际，引导学生一步步地往前走，既"积小胜为大胜"，又让"小胜"不断成为追求"大胜"的强化力量。

承认差异　因势利导

——启用学生自身的经验储备

"点动成线，线动成面，面动成体"这一几何事实在过去的旧教材中是直接给出来的，绝大部分学生觉得抽象，不好理解，而新教材则用了三幅图让学生通过观察自己得出结论。河北省鹿泉市石井乡中学王利敏老师讲授这部分内容时，让学生先观察每一幅图画的是什么，然后想一想它说明了什么。一部分接受能力较强的学生看懂了图意后，很快理解了这句话。但还有一部分学生用疑惑不解的眼神望着老师。接着，教师让学生自己想生活中哪些例子能说明这句话，学生活跃起来。有的说："流星划过长空说明点动成线。"有的说："自行车辐条的例子说明线动成面。"有的说："一个圆围绕着它的一条直径旋转一周就形成一个球，说明面动成体。"在他们的启发下，其他同学也开了窍。像这种结论性、概念性的知识，教师没有让学生死记硬背，学生却记住了。教师们高兴地说："这是因为他们参与了知识建构的过程。"

不同学生对同样知识的理解水平和快慢程度是有差异的。这位教师非常善于根据学生的特点，充分调动那些理解能力较差的学生的经验储备，促使他们自主建构知识的意义。

3. 满足多样需求，创导学之境

马克思主义认为，人的需要即人的本性。而不同的人具有不同的需要，因此，人的本性也应该是千差万别的。教育要使每个儿童都合乎人性地发展，就必然要考虑学生个体的要求。

课堂教学中成全学生的需要，就应激发起他们认知的、情感的和自我发展的需要，使他们产生内发的动机，积极主动地学习。

满足学生的多样需求，是保证生命丰富性和引导生命发展的要求。"生命的开放性、生成性、自主性和超越性，说明了生命是一个能动的存在，具有发展的主动性和自主性。其实，对于如此充满活力和激情的生命，教育与其说要'塑造'生命，'变革'生命，'培养'新的生命，不如谈'尊重'生命，为生命的健康成长创造条件。教育所要做的不是'塑造'，而是呵护、引导。面对鲜活的生命个体，教育的力量是有限的。为此，教育要成全生命，需要以尊重生命为前提，引导生命为关键，提升生命为目的。"①

◆示　例

珍视学生多方面的需要

这是一位教师的经历与感受，读后使人产生许多感想。

我对迈克记忆犹新。那时他 15 岁，因犯罪而留校察看。他每天都穿着同样脏的衣服，满身臭味。手臂上到处是自己用烟头自残的伤口，他是一位真正好斗的硬汉。他上学从不带书，笔和纸更不用说。上课时他总是两臂交叉懒洋洋地坐着。我觉得我必须帮助他，所以我给他必要的材料，并指导他解决作业方面的问题。

当他开始动笔后，我总对他说，你听讲很认真，而且你有很好的数学天赋。我还说，只要他真的想做好，即使我不帮他，他的作业也可以得 A 或 B。回家后他把我说的全告诉他爸。第二天，他带了自己的学习用品上学。我决定再关注并表扬他。他开始做笔记并几次举手请求帮助。于是我又告诉他，我为他感到自豪。大约过了三个星期，迈克开始洗澡，梳头，并穿着干净的衣服上学，手臂上的伤口在愈合。他能正常地做作业。最后他的成绩单上确实打了个 B。他太自豪了，并深感辛勤的努力获得了回报。转化迈克是真正的挑战，在我看来至为重要的是通过表扬、赞扬和真正的鼓励使他对自己形成良好的感觉。

每一个学生都有一种发自内心的受人赞赏、承认和尊重的需要，教师的责任就是细心地珍视、成全学生多方面的需要，逐步促进他们生命价值的实现。

（二）开发潜能

每一名学生都可能蕴藏巨大的发展潜能，这是他们生命的"宝藏"。其实，教育的智慧正是来自对学生炽烈的感情和深切期待，来自机巧地设计"挑战性任务"，把每一名学生发展的可能性最大限度地激发出来。

课堂教学具有开发生命潜能的价值。课堂教学不仅具有发展"认识"的功能，还有发展人的情感、态度和价值观的功能。开发课堂的生命潜能是使课堂教学成为"完整的人的教育"。这也即叶澜教授所说的："课堂教学蕴含着巨大的生命活力。只有师生的生命活力在课堂教学中得到有效发挥，才能真正有助于新人的培养和教师的成长，课堂上才有真正的生活。因此，要改变现有课堂教学中常见的见书不见人、人围着书转的局面，必须研究影响课堂教学师生状态的众多因素，研究课堂教学中师生活动的全部丰富性，研究如何开发课堂教

----

① 冯建军. 教育的人学视野. 合肥：安徽教育出版社，2008.

学的生命潜力。"①

现代社会强调教育在人的潜力开发中的作用。"教育的基本作用，在于保证人人享有他们为充分发挥自己的才能和尽可能牢牢掌握自己的命运而需要的思想、判断、感情和想象方面的自由"。②

1. 增强主体性

教师和学生是教学中最活跃的"人的因素"，其潜能的发挥关键在于他们"主体性"是否被唤醒。教师作为教学工作的主体，其主导的作用集中反映在学生作为学习的主体和自我发展的主体身上。

那么，什么是主体性？主体性是人作为对象性活动的主体所具有的本质特征，是作为认识主体的人在处理与外部世界的关系时表现出来的一种功能特性，是主体在作用于客体的活动中表现出来的能动性。③

相对于依赖性、被动性、模仿性、简单适应性，主体性作为人的一种特性，它集中体现为人的自主性、主动性和创造性。具有主体性的人，能正确认识客观事物，认识自己，掌握规律，改造世界，实现自己的目的。培养学生的主体性，才能使他们成为教育认识的主体，促进他们的社会化和个性化，才能真正实现学生生动、活泼、主动的发展。

就课堂教学而言，这种主体性表现在两个方面：一是在与教育资料的相互作用中，表现为选择性、自主性、能动性和创造性；二是在与另一个教育主体的交往过程中，表现为"主体间性"。主体间性不同于主体性，主体性是人对物的改造，以物为手段，实现发展自身的目的；主体间性是人与人之间的交往，交往的双方都是主体，他们通过平等的对话，形成一种尊重、理解、共识的关系。主体性要求学生在学习生活中具有自主学习、探究学习、反思学习的学习方式，主体间性要求学生具有合作学习、对话学习、体验学习、理解学习的学习方式。④

◆示　例

设置模拟情境，让学生成为课堂的主人

《新型玻璃》这篇课文，介绍了五种新型玻璃的特点与作用。以下是这节课的教学片段。

师：同学们，玻璃，在我们的日常生活中随处可见。谁想介绍一下自己对

① 叶澜. 让课堂焕发出生命活力. 教育研究，1998，7 (9).
② 联合国教科文组织国际21世纪教育委员会. 教育：财富蕴藏其中. 北京：教育科学出版社，1996：69.
③ 裴娣娜主编. 现代教学论（第三卷）. 北京：人民教育出版社，2005：1—9.
④ 冯建军. 差异与共生：多元文化下学生生活方式与价值观教育. 成都：四川教育出版社，2010：73.

玻璃的了解？（学生纷纷介绍自己所熟悉的玻璃，诸如有机的、无机的，有色的、无色的，薄的、厚的）你们知道的还真不少。今天我们要学的内容与玻璃紧密相关（板书课题"新型玻璃"）。这篇课文介绍的玻璃与我们已知的玻璃有什么不同？同学们想不想知道？

"想！"学生们异口同声，兴趣极高。

师：好，先熟读课文，然后召开产品新闻发布会，推选五名同学扮演玻璃厂的新闻发布人（组长任厂长），介绍新产品，其余同学以组为单位，分别扮演各媒体的记者，对新产品进行采访，老师也以记者的身份参加。这样学习行吗？

学生齐声道："行！"

师：好，现在开始准备。（教师提出读书要求：①认真自读课文，要求读通顺，读流利，读懂；②抓住文中描述新型玻璃的名称、特点与作用的部分，深入思考，变成自己的理解，在发布会上宣讲。学生熟读课文并把教室布置完后，发布会开始）

生1：各位记者、女士们、先生们（生齐笑，鼓掌），我是新型玻璃厂的厂长。今天，我们在这里召开产品新闻发布会。通过技术创新，我们研制并生产出了五种玻璃，它们是"夹丝网防盗玻璃……"这些产品质量优良，应用广泛，欢迎各界人士使用。

生2：我是《塞外晚报》的记者（众笑），请问"夹丝网防盗玻璃"有什么特点？

生1：它的特点就是防盗。

生3：请具体谈谈。

生1：这是一种特殊的玻璃。玻璃里面有一层极细的金属丝网。丝网与电源、自动报警器相连接。当有人划破玻璃时，就会发出警报。

生4：请解释一下"极细"的意思。

生1："极细"就是很细、非常细的意思。极细的金属丝网就是用很细、非常细的、能够导电的金属材料做的丝网。这种丝网比蜘蛛网更细更密。

生5：请你谈谈这种玻璃的用途。

生1：在银行以及存放文物、珠宝、重要图纸、文件的建筑中都可以采用。

发布会开得有声有色，课堂气氛热烈。等把五种玻璃介绍完后，教师站起来说："我是《热河日报》的记者，请问厂长先生，你能谈谈贵厂产品开发的设想吗？"

生1：这个问题还是由我们的总工回答吧。

生6：我们想研制一种"不沾水玻璃"，雨雪天汽车行驶时，司机的视线模糊不清，容易出事故。如果有一种"不沾水玻璃"，雨雪天汽车行驶就安全多了。

生7：我们还想研制一种"吸尘玻璃"，用这种玻璃做黑板，教室里既不会粉尘飞扬，又不会影响师生的健康。

发布会结束。（师生共同为他们鼓掌）

师：同学们，现在新型玻璃厂要聘请我们当推销员，你怎样去推销。先分组准备。

师：谁先汇报。

学生们纷纷举手，争先展示，有的编几句广告词，有的讲述某一种玻璃的特点，最有趣的是两名同学的表演。

甲：（在墙根做哭状）

乙：小丽，谁惹你了？

甲：没人惹我，我家被盗了，小偷把我们家偷了。

乙：怎么偷的？

甲：他把玻璃划破后，进屋偷走的。

乙：不要着急，我给你介绍一种新型玻璃——夹丝网防盗玻璃……

甲：这种玻璃真好，我赶紧告诉爸爸，快换上这种玻璃。

上述教学片段充分体现了"学生是语文学习的主人"。整个教学过程是让学生积极主动地探究，生动活泼地发展，群体性主体参与率高，创造性思维活跃，使学生真正获得了自主学习的成功乐趣。整个教学过程的突出特点是精心创设情境，促进学生主动发展。

2．提升学习力

学生作为课堂学习的主体，他们的学习力集中表现为一种自主学习能力。国外学者一般认为，自主学习能力主要通过三种途径来获得：一是有针对性的指导；二是观察他人的学习来获得一些自主学习的策略；三是学生自己设计和实施的学习实验。我国学者认为，教学是养成自主学习的主要途径，学生的自主学习能力是在教师的指导下逐步养成的。

学生自主学习能力的形成有一定的规律，一般是：由他控到自控；从被动依赖到自觉能动；从单维到多维；从有意识到自动化。自主能力的形成和发展规律给予教学的启示在于：尽管自主学习能力在某些时候可以通过自己"发现"来获得，但是在更多的情况下是"教"会的。这里的"教"不同于传统讲授式教学中的教，准确的说是"导"，是为学生的学习提供"示范"、"支架"。自主学习能力的形成离不开系统的教学指导，因此，课堂教学应该把培养学生的自主学习能力作为教学中的一个重要目标，把指导学生的学作为教学的基本原则，遵循教学、导学、自学的顺序，从单项能力或某个方面着手，逐步过渡到多个维度或多个方面，逐步把学习活动交给学生独立去完成。

◆示　例

运用个人经验　主动掌握知识
——"积的近似值"的学习

教师创设情境，出示问题："食堂工作人员到菜市场买青菜 49.2 千克，每千克的价钱是 0.92 元。问应付菜款多少元？"

学生读题、审题，独立解答。教师巡视并了解学生的解答情况后，让两名学生把不同做法板演：

$0.92 \times 49.2 = 45.264$（元）

$0.92 \times 49.2 = 45.264 \approx 45.26$（元）

教师问："请大家观察黑板上的这两个答案，你认为哪个正确？为什么？"

在观察、比较后，学生们纷纷举起了手——

"我同意第一个答案，因为我计算的结果也是 45.264 元。"

"我认为第一个答案正确，因为 45.264 元就是 45 元 2 角 6 分 4 厘……"

"我认为应该用'四舍五入法'取近似值。"

"45.264 元就是 45 元 2 角 6 分 4 厘，日常生活中钱币的最小单位是分，所以根据实际情况要把 4 舍去，约等于 45.26 元。"

"人民币的常用单位是元、角、分。以元为单位的小数，十分位对应的是角，百分位对应的是分，应该把钱数保留两位小数。"

教师环顾全班："大家同意这几名同学的意见吗？"

这时，教师本来准备小结同学们的发言，突然，一名学生举起手来，她说："我认为应该约等于 45.3 元。"教室里一下子静了下来，同学们都把疑惑的目光投向了她。

教师说："请你说说自己的理由好吗？"

她说："现在日常生活中买东西时很少用到分。如买菜时，几分的零钱人家一般就不收了。"

教室里经过一阵短暂的小声议论后，有许多同学要求发言：

"昨天，爸爸带我买了水果，结果应付 16.24 元，最后实际付了 16.2 元。"

"有一次，我跟妈妈去布匹市场买布，算得钱数是 46.15 元，实际付了 46 元。"

"有时必须保留两位小数，比如在银行的工作中，一分钱也不能差。"

教师问："现在，你认为计算的钱数是不是一定要保留两位小数？"

"不一定，应该根据实际情况而定。"

教师和学生一同小结：计算钱数时，要先计算出应付的钱数，然后可根据实际情况决定应保留的小数位数。较小的钱数可保留两位小数或一位小数，较大的可保留整数（特殊情况除外）。

3. 注重情感性

情感，马克思称它为人的"本质力量"。唤起人的情感，也就激发了生命的活力。

重视教学活动中的意向和情绪层面，不仅是促进智能发展的必要条件，还是学生个性发展本身的重要价值目标。正像苏联教育家休金娜所说的："在现代教学论中，就提出了一个情感和理性的相互关系问题，这是发展性教学的一个重大课题。"他认为："学生的认识活动不应当是枯燥的、毫无热情的和纯理性的，因为认识不仅是对现实的反映，而且是对待现实的态度。这些态度中包含着个体的情感表现、内心感受以及带有深刻个性的意向。"他说："如果认识活动是枯燥的、纯理性的，缺乏深刻的印象、满足感和智力活动的快乐，那么这种认识活动的发展性意义就是不完备和不充分的。"①

从智能发展的角度说，也如皮亚杰所说："情感的发展和智力机能的发展是紧密吻合的，因为它们是动作的两个不可分割的方面。""情感总是对于那种发生于日益上升的每一阶段上的行动的诱因，因为情感使得活动具有价值并给予他们力量……一切人类活动最深刻的倾向都是向着平衡状态前进的。表达最高平衡状态的理智乃是智力与情感的重新统一。"②

◆ 示　例

五听《二泉映月》体验情感

在教《二泉映月》时，一上课，孙双金老师问学生："你对阿炳有些什么了解？"学生回答："阿炳是个盲人，他的身世很悲惨。"孙双金又说："阿炳是个苦难的人，是一个民间音乐家，《二泉映月》代表了他的最高水平，你们想听吗？"教室里响起《二泉映月》的曲子，凄苦、悲哀的旋律回荡在教室里，大屏幕上出示了一幅幅阿炳卖艺的场景。曲终，孙老师问学生："说一说，你们看到了怎样的情景？"学生谈了自己的了解，初步感知后，孙双金让学生再听，思考阿炳在二泉旁听到了什么。学生说听到"优美"，听到了"苦难"……

孙老师把"优美"、"苦难"、"悲惨"、"哭泣"写在黑板上，又问学生"这

---

① ［苏］休金娜. 中小学教育学. 北京：人民教育出版社，1984：319.

② ［瑞士］让·皮亚杰. 儿童心理的发展. 傅统先，译. 济南：山东教育出版社，1987：55，96.

些词到底表达了什么"，引导学生理解阿炳的情怀。

第三次听《二泉映月》，孙老师问学生："阿炳在二泉旁听到了哭泣声、叹息声、呐喊声，可为什么师傅说长大了就能听到奇妙的声音？难道师傅在骗他？"

第四次听《二泉映月》，孙老师问学生："为什么小泽征尔说要跪下来听这支曲子？他究竟要跪阿炳什么？"在教师的不断启发下，学生懂了，比苦难更能打动人的是对命运的抗争，对光明的向往，对美好人生的追求，这才是人性中最美的东西，也是《二泉映月》的灵魂，这才是小泽征尔要跪下来听的原因。

最后，学生怀着敬仰的心情又听了一次《二泉映月》，教室里响起孙老师那浑厚低沉的男中音："苦难给人们带来了什么？悲痛、哭泣、叹息，但是对一个命运的强者，对于敢于和命运抗争的人来说，苦难是一笔巨大的财富。让我们勇敢地面对苦难吧！"伴着委婉动人的《二泉映月》，孙双金老师宣布："下课！"可是，不仅是孩子们，在座的众多听课者也沉浸在这动人的音乐中，不忍离去。

在整个教学过程中，孙老师紧扣"叹息、哭泣、倾诉、呐喊"，饱含深情地反复引读回诵，步步为营，层层推进，在他的感染下，孩子们的情感逐渐与作者产生共鸣，走进了阿炳的内心世界。

（三）奠基终身

我们正在进入一个急剧变化的时代：世界多极化和经济全球化的趋势在曲折中发展，科技进步日新月异，知识经济已见端倪，综合国力竞争日趋激烈。"知识正以惊人的速度向前跃进"，"变化正在无限地加速"，科学与技术从未像现在这样突出地显示出它们的威力和潜在能力，从农村迁移到城市，劳动力的转移、商业与旅游业的大规模移动使"个人的平衡、社会生活和制度的稳定性以及传统价值都受到冲击，发生变化"，这些"都要求人们能够以空前规模的变化去适应"。① 这种社会的发展趋势提出了终身学习的要求。

中小学教育是"基础教育"，是对学生实施基本的普通文化知识和技能的教学，是培养公民基本素质的教育，是为学生继续升学或就业打好基础的教育。因此，奠基终身必然是基础教育责无旁贷的应为之事。就课堂教学而言，"课堂教学应被看作师生人生中一段重要的历程，是他们生命的有意义的构成

---

① 联合国教科文组织国际教育发展委员会. 学会生存：教育世界的今天和明天. 北京：教育科学出版社，1996.

部分"，① 所以，课堂优质化关注在生长、成长中的人的整个生命。"从生命的高度来看，每一节课都是不可重复的激情与智慧综合生成过程。"② 我们更应当关注培养学生终身受用的素质。

1. 重视知识与技能

基础教育的基础性要求学生具有比较强的基础学力，而基础知识的掌握和基本技能的形成，又是基础学力的核心。为了培养学生的基础学力，就必须向学生提供有价值的、相对连贯稳定的基础知识，培养学生适应社会和进一步学习所必需的基本技能。因此，"双基"是基础教育阶段课程内容的重要组成部分。

培养和提高学生的基础性学力，要求我们正确地理解课程标准中的"知识与技能"目标。③

第一，知识、能力、素质不是简单的对立关系。知识是能力发展和素质提升的重要基础和资源，能力、素质是在知识掌握、建构、内化、运用的过程中获得的。从某种程度上说，能力不过是内化了的知识的综合体现，而素质则是知识的积淀和升华。知识掌握是基础，能力发展是关键，素质养成是目的，我们只能在知识根基上通过主体与主体间活动发展学生的智慧，培养能力，提升素质。

第二，知识蕴含了人类掌握世界的智慧方式，体现了人类对自然、社会、人生的情感与态度。学生正是在对知识的系统掌握、内化、生成的过程中获得关于世界的认识，形成相应的情感态度和价值观念。

第三，"知识"是结果与方法、内容与形式的统一。知识的内容反映着外部事物运动发展的本质与规律，知识的形式蕴含着人类独特的思维方式、体验方式和行为模式。

◆**示 例**

学概念性知识，要用好正例和反例

在"密度"概念教学中，教师可让学生做一个"猜想——验证——解释"的游戏活动促进学生抽象概括。教师为学生提供质量相同的木块、石蜡、铝块和铁块，让学生猜测这些物质的轻重，然后让学生分成小组通过实验来验证自己的猜测，再让各小组根据自己的猜想和实验现象作出解释。由于四个物质的体积不同，学生往往将石蜡或者铝块作为最轻的，也往往运用天平来验证自己的猜想。当学生要对自己的猜想与实验结果不符合的现状作出解释时，他们会

---

① 叶澜. 让课堂焕发出生命活力：论中小学教学改革的深化. 教育研究，1997（9）.

② 钟启泉，等. 基础教育课程改革纲要（试行）解读. 上海：华东师范大学出版社，2001：278.

③ 潘洪建. 当代知识观对基础教育改革的启示. 教育研究，2004（6）.

反思自己作出猜测的依据是什么，也会思考为何质量相同的不同物质的体积会不同，由此会抽象出每种物质自身具有"轻"或"重"的属性（即密度）。此时，教师可以将这四种物质分别放入透明的水槽中，让学生观察它们在水中的沉浮，进一步巩固学生的这一观点。接下来，教师发给学生体积不同的一些木块、石蜡、铝块和铁块，让不同的小组分别研究这四种物质的"轻"或"重"的属性。各小组基本上会考虑物质的质量与体积的关系，或者会求单位质量的体积，或者会求单位体积的质量（即密度定义的基本含义）。此时，教师要求学生回顾自己作出猜测时是否隐含了某单位物理量的判断。让学生思考，平常人们说塑料、木块轻，铁、铜重，是单位体积的质量判断，还是单位质量的体积判断。最后告诉学生科学上是以物质单位体积的质量来衡量物质轻重属性的，并将这一属性称为物质的密度。

易于混淆学生理解概念内涵的现象或活动则可以作为抽象概念的反例。例如铁块会沉于水，而用铁造的船能浮于水，这混淆了学生对密度是物质属性的认识。教师可以先后将一整块橡皮泥、去掉1/3的橡皮泥、作成船形的橡皮泥放入水中，让学生观察它的沉浮并作出解释。如果学生不能作出恰当的解释，教师则可以将两个质量相同而一个实心、一个空心的铁球放入水中，让学生观察并作出解释。

2. 培育需要与动机

需要是个性积极性的源泉，学生学习与发展的内在驱动力量都是由需要决定的。人的需要由不同层级构成，从较低的层次（如生存与安全的需要）到高级的层次（如社会性、文化性的需要和自我实现的需要），形成一个逐步递升的"需要金字塔"。美国人本主义心理学家马斯洛的分析指出，低层次的需要一旦满足，驱动力就会衰减，而高层次需要获得满足，却会引起更强烈的追求。所以，为了促进学生终身持续发展，就要着眼于培育高层次的需求，特别是精神文化方面的需求，同时还要注意养成"需求的文明"。

动机是直接推动一个人进行活动的内部动因或动力。人的绝大部分动机都是需要具体的动态的表现——需要可以表现为兴趣、意向、企图、信念等。尽管对学生学习积极性的内在机制的阐发存在着不一致，但国内外的研究认为，学生课堂学习的主要动机集中反映在成就动机上。

奥苏贝尔具体指出："一般称为学校情境中的成就动机，至少包括三个方面的内驱力决定成分，即认知内驱力、自我提高内驱力以及附属内驱力。"[①]这里的"认知内驱力"，即一种要求了解和理解的需要；"自我提高内驱力"，

---

① 陈琦，刘儒德，主编. 当代教育心理学. 北京：北京师范大学出版社，1997：123.

是个体因自己的胜任能力或工作能力而赢得相应地位的需要；"附属内驱力"，则是一个人为了长者（如家长、教师）的赞许和认可而表现出来的把工作做好的一种需要。当然，这三种内驱力是相互联系并不断发展变化的。

◈示　例

激发需要与动机

●引起学生新奇，激发求知欲望

一位化学老师在讲甲苯时，采取巧插事例形成悬念的方法引起了学生们的强烈兴趣。插入的事例是：1912—1913 年，德国在国际市场上大量收购石油，很多国家的石油商争着要与德国成交，有的还尽量压低售价，但是德国人只购买婆罗洲的石油，急急忙忙运到德国本土去。由此看来，德国人专购婆罗洲的石油，必然是别有用心的了。德国人安的是什么心？令人奇怪的是，揭开这个谜的人并不是政治家，而是化学家。化学家在对婆罗洲的石油化学元素成分进行分析之后，马上警告世人说："德国人准备发动战争了！"老师反问道："化学家凭什么破了这个谜，从而得出这样的结论？"讲到这里，老师停了停，让大家沉思片刻，然后说，"大家要知道这个谜，今天学好了新课就会知道的。"

●利用"问题情境"，引起认知冲突

在中学地理课的教学内容中，"时区和日界线"这节课的教学难度大，除用兴趣法导入外，也可用悬念法导入新课。"大航海家麦哲伦完成第一次环球旅行回到西班牙后，发现航海日记的日期与当地日期相差一天，航员们最终也没弄清楚这一天丢到哪里去了。同学们能不能找回这一天呢？"就这样，教师把同学们的兴趣激发起来以后，再讲授有关时区的概念和换算法。

●推动学生卷入，满足参与需求

在刚开始上课时，教师让每一个学生用右手手指轻轻按在左手腕桡骨右侧，摸到脉搏后，教师向学生说明脉搏跳动与心脏跳动是一致的，然后要求每个学生数一下自己每分钟脉搏跳动的次数。半分钟后停止，分别统计每分钟脉搏跳动 80 次及 80 次以上的人数，70～79 次的人数，60～69 次的人数，60 次及 60 次以下的人数。统计完毕后，教师问："为什么大家都静坐在教室里，而每个人的脉搏跳动次数却如此不相同呢？"同学们无言以对。教师说："这就是我们本堂课的教学内容：心率和心动周期。"

3. 养成态度及习惯

态度是一种习得的、影响个人对特定对象做出行为选择的、有组织的内部状态或反应倾向性。许多心理学家都对态度做过分析，如社会心理学家奥尔波特认为，态度是通过经验组织的一种心理的神经的准备状态，它对个体的反应具有指导性和动力性的影响。而加涅则认为，态度是通过学习形成的影响个体行为选择的内部状态。威尔逊和林赛等人曾提出一种新的"双重态度模型理论"。他们指出，人们对同一客体可能存在两种态度，一种是为人们所意识到、所承认的外显态度，另一种是无意识的、自动激活的态度。由于"内隐态度"是习惯化和自动化的，它会影响人们那些无法有意识控制的行为反应和那些人们不试图努力控制的行为反应，其改变较为困难。[①] 所以，从终身发展的角度看，养成积极的态度可以说是一种具有深远意义的选择。

美国课程改革专家罗伯特·马扎诺提出的"学习维度模式"中就有"态度与感受"，他认为，态度与感受影响着人的学习能力。有效教学的关键因素之一，是帮助学生对课堂环境及其学习活动建立积极的态度和感受。[②]

习惯也是关系到人终身发展的要素。习惯作为一种习得的自动化行为方式，是一种"动力定型"，直接关系到人的情感反应和行为选择。好习惯会受用终身并减少学习活动的心力耗费，提高活动效率。

◈示　例

一位诺贝尔奖获得者的感言

1988 年，巴黎。75 位历年的诺贝尔奖获得者相聚在一起。席间，记者访问其中一位诺贝尔奖获得者："您在哪所大学哪个实验室学到了您认为最重要的东西？"这位白发苍苍的学者沉思片刻后答道："在幼儿园。"众人将吃惊的目光投向这位老人。记者继续追问道："在幼儿园学到了什么？"老人平静地回答："学到把自己的东西分一半给小伙伴，不是自己的东西不要拿，用过的东西要放回原处，吃饭前要洗手，做错事要表示歉意，午饭后要休息，要仔细观察大自然。从根本上说，我学到的最重要的东西就是这些。"[③]

诚实的态度值一百分

大二上学期，学校新开了一门实验分析课。听高年级的师兄说，上这门课的李老师脾气极好，心地很善良，最重要的，也是我们最关心的，她极少给同学不及格。李老师五十来岁，为人极随和，脸上洋溢着慈祥的笑容，而且非常关心我们的学习和生活。但是，她在课上要求很严，反复强调操作要规范，读数要准确，态度要认真……

我感觉到不妙是从实验报告开始的。每次我总得 4 分或 5 分。李老师曾说过，这门课是以实验报告分数来计成绩的，共 10 个实验，每次满分为 10 分。如果我一直 4 分、5 分下去，那就意味着我将不及格。看看周围的同学，都是 7 分、8 分，甚至有鲜红的 9.5 分！这让我既羡慕又有些恐惧。不过平心而论，

①　胡谊，等. 教育心理学. 上海：华东师范大学出版社，2009：247.
②　盛群力，等. 教学设计. 北京：高等教育出版社，2005：217.
③　万迪人. 现代幼儿教师素养新论. 南京：南京师范大学出版社，2002：171.

我态度十分认真，报告也写得极规范。可分数总是少得可怜，每次我都比上次更努力，但那不争气的分数就是不见增长。充满恐惧的时刻终于来临，李老师在发完实验报告后说："同学们，咱们的课要结束了，可能大家比较关心分数情况。下面我给大家通报一下实验情况和最后得分。"

47 分，我已在心里算过无数次了。我应该是班上唯一的不及格者。我的心在下沉，下沉，一直沉向那不可知的深渊。等我回过神来再听，李老师说："你们绝大部分同学的数据都非常准确，跟教材也吻合，实验误差很小，因此分数也比较理想。只有一位同学，分数不太高。"

刹那间，我浑身一震。我知道，马上要点我的名了，我甚至已经听到了同学们的窃窃私语，于是，我痛苦地深深地埋下头去。

但我没有听到我的名字，李老师继续说："这位同学态度倒非常认真，操作也很仔细，只是数据误差较大，跟教材上的标准答案差得太多。"突然，李老师提高了声音："但是，他的实验结果跟我得到的实验数据很接近。同学们，我不明白，我带了 30 多年分析课，但我很少得到你们那么准确的答案。事实上，以我们目前的仪器设备，实验误差比较大。但是，你们每个人每次的实验数据都那么准确，这只有一种解释——你们的数据是根据课本凑出来或是编出来的，而不是你们实验中得到的真实数据，鉴于这种情况我想班上有 37 名同学可以得及格，而那位坚持使用原始数据的同学，我想给他满分。"

听到这番话，我先是惊诧，后来逐渐有些震惊了。我抬起头，感激地望着李老师，李老师也正看着我，那温暖的目光中充满了理解、信任与支持。

李老师接着说："同学们，你们是新时代的大学生，将来都会成才。只是我想提醒你们，在成才前先学好如何做人，要对自己负责，不要因为任何原因丢掉你们身上最宝贵的东西。我希望你们牢记——诚实值一百分。"

教室里良久无声，所有人，包括我，都沉默着。

（张在军、高振国，2009）

二、追求教育公平

推进教育公平，是《教育规划纲要》提出的教育改革和发展的方针，也是均衡发展义务教育的题中应有之义；义务教育均衡发展的目标，就是促进公平和提高质量。

在今天这样一个综合国力竞争日趋激烈、社会生活日新月异的时代，国家的命运乃至人类的命运，已经不再取决于少数出类拔萃的精英人物，而是依靠绝大多数的普通居民素质的全面提高。"全民教育"成为世界各国的政策选择，促进全体学生的发展成为教育的价值取向。我国正在全面实施的素质教育，就是旨在提高全体国民素质的教育；建构符合素质教育要求的基础教育课程新体系，必须把"为了每一位学生的发展"作为目标。因此，新课程十分注重以促进全体学生发展为目的的教学，新课标的要求也是据此做出调整的。

从教育实践的角度分析，面向全体学生，促进全体学生的发展，其着力点在于面向每一个有差异的学生个体。也就是说，如果不针对不同学生的差异进行教学，也就谈不上促进全体学生的发展。

（一）面向全体，提供适合学生的教育

公平，又称"公正"、"公道"、"正义"，是自古以来一切文化传统中最富有吸引力的价值观念之一，也是自阶级出现以来人类社会发展的一种最重要的目标追求。它体现在社会公共生活的各个方面，是众多学科如政治学、经济学、法学、社会学等共同关注的重要问题。从本质上看，公平不是一个实体范畴，而是一个关系范畴，主要指人与人之间、社会与其成员之间"所得"与"应得"、"所付"与"应付"的"相称"关系。它强调的是"某人从他人或社会那里得到他应得的东西，或社会赋予其成员所应当赋予的东西"。①

作为社会公共生活的重要领域之一，教育领域也追求公平，即"教育公平"，是社会公平在教育领域的延伸和体现。从教育活动的特点出发，按照"相称"的原则，我们认为，教育公平应是指个体所受教育与其社会权利和自身素质之间的相称。也就是说，教育除了保证他们受教育的权利和机会均等以外，更重要的还在于如何正视并尊重这些差异，有针对性地采取不同的教育措施，以保证每个个体都能享受到与其发展潜能、优势领域等自身素质相适应的教育，促进他们在原有水平上获得尽可能充分的发展。唯有如此，才能最终实现真正意义上的教育公平。②

1. 关怀每一名学生

从社会发展和建设看，国家所依靠的是全体人民的集体力量。古今中外大量的事实证明，应试教育、神童教育、精英教育等，根本不能振兴国家，要振兴中华民族，必须靠全体国民整体素质的提高。美国教育家布卢姆指出："教育必须日益关心所有儿童与青年的最充分的发展，而学校的责任是提供能够使每名学生达到他可能达到的最高学习水平的条件。"简言之，素质教育的根本价值之一，就是要确立一种新的教育发展机制，使所有学生都学有所成，每个

---

① 袁贵仁. 马克思的人学思想. 北京：北京师范大学出版社，1996：263.
② 曾继耘. 差异发展教学研究. 北京：首都师范大学出版社，2010：90—91.

学生都可以得到最为充分的发展，都将成为学校教育的成功者。①

为了每一名学生的发展，就应该关怀每一名学生。关怀是一种情感表达，是人类的一种基本情感。作为一种关系，关怀是教师的一种品质。苏霍姆林斯基说过，"教育者最可贵的品质之一就是人性，就是对孩子们的深沉的爱，父母的亲昵温存同睿智的严厉和严格要求相结合的那种爱"②，"为了关怀儿童，不仅要理解他们的精神世界，还要学会用他们的思想和感情来生活，把他们的忧伤、焦虑和为之激动的事情统统装在自己的心里"③。爱既可以使自己了解一个人，更能够发现所爱的人身上尚未发挥的潜力，并且凭借爱的力量，能够使所爱的人的潜力得到发挥。

关怀也是满足学生获得承认与认可的需要。承认需要的满足是受教育者自我发展的重要条件。承认有三种形式，即情感承认、权利承认、社会赞许。这三种形式构成了受教育者的积极自我观念的条件。也就是说，三种承认形式为个人提供了自信、自尊和自重的三种自我关系，这三种形式发展出情感性的共通感、普遍规范的相互性的义务感以及参与社会合作的意愿，发展出了重要的、积极的道德情感和能力品质结构，使得个人成为共同体和社会中存在的独立个体。所以，获得承认对于受教育者的精神健全发展是极其关键的，承认的满足具有重要的教育意义。④

◈示 例

帽子承载的爱

苏珊是个活泼可爱的小女孩，不幸的是，在一年级时，她体内长了个肿瘤。

经过3个月的化疗，她的病情有所好转。可是，她那一头美丽的金发差不多都掉光了。她可以鼓起勇气与癌症抗争，也有能力将落下的功课补上，但是让她每天顶着光秃秃的脑袋去上学，对于她来说，无疑是一件非常残酷的事情。

为此，苏珊感到非常苦闷，她的班主任很理解她的痛苦。在她重返校园之前，班主任向全班同学提出了一个特殊的要求："从下星期一开始，我们要学习认识各种各样的帽子。所有的同学都要戴着自己最喜欢的帽子到学校来，越新奇越好！"

星期一早晨，戴着帽子的苏珊站在教室门口迟迟不敢进去，她担心，她犹

① 邓志伟. 个性化教学论. 上海：上海教育出版社，2002：24.

② ［苏］苏霍姆林斯基. 育人三部曲. 毕淑芝，等译，北京：人民教育出版社，1998：13.

③ ［苏］苏霍姆林斯基. 要相信孩子. 汪彭庚，等译，北京：教育科学出版社，2009：3.

④ 金生鈜. 承认的形式以及教育意义. 教育研究，2007（9）.

豫，因为她戴着帽子，而且上课也不能摘下。可是，让她感到意外的是，全班每一名同学都戴着帽子，和同学们五花八门、五颜六色的帽子比起来，她的帽子显得那样普通，几乎没有引起任何人的注意。一下子，她觉得自己和别人没有什么两样了，没有什么东西可以妨碍她与同学们共同学习和游戏了。从此以后，在苏珊所在的学校里，出现了一群戴着帽子的孩子。

2. 创造公平的条件

教育公平的发展轨迹，具体是由"教育机会的均等"走向"教育过程的平等"，再到"教育结果的公平"。就我国目前的情况来说，关注学校教学的公平[①]，不失为一种最适合的策略。

首先是交往性公平。教学是教师与学生交往互动的过程。教育面向全体学生，教师的交往范围就应该是全面覆盖的教学需要，在某个时间段上教师交往会有选择性，但在一个总的时间段，教师与学生的交往应该是非选择性的全体交往，而不应冷落、漠视或排斥某些教师不喜欢的学生，却为一些学生提供"优待"和"厚爱"。应当认识到，教师通过与学生的公平交往可以使之体验到教师的公平公正，增强对教师的信任感，增强学习的兴趣和信心，从而提高教学有效性。

其次是评价性公平。教师进行教学评价时应当注意：第一，坚持正向评价原则，尽量少采用负向评价，以鼓励、引导为主。这有利于保护学生的自信心，促使学生参与教学。第二，根据个性差异和学习实际进行评价。教师应关注学生，随时了解每个学生学习的实际情况和个性差异，进行合理公正的评价，切不可凭个人好恶和主观臆断对学生下断语。第三，以发展的眼光评价学生。教师应着眼当下，放眼未来，及时了解学生的最新变化并给予适切的肯定性评价。对学生的进步视而不见，这对学生而言是不公平的。第四，评价要有利于全体学生的发展。教师应该切记每一个学生都有学习的能力，而且要把这一信息传递给学生。教师的评价应当让全体学生都感受到一种上进的动力。第五，把他评与自评结合起来。教师应当重视学生自评能力的培养，加强对学生自评的指导，使其学会正确的自我评价。

再次是资源性公平。教学资源可分为物质资源和非物质资源。非物质资源中的时间资源在教学中利用不公平情况很明显，严重影响了教学有效性。要努力提高课堂时间内每一个学生的学习有效性。在内容方面，要突出问题性和问题的层次性；在教学方法方面，要强调情境性，提高学生的自主探究能力；在教学过程方面，要注意学生参与的全体性和全面性。在教学实施中，要始终保

---

① 辛志英，王升. 保证主体有效性的策略. 课程·教材·教法，2009（5）.

持对学生活动的关注状态。此外，物质资源如实验及其他学习资料的分配也应尽量做到公平公正。

3. 改进集体化教学

亨特（Hunt，1981）认为，教师适应学生是教学过程的核心。在班集体教学中，教师要努力适应学生的差异和满足他们不同的教育需要。

一是给每个学生均等的教育机会。教师一定要树立面向全体学生的教育理念，在课上给每个学生均等的教育机会。当然机会相同并不意味同样对待，要从每个学生的实际出发。如对于那些注意力不易集中的学生要多提供回答问题的机会，而对那些善于独立、冷静思考的学生，过多的提问会中断他的思维，反而效果不好。只有当每个学生的学习和发展的需要都能得到满足时，才能说每个学生有了均等的教育机会。

二是全面关注学生的不同需要。学生学习的过程不仅仅是认知过程，也是情感、意志、行为等方面不断发展变化的过程，而且这些方面的变化也深刻影响学生的认知过程。有的教师往往较多地关注学生的知识技能方面，而忽视了学生在学习过程中情感、态度、意志等方面的需要。教师应该要敏锐地察觉到学生在学习过程中，情感、态度、意志、行为等方面的发展变化以及不同的学生在这些方面的不同需要，如学习困难的学生在被教师随意批评后，感到很没面子，他们也有自尊的需要；有的学生经常得不到提问、板演的机会，他们也有成功的需要；有的学生因为父母离异，缺少家庭温暖或早恋等原因而无心学习等。这些因素都干扰着认知过程，教师如果不能有效疏导，对学生的学习都会产生影响。教师应在教学的各方面，无论是知识传授、技能的训练，还是心灵情感的交流，都兼顾到不同学生的需要。

三是采用不同的方法与手段。教师不仅可以通过设计开放的可选择的学习内容、多样化的学习活动、学生的合作帮助等策略来满足学生的不同需要，还可以依靠自身的魅力以及与学生的多种交流手段来照顾到不同学生的需要，例如，支持与赞许，关注与肯定，接纳与暗示，以及用眼神与仪态、言语与动作、接近与触摸等来满足学生需要，传达一定的信息，鼓舞学生投入集体学习活动。

（二）正视差异，实施因材施教的策略

人类长期以来的演进与发展所形成的适应环境的能力应具有多元的形态，同样，每个学生的自身发展也存在着个性的差异。课堂教学应当承认和尊重学生个体之间存在的差异，认识到差异是绝对的，而一致性是相对的。承认和尊重学生的差异，能够唤醒学生自我存在的意识，让每个学生看到自己的闪光点，意识到自身的价值，进而激发其蕴藏深处的潜能。学生的个体差异不仅表现在他们的经验和理解能力方面，还具体体现在学习方式和学习策略的应用方面。优质课堂将学生的个体差异视为一种宝贵的课堂资源，利用差异丰富课堂，运用差异展开对话。可以说，优质课堂能消解任何绝对的课堂权威，尊重多元差异的存在，精心呵护着来自不同背景、不同个性、不同层次的教师和学生，没有阶层、民族、宗教和性别歧视，每个人都是平等的课堂拥有者和参与者。①

1. 着眼学生差异发展②

差异教学有以下一些主要观点和主张：在班集体教学中，不仅要关注学生的共性，而且要关注学生的个性差异，并且在教学中将共性和个性辩证地统一起来；我们不仅要关注学生个体间的差异，还要关注学生个体内的差异，从而促进学生优势潜能的开发；差异教学强调满足不同学生的学习需要，但不是消极适应，而是从个体的情况出发，引导学生学会学习，从而促进他们发展；为了满足学生的不同需要，教师首先要转变观念，教学中给每个学生均等的学习机会，将学生的差异作为资源来开发，全方位地构建面向全体、照顾差异的教学策略方法体系。差异教学追求每个学生最大限度的发展，但就班集体来说，学生必然是有差异的发展。

差异教学强调，了解和测量学生的差异是差异教学的前提；学生的差异是多方面的，且是动态发展的，从教学的角度更加关注学生智能的差异、学习动机与兴趣的差异、学习风格、方式的差异以及认知准备的差异等。教学目标既要照顾差异又要对每个学生都有挑战性；课程多样且可选择，利用选修课程、模块课程、课程资源中心等形态满足学生不同的需要；学生可以有自己的学习方式，教师要适应学生的不同需要，但又要促进学生的学习方式向优势方向转化；教学中既根据学生的差异设计一些动态的分层分类的学习活动，又要组织好合作学习，将"动态分层"和"互补合作"相结合；倡导以小班为基础，大班、小班、小组、个别教学有机结合的教学形式；针对我国目前班额较大的情况，为了在班集体教学中有效照顾差异，应重视课前的准备、铺垫和课后必要的辅导训练；不只关注学生知识技能的差异，也要关注情感、态度、价值观的差异及学习过程、方法的差异，提升学生积极的学习情感，提高学习能力，促进学生的全面发展。差异教学倡导多元评价，在考虑到一些共同的基本标准的同时，应针对学生差异有些弹性；学生表达成果方式可以多样化，鼓励学生标新立异；在使用标准参照评价和常模参照评价的同时，也要重视本位参照评价等。

---

① 纪德奎. 课堂优质化：内涵诠释与特征分析. 全球教育展望，2009（7）.
② 华国栋. 差异教学策略. 北京：北京师范大学出版社，2009：3.

◆示　例

运用差异教学策略　促进学生共同发展[①]
——《瀑布》一文的不同学习方式

　　农村的小学生大多对音乐充满极其浓厚的兴趣，但想唱不敢唱，想演演不好，都比较腼腆，更不愿意在人多的时候表演，过于"羞涩和矜持"。教师针对这一普遍存在的共性，首先转变自身的观念，相信农村孩子的艺术潜质和音乐天赋，在音乐教室为学生搭建 T 形舞台。用爱点燃他们艺术的火花，让每个学生一展风采。

　　1. 按照学生技能水平与潜力差异，对学生进行水平区分。一般分为 A、B、C 三个层次。

　　A 类学生：有较好的乐感，有艺术特长，自己能够创编表演。

　　B 类学生：对音乐感触能力一般，但学习态度好，愿意加入表演的队伍。

　　C 类学生：音乐学习中有困难的后进生，不愿意参加各种表演，上课没有激情。

　　这样，把学生动态分组，有利于教师在教学上照顾学生的个体差异，满足每个学生的特殊需要，让学生之间互帮互助，形成一条滚动的"星光大道"。

　　2. 根据课程标准组织教学内容，结合教学内容对不同层次学生制订不同的学习目标。对那些既聪明又富有创意的学生给予充分肯定，给他们提供空间和平台。在性格各异、天资有别的学生中，要给予那些内向的学生和平时不被关注的学生更多的关照和机会，给他们充分的鼓励和支持，并尽可能为他们创造表演和表现的机会，使他们能够在交流中获得成功感，从而增强信心，发展智慧，提高在同学中的地位。

　　A 类学生：以学习技能、开发音乐潜力、培养创新意识为主，制订难度较高的学习目标，特长生可适当地担当课堂演奏、演唱等角色，增加拓展性的教学内容，安排有一定难度的技巧性练习，发挥这类学生的特长优势，从而带动其他学生的积极性。

　　B 类学生：他们是班级的主流，学习一般，但兴趣较为浓厚，内容设计上紧扣课程标准，制订适合其接受能力的目标，在进行基础性教学的同时兼顾开发创新意识，不断激发调动学生的积极性。

　　C 类学生：应适当鼓励，多给他们展现的机会，制订相对前两者难度较低的学习目标，设计一些易解、易答、易操作的问题，使学生在完成过程中享受喜悦并改善消极心理，以提高学习音乐的兴趣。

　　根据学生的个性和 A、B、C 组的动态分组设计教学内容，例如，在组织

---

　　① 华国栋. 差异教学策略. 北京：北京师范大学出版社，2009：174—175.

教学环节，我首先从学生的兴趣出发，用语言激发学生学习的兴趣和注意力。用富有动感的节奏和学生对话，让他们在玩中学，在不经意中学到新知识，培养新技能。发声训练，节奏训练，学唱新歌，从简单到复杂，每一个环节都有各个类型的同学参与，简单的留给 C 组学生，复杂的留给 A、B 组学生，每组都有 A、B、C 三类学生。这样各组都会有成功的果实，C 组的学生越来越少，我们的教学目的就会水到渠成。例如，在我所执教的《拾稻穗的小姑娘》一课中，五年级四班音乐智能强的王林林同学，在老师的引导下表演了其中的唱段。她的表演充分想象歌词的意境，体会了曲调的情感，把小姑娘拾稻穗的形象以及珍惜粮食的情感表现得惟妙惟肖。她的表演启发了同学们，使得大多数同学创编的舞蹈、故事、歌词的思路无一不是和她的表演有关，更让我兴奋的是那些音乐智能强的学生带领着音乐智能弱的学生一起参与创作，学生的兴奋度高了，教学效果更好了。难以想象，这种"以高带低"策略的运用竟会产生如此效果。

2. 迈向优质课堂教学

差异教学是实现优质教学的重要途径。从某种意义上说，优质教学是体现教学公正性、有效性的教学。因此，优质教学的重要标志是使所有学生而不是部分学生学会学习，并使他们获得最大限度的发展。布兰德特提出了一系列高效学习的特征，下表列举了其中一些优质教学原则及在差异教学上的推论。[①]

1. 学习内容对个体具有意义。	1. 学生来自不同背景和拥有不同兴趣，不能保证同一个内容符合所有人的需要。
2. 学习内容处于学生的最近发展区，并且学生愿意迎接来自学习的挑战。	2. 学生的学习速度有快有慢，适合某些学生的教学可能对其他学生过难或过易。
3. 学习内容与学生的发展水平相适应。	3. 学生的学习水平存在抽象与具体之分，而学习方式有独立学习与合作学习之分。
4. 学生按照自己的学习风格学习，有自由选择的机会，体验自主感。	4. 学生不可能以相同的方式来学习、做同样的选择或拥有完全一致的学习特点。
5. 新知识的构建在已学知识的基础之上。	5. 学生对同一知识的掌握程度不一，所以学生的知识结构会有所区别。

---

① ［美］Carol Ann Tomlinson. 多元功能课堂中的差异教学. 刘颂，译. 北京：中国轻工业出版社，2003：2.

6. 提供社会交往的机会。	6. 学生会选择不同类型的合作伙伴和合作方式。
7. 获得有效反馈。	7. 反馈的方式因学生而异。
8. 学习和运用策略。	8. 每名学生必须学会新策略并以不同的方式运用策略。
9. 营造积极的情感氛围。	9. 学生喜欢的课堂环境会有差别。
10. 课堂环境有助于实现学习目标。	10. 学生需要不同的帮助来达到集体的和个人的目标。

从表中不难看出，实施差异教学才能真正体现高质有效的教学，才能真正体现有差异的学生都有平等的发展机会，也才能真正促进每个人的最大限度的发展。

3. 注重多元智能开发

多元智力理论提出，世界上没有两个人具有完全相同的智力，每一个人都是用各自独特的组合方式把各种智力组装在一起的。学生会表现出某些特别发达的智力，并倾向于用不同的智力来学习。因此，在可能的范围内，教师的教应该根据不同的学生智力特点来进行。

美国教育家阿姆斯特朗根据加德纳的多元智力理论，提出了最优的教与学的方式问题（见下表）[①]：

多元智力理论与最优教与学方式

智力类型	思考方式	学习需要	学习优势	学习风格
言语/语言智力	通过语言	书籍，磁带，作品，日记，会话，讨论，争论	阅读，写作，说故事，做文字游戏	主要通过听说读写的方式学习，谈话能激发学生产生学习的欲望。教师应为学生提供视听材料，尽量创造运用写作能力的机会
逻辑/数理智力	通过语言	做实验用的材料，科学素材，喜欢到科学馆、天文馆参观	做实验，提问题，逻辑推理，复杂计算	主要通过概念形成和形式识别等方式学习，善于计算，善于收集资料。教师应为学生的实验和操作提供具体的材料

① 钟启泉，崔允漷，张华，主编. 为了中华民族的复兴，为了每一位学生的发展：《基础教育课程改革纲要（试行）》解读. 上海：华东师范大学出版社，2001：245.

续　表

智力类型	思考方式	学习需要	学习优势	学习风格
视觉/空间智力	通过想象和画面	艺术，电影，想象性的游戏，迷宫，插图，喜欢参观艺术博物馆	设计，绘画，想象，涂鸦	教师应通过想象、图片和色彩教学。教师还应帮助孩子的父母对孩子所幻想的内容进行生动的描述
身体/运动智力	通过身体的感觉	角色扮演，戏剧，运动，有可用于搭建的材料，体育比赛，要有触觉性的经历、动手操作性的学习	跳舞，奔跑，跳跃，触摸觉，做手势	主要通过触摸觉等方式学习，角色扮演、戏剧的即兴创作等均能激发学生的学习欲望。教师应安排用手操作的活动来为学生提供最佳的学习机会
人际交往智力	通过与他人交换想法	要有众多的朋友，喜欢小组游戏，社会参与	带头，组织，交往，管理，协调，参与社会活动	主要通过与他人的联系、合作、交往等方式学习，小组教学是适合他们学习最好的方式。教师应为他们提供与同伴交往的机会，安排他们参加各种学校与班级活动。
自我反省智力	通过其自身的需要、情感和目标	需要单独的时间，需要自定步调学习，有自评的选择	自定目标，不断调整，有条不紊，自我反省	主要通过自我激发的学习，通过制订计划能学得更好。教师应尊重学生的业余爱好，承认他们所从事的活动，成为他们的"保护人"，使他们具有心理安全感
自然观察者智力	通过自然和自然形态	接近自然，需要有与动物交流的机会，需要探索自然的工具（如放大镜、显微镜）	喜欢做园艺工作，探究自然的奥秘，与宠物玩耍，饲养动物，关心地球与太空	运用科学的仪器观察自然，发起或从事一些食物链、水循环或环境问题的项目。预测与人类定居有关的自然问题，参加环境/野生动物保护组织。发现或报道某个地方或全球环境问题。积累和标示出收集来的各种自然物体

阿姆斯特朗坚信，提高认识和鼓励最优的教与学的方式，能更好地促进教师的个性化教学，使每个学生都能成为成功的、有效的学习者。

（三）实施补偿，积极进行学习辅导

对一些学业落后或处境不利的学生实施补偿，本来就是教育公平正义的一项要求。在统一的课堂教学的背景下，教师对学习上有困难的学生进行辅导，是一种责任行为，重要的是教师与学生应建立一种关怀和信任的关系。

因为"这种关系对教育具有无可估量的、怎么强调也不过分的意义。教育者控制儿童发展方向也取决于教育者如何看待儿童。如果他把儿童看作诚实的、可靠的、助人为乐的……那么儿童的这些品质就会得到激发和增强。教育者的信赖可增强他所假定的儿童具有的那种出色能力。反之也完全一样：如果教育者把儿童视为好说谎的、懒惰的、阴险的……儿童就不会抵制这些行为，他们肯定会说谎、偷懒、耍诡计，正如教育者所猜疑的那样"。①

对学生的补偿性教学，主要通过学习辅导来进行。②

1. 课前铺垫辅导

按照"掌握学习"的理论，只要给学生提供必要的认知前提行为、积极的情感前提特性，并接受高质量的教学，那么学习成绩之间的差距就将缩小到10％，传统教学产生的学习差距，往往是因为这些学生学习新知识前就不在同一起跑线上。

学习困难的学生由于前面的知识技能掌握得不好，或因新课中知识点多、难度大，接受有困难，所以需要教师在课前给予辅导。教师往往习惯于课上用3～5分钟时间复习旧知，以旧引新，这种做法对学习程度较好的学生的确能起到铺垫作用。但这几分钟的复习，对学习困难生是不够的，课前还应给予指导帮助。有的语文教师课前在智障、听障学生的课本上给有关字词注上拼音，目的也是为了做些铺垫，减少上新课时阅读的困难。

为了摸清学生学习新课有哪些困难，可在学习新单元前进行与新课内容有关的原有知识技能测验，并针对测验结果采取各种补救措施。还可通过练习、问答、直接询问学生等形式，了解学生对原有知识技能掌握的情况。

2. 课中及时辅导

有些学生，由于感知方面的障碍或智力上的缺陷，在课中往往对其他同学能掌握的内容感到困难，影响了继续学习。为此，教师要考虑到他们的特殊需要，课中及时帮他们扫清"拦路虎"。教师可以给他们一些辅助性的提纲或问

题，或为他们提供一些学具、辅助材料，并利用课上的间隙时间、其他学生练习的时间帮助他们。如有的教师在教"角"这个概念时，因盲生没有角的感性认识，教师除请其他同学用准确的语言对角进行描述外，还提供角的实物或模型，让盲生实际摸一摸，从而感知"角"。

对于那些学有余力，在课上"吃不饱"的学生。教师可以为他们提供一些适合他们自学的比教材更深的辅助材料，在课间适当给予指导，鼓励他们独立地、创造性地学习。课堂作业中可以为他们增加一些思考性强的题，调动他们学习的积极性。

3. 课后强化辅导

在课后，有的学生由于对课上教学的内容掌握得不那么清晰，作业速度慢，所以还要对他们进行辅导。首先，对当天教学的内容要做及时辅导帮助，进行练习巩固。辅导时不要面面俱到，应围绕教学重点方面和基本要求反复强化。辅导了当天教学的内容后，对个别特殊需要的学生还要按照个别教学计划中的要求，对他们进行辅导和训练。

课外辅导要充分发挥助学伙伴和家长的作用，和他们一起制订辅导的计划，落实辅导的时间，指导他们辅导的方法，并及时了解他们辅导的进度和效果，提高辅导的质量。

对有特长的学生，课外要因势利导，可以为他们开设小型课程，或成立兴趣小组，指导他们自学有关知识，发展其特长。

4. 小单元针对辅导

一些学习有困难的学生，易于遗忘所学知识，技能也不巩固，所以每个小单元都要帮助他们将知识理成体系，促进知识正迁移。同时，要进行小单元检测，根据检测情况找出知识技能的缺陷，以便有针对性地辅导。

三、聚焦课堂学习

学习是学生在学校情境中最重要的主体性活动，课堂教学如果不能聚焦于学生的学习，"学生为本"就成为一句空话。

从世界教学改革的趋势来看，学生的学习已经成为人们关注的焦点，以学定教、教为了学等理念，正改变着课堂教学的行为。"教师的职责现在已经越来越少地传授知识，而越来越多地激励思考；除了他的正式职能以外，他将越来越成为一位顾问，一位交换意见的参加者，一位帮助发现矛盾而不是拿出真理的人。他必须集中更多的时间和精力去从事那些有效果和有创造性的活动：

互相影响、讨论、激励、了解、鼓舞"。[①]

那么，怎样认识学生学习的实质，并据此进行学习的指导呢？

（一）学习是个体经验的改组

从当前教学的实际情况来看，以种族经验为内涵的、以文字符号所构成的课程文本的教与学，仍然是学校教育的基本存在状态。而这种静态的外在于学生的课程内容，要变为学生内在的素质，是学生汲取知识营养的精神活动的过程。美国教育家杜威曾指出："儿童和课程仅仅是构成一个单一的过程的两极。……儿童现在的观点以及构成各种科目的事实和真理，构成了教学。从儿童的现有经验进展到以有组织体系的真理，即我们称之为各门科目为代表的东西，是继续改造的过程。"[②]因此，知识的学习是学生自己的学习，学生学习过程中对知识的展开是学生自己的展开，学生在知识展开过程中的"经验的改造与改组"是经验的自我建构。[③]

1. 激活形象思维

"形象思维"就是用形象来思考（俄国文艺批评家伯林斯基）。这种借助于形象的思考方式不仅适应于学龄初期学生的认知特点，促进他们对事物及其关系的理解，而且在人的精神发展方面具有重要的意义。人的认识能力就是形象思维与抽象思维两种能力的统一。形象思维的激活，常常借助于唤起已有的"表象"。表象是保持在学生记忆里的形象，是经验的直观形式。我们在掌握和运用语言的过程中，让词语和具体事物的表象，或学生切身的实际经验建立联系，言语就能唤起和组织人的表象活动，构建一系列鲜明生动的形象，从而对形成稳定而丰富的内心生活起到重大的作用。在课堂教学中，"语言直观"就是运用形象化的"绘声绘色"的形象语言，唤起和构造学生的表象。从记忆的角度讲，表象是记忆编码的重要形式之一。

◼ 示　例

以形象促抽象

一位数学教师上平面几何"点的轨迹"时说：首先我给大家说个自然现象。千条线万条线，落到河里看不见，这是什么？（学生：雨）夏夜，繁星闪烁，忽然一道光自天而降，这又是什么？（学生：流星）雨点和陨星为什么在降落时给我们的印象是一条线？这是因为雨点和陨星降落时，受到一定条件的作用，它们都按着一定的轨道运动，所以都形成一条弧线，给我们以"点的轨

---

① 联合国教科文组织国际教育发展委员会. 学会生存. 北京：教育科学出版社，1996：108.
② ［美］杜威. 学校与社会·明日之学校. 北京：人民教育出版社，1994：27.
③ 王道俊. 知识的教育价值及其实现方式问题探讨. 课程·教材·教法. 2011（1）.

迹"的直观形象。什么是点的轨迹？······

用表象助理解

有位物理教师在讲分子运动时，就曾妙语珠连、引喻取譬，给学生留下极深的印象，他说："气体分子运动，好像夏天夜晚强烈灯光下的一团飞舞的蠓虫；液体的分子运动又恰如游牧一样，短时的迁居（移动）和比较长期的定居（振动）相结合；固体的分子运动，则像一间关闭的屋子里坐满前仰后合地唱游的小学生一般。传导电流，好比运载蜜蜂前进的车厢内飞舞的蜜蜂一样——杂乱无章的热运动的电子又加上一个定向移动。"

2. 联系生活经验

陶行知讲过："真知识的根是安放在经验里的，从经验里发芽抽条开花结果的是真知灼见。"不是从经验里生发出来的知识就是伪知识。他还指出，掌握真知识的基础是，"我们要有自己的经验做根，以这经验所发生的知识做枝，然后别人的知识方才可以接得上去，别人的知识方才成为我们知识的一个有机体部分"。[1]

经验对学生的知识学习具有至关重要的意义。

当他们忽视"经验"的作用时，受困于书本世界里的学生，也就很难听到现实世界对他的召唤，难以领略到现实世界为书本知识的运用提供的诱人境界和无限风光，知识失掉了它对人的亲和力和温热感，这样，书本世界的实际"意义"也就荡然无存，这仿佛堵塞了书本世界的"知识流"，堵塞了它涌入现实世界这个浩瀚大海的通道。

◈示　例

生活现象的启示

在讲述细胞衰老的特征时，为了让学生有深刻的记忆，一位生物学科教师竟别开生面地提问："玉兰油护肤系列的广告语是什么？"

"肌肤水嫩细白。"学生抢着回答。

老师点头："水嫩说明了什么？"

"水嫩说明细胞充满活力。"

这位教师通过这样形象的引导，又接着讲述细胞衰老的两个特征："衰老的细胞中含水量较少，细胞内的色素会随着细胞衰老而逐渐积累。"

另外，她在教学中，还用"满园春色关不住，一枝红杏出墙来"来讲解生长素引起的植物的向性运动；用"人间四月芳菲尽，山寺桃花始盛开"来讲解生态因子；用"望梅止渴，画饼充饥"等来讲解条件反射中的第二信号系统。

---

[1]　中央教育科学研究所编. 陶行知教育文选. 北京：教育科学出版社，1981：64—65、79。

用生活经验帮助理解

●在讲立体几何中"两个平面有一个公共点，那么它们必交于过这一点的一条直线"时，学生感到抽象，不好理解。教师就联系到具体事物，把问题直观化，他说："大家都看到过文艺演出的舞台，当幕布收拢时，我们把收拢了的幕布与舞台面看作两个平面有一个公共点，当幕布徐徐打开拉过去时（视为面的伸展），幕布与舞台面就出现了一条交界线。教师边讲边画，学生觉得既具体又有趣味。

●一位化学教师讲"能量最低原理"，核外电子总是先占据能量最低的轨道，只有能量最低的轨道占满后，电子才能进入能量较高轨道。他做了一个类比：向一块高低不同的洼地灌水，总是先淹低处，然后，才淹到较高的地段。又如，有学生问："原子量为什么不用克作单位？"教师说："一粒芝麻用吨来表示它的质量，如何？"

3. 唤起切身体验

教学要唤起学生的体验。体验以经验为基础，立足于精神世界，个体对事物的意义进行自我建构，是"对经验带来有感情色彩的回味、反刍、体味"。它通过个体的想象、移情等使经验生命化和个性化，"在体验世界中，一切客体都是生命化的，都充满着生命的意蕴和情调"。[①] 体验具有过程性、亲历性和不可传授性，是充满个性和创造性的过程。

一切停留在情感体验之外的知识对主体来说只是死知识、假知识。情感体验以认识为基础，但认识并不能代替情感体验。对意义、价值与美的感受和理解绝不是理性化、客观化、概念化的知识分析所能代替的。情感不仅对学习过程有重要的启动、激励、维持、调控作用，而且与学生态度的形成、信仰的确立、个性的完善息息相关。缺乏情感体验的融入，教育或许能在大脑中留下痕迹，但无法在心灵中、在人生中留下震撼。

◈示　例

《我的战友邱少云》教学片段

师："我的心像刀绞一般"，真的是刀在绞"我"的心吗？

生：不是的。

师：那么究竟是什么像刀一样在绞"我"的心呢？请同学们细细地读课文，联系生活实际，用心研究这个问题。

生：我觉得一种痛苦像刀一样在绞"我"的心。平时有过这样的经历，有一次我不小心，手被火柴烧了一下，都钻心的痛，何况邱少云是烈火烧身呢！

---

① 童庆炳. 现代心理学. 北京：中国社会科学出版社，1993：55，54.

师：说得更明白一些，行吗？

生：烈火在邱少云身上燃烧，也好像在"我"身上燃烧一样，这真是万箭穿心般的痛苦呀！

师：说得真好！邱少云的痛苦让我"我"感同身受！还有别的体会吗？

生："我"当时非常担心。因为在"我"身后埋伏着整个潜伏部队，要是邱少云突然叫起来或者突然跳起来，整个部队就要遭受重大的损失。邱少云还那么年轻，他能忍受烈火的煎熬吗？这种深深的担忧与紧张像刀绞一样绞着"我"的心。

生："我"还感到非常无奈。一方面，"我"不忍心看着邱少云被烧死；另一方面，"我"又根本不能跑过去把他救出来。这种无可奈何的心情像刀一样绞着"我"的心。

师：有心救人，却无力回天，这是一种多么巨大的悲哀呀！

生：我体会到此时此刻，作者感到十分绝望。这种绝望像刀一样在绞着"我"的心！因为"我"盼望火能突然间熄灭，但是"我"心里很清楚，这种奇迹根本不可能发生。

师：同学们再深入地想一想，像刀一样绞着"我"的心的，是否只有痛苦、担心、无奈和绝望？还有什么？

生：邱少云那钢铁般的意志，深深地感动了"我"！这种感动使"我"的心像刀绞一般。

生：还有敬佩。邱少云为了战友们的安全，为了取得战斗的胜利，宁愿牺牲自己生命的精神，让我无比敬佩！

师：同学们体会得真精彩。作者当时的确是百感交集！那么多复杂的情感纠缠、冲击、碰撞，使"我的心像刀绞一般"。这种感情，不仅仅是作者的，也是在座每一个同学的。让我们带着这种感受来读课文，你一定会有更真切的体验。

（生自由读，齐读）

（二）学习是知识的社会协商

当代社会建构主义者有一个很鲜明的观点："学习是知识的社会协商。"这种观点认为："只有当个人建构的、独有的主观意义和理论跟社会和物理世界'相适应'时，才有可能得到发展。发展的主要媒介是通过交互作用导致的有意义的社会协商。"[①] 换句话说，个体的知识建构过程不是个体头脑中封闭的事件，它要通过学习者与他人的相互作用、合作活动才能成为可能。总之，学

---

① 高文，裴新宇. 试论知识的社会建构性：心理学与社会学的视角. 全球教育展望，2002（7）.

习者的自主建构必须在同他人合作与交流（这种合作交流包括了商议讨论、意见交换、言辞交锋等）中，在由交流合作而推动的积极深入思考中才能实现。所以，"教学是师生的合作"是教学交往论必然引出的论题。

1. 平等的相互交往

学生的发展是在交往中实现的。这一点已为大量的心理学研究成果所证明。心理学大师皮亚杰认为，认知的发展被认为是主客体在社会性相互作用中，通过同化和顺应两种机制而导致的平衡化。这就是著名的"发生认识论"。苏联的列昂捷夫和维果茨基认为，意识的产生和发展是在广阔的历史文化背景中，由交往和活动引起的。这就是"文化历史学派"的主张。在当代的建构主义看来，学生学习知识时的意义建构，是凭借自身的经验与体验，在真实的任务情境中，在合作与对话中去实现的。所以我们有根据说，学生是在交往互动中实现认知发展和社会性发展的。而课堂教学中的交往，主要是教师与学生、学生与学生之间的交往。

当代的教学论把教学过程视为师生交往互动、共同发展的过程，首先意味着建立一种平等的教与学关系。传统的严格意义上的教师教和学生学，将不断让位于师生互教互学，彼此将形成一个真正的学习共同体。对教学而言，交往意味着人人参与，意味着平等对话，意味着合作性意义构建。它不仅是一种认识活动过程，更是一种人与人之间平等的精神交流。对学生而言，交往意味着主体性的凸显、个性的表现和创造性的解放。对教师而言，交往意味着上课不仅是传授知识，更是一起分享理解；上课不是单向的付出，而是生命活动、专业成长和自我实现的过程。交往还意味着教师角色定位的转换：教师由教学中的主角转向"平等中的首席"，从传统的知识传授者转向学生发展的促进者。可以说，创设基于师生交往的互动、互惠的教学关系是教学改革中的一项重要内容。

◆**示　例**

以教材为话题的师生平等对话

《〈论语〉十则》教学片段——对孔子的挑战（师生讨论第五则）。

师：为什么说"知之为知之，不知为不知"是一种智慧？

生1：知道自己的不足，就会去学习，永远有学习的意识，这是一种智慧。

（同学们对生1的回答点头称是）

师：说得真不错，有自己独到的理解，其他同学还有对"智慧"的发现吗？

生2（补充）：知道自己的不足，就会变得很谦虚，别人也乐意教你，你就获得了学习的机会。

（生 3 继续补充……）

师：你们能用多角度看待一个问题，而且理解得很深刻，老师非常欣赏，这是一种优秀的思维品质，你们认为"知之为知之，不知为不知"还是一种什么品质？让我们挑战孔子，试着用一个字概括，并说明理由。

生 4：知之为知之，不知为不知，是勇也。我认为在别人面前承认自己有所不足，这需要勇气。

师：你们同意他的观点吗？请说说你的理由。

生 5（不同意生 4 的观点）：人都有自己不知的一面，在别人面前承认自己有所不知，这很正常，谈不上"勇"。

生 6（同意生 4 的观点）：人总是习惯于掩饰自己的"不知"，敢于承认自己不知的确很勇敢。

师：对刚才几名同学的回答，你们有什么看法？

生 7："勇不勇"因人而论，对自尊、胆小的来说就是勇，反之就不是；但他敢于说出自己不知，不虚伪，不做作，这是做人的真实，是"真"也。

师：因人而论，很有见地。还有补充意见吗？

生 8：是"德"也。有"知之为知之，不知为不知"的勇气，我说是一个人的美德，他可以非常真实地活着。

师（小结）：看来，孔子要免费收你们做徒弟了，如果知道两千年后，有这么一群出色的后生，他老人家要含笑九泉了。[①]

2. 全面的人际互动

互动即人与人之间的交互作用，它是人类结合的基点、人的社会化的基本条件。互动一般指向人的社会行为。西方学者将互动分为感官互动、情境互动和理智互动。

课堂上的师生互动实际上就是师生双方以自己的固有经验（自我概念）来了解对方的相互交流与沟通的方式。这就是钟启泉教授指出的"通过相互作用的过程建构自己的意义世界"。钟启泉认为："教育的作用必然采取教师与学生之间的互动形式，而基于互动的经验如何内化为自身的东西就具有重要意义。这样，当我们重新审视 ZPD（最近发展区）时，儿童绝不是被动地接受来自成人教育影响的存在，而是积极地互动，不断地内化互动的活动中获得的东西的一种能动的过程。"[②]

互动的形式是多种多样的。哈泰帕就把互动分为水平性互动和垂直性互

---

① 金戈. 教师评价语在语文课堂教学中的运用. 语文教学通讯（初中版），2007（5）.

② 钟启泉. 社会建构主义：在对话与合作中学习. 上海教育，2001（7）.

动。水平性互动一般是学生之间相互作用，常采用小组讨论、相互教学等形式。它可以使学生学会倾听、比较和发现从不同角度提出的有差异的见解，促进“节约思维”、深入思考与反观自身而获得创见。垂直性互动是指儿童同成人、教师或高手之间的一种互动。它是在教师传递社会文化的活动中，在教师指导之下的参与，“认知学徒制”、作为“脚手架”的互动都属于这类互动。

◈示　例

课堂上的自主、合作、交流、互动

—— “能被 3 整除的数”的课堂教学

以教学“能被 3 整除的数的特征”为例，我们是这样教学的：

学生已经学习过能被 2 和 5 整除的数，那是根据数的个位上的数来确定的，教师提出：“判断一个数是否能被 3 整除，是不是也可以只看它个位上的数就行？”要求在小组中展开讨论。

1. 讨论前教师要提出明确要求

（1）小组中每个同学自己报几个能被 3 整除的数，提供小组观察。（2）仔细观察，发现规律。（3）各抒己见，敢于提出与别人不同的意见或补充自己的想法。（4）要以理服人，不能单纯靠少数服从多数来定论。

2. 讨　论

学生明确要求后展开了激烈的讨论。

生 1：“个位上是 3，6，9 的数能被 3 整除。”

生 2：“不对，个位上是 3，6，9 的数不一定能被 3 整除，如：13，16，19 等数就不能被 3 整除。”

生 3 补充：“像 21，24，27 这些数能被 3 整除，个位上却是 1，4，7。”

生 4：“我考察过：30，21，12，33，24，15，36，27，18，39 等数，都能被 3 整除，但是它们个位上的数有 0，1，2，…，9，十个数字都出现了；而不能被 3 整除的数，如 10，11，22，23，34，25，26，37，38，49 等，个位上的数也有 0，1，2，…，9。所以一个数能不能被 3 整除，不能由个位上的数来决定。”

教师对生 4 给予充分肯定，并指出，生 4 从正面和反面说明了一个数能否被 3 整除不能看个位上的数。于是产生了“能被 3 整除的数究竟有没有一定特征”的想法。

3. 坚定信心，继续探索

让学生任意报一个数，教师马上就能判定能不能被 3 整除，学生用除法验证无误，使学生确信这其中必有奥秘。教师抓住学生强烈的求知欲望，引导探究用 1，2，6 这三个数能组成多少个数，其中能被 3 整除的数有多少个，用

1，2，7 这三个数呢。通过小组合作，发现能被 3 整除与"数位"无关。

4."想象"实验

我们在脑子里想象：

（1）把 10 根小棒平均分成 3 堆，余几根？100 根、1000 根呢？

（2）把 20 根小棒平均分成 3 堆，余几根？200 根、2000 根呢？

得 $10 \div 3 \rightarrow$ 余 1，$20 \div 3 \rightarrow$ 余 2，

$100 \div 3 \rightarrow$ 余 1（不是余 10），$200 \div 3 \rightarrow$ 余 2，

$1000 \div 3 \rightarrow$ 余 1（不是余 100），$2000 \div 3 \rightarrow$ 余 2。

用"想象实验"的结果，判断下面两个数被 3 除，余数是几？

（1）2 1 3 4　　　　（2）4 5 1 8

　　↓ ↓ ↓ ↓

　　余 余 余 余

　　 2 1 0 1

把余下的小棒合起来再分：$2+1+0+1=4$，4 除以 3，余 1。

"2134"这个数除以 3 余 1，说明 2134 不能被 3 整除。

用同样的方法，知道 4518 能被 3 整除。

5. 讨论和发现

在上述活动的基础上，学生提出他们的发现。

生：我们用与口算结合的方法，判定一个数能否被 3 整除。如"2134"，"21"，"3"都能被 3 整除，但 4 不行，所以 2134 不能被 3 整除。

生 2：我们小组提出"弃 3 法"，如：

　　　　 5　6　4　9　 $2+1=3$，

弃 3 后 ↓　↓　↓　↓　　 5649 能被 3 整除。

　　　　 2　0　1　0

生 3：我们小组提出分段口算法，如：2418，我把它分为"24"、"18"两段，24 与 18 都能被 3 整除，2418 也能被 3 整除。

生 4：一个数各数位上的数加起来的和能被 3 整除，这个数就能被 3 整除。

6. 品尝成功的喜悦

师：哈！你们一下子提出了那么多的好办法。起先我们用"看个位上的数"的老办法，不行；调换数位，又不行，几乎是"山重水复疑无路"了。后来我们搞了个"想象实验"，想想分小棒的事例，坚持探索，终于获得了成功！祝贺你们！

大家鼓掌，全体师生沉醉在成功的欢乐之中。

　　　　　　　（摘自：《小学数学教师》2001 年第 3 期，湖北省红安县将军城小学，韩红顺）

3．彼此的经验分享

从本质上讲，课程是一种"经验"——课程的内容要转换为学生头脑中的经验和体验；课程是人类共同经验和个体经验的交融；课程是学生主体活动的过程和结果；课程是师生在互动中生成的意义；课程是学生在学校习得的全部经验的总和。

有效教学要让学生学好课程，就必须着眼于"经验的共享"以推动主体对这些经验的"建构"。曾提出"最近发展区"理论的维果茨基说："教学引导、唤醒、启发了一系列内部发展过程，这些过程对于儿童来说，目前只是在与周围人们的关系中，在与他的伙伴的相互合作的环境中才是可能的。"①

经验的分享主要是通过对话来实现相互之间的理解。当代著名的解释学者伽达默尔认为："只有当人们能够相互间展开交谈，由此产生不同的视界的'融合'，形成新共识，人与人之间的理解才是可能的。"可见，对话的过程本质上就是对话主体双方视界融合的过程，亦即理解的过程。这意味着师生之间彼此尊重各自的独特体验，承认各自认识和经验的合理一面，积极地寻求共识。所以，理解指向的教师与学生的精神世界，是精神上的融合与交流。理解的基本含义是：意见沟通、相互解释、设身处境、共同体验、宽容悦纳。

（三）学习是主体的积极参与

"参与"在《现代汉语词典》中的解释是："参加（事务的计划、讨论、处理），参与其事。"我国学者宋丽慧认为，参与是"人们在参加某种活动中，以主体身份和意识介入并影响这种活动的一种行为和过程"。② 这一定义包括两个要点：必须以主体身份积极介入；这种行为和过程的最终目的是对所参加的活动施加一定的影响。"学生参与"将体现学生群体的意志以及声音，它反映了现代教育民主平等的理念和对儿童人格尊严的尊重。布伦德里特和西尔斯科克指出，真正民主的社会所需要的课程应是学生也有权利进行评论和发挥作用的课程。他们讨论了合作型课程模式和共建性教学，并将其描述为给予"教师和学生正式平等权利"的一种方法，并认为所有有兴趣的人们和团体都有权加入到商讨课程的过程中来，从这个过程中产生的课程模式比其他任何模式更具有民主性和平等性，参与也有利于学生的社会性发展。③

1．参与课程决策

决策即做出某种判断和决定。课程决策就是一定权力的主体在价值判断的

---

① 余震球选译. 维果茨基教育论著选. 北京：人民教育出版社，1994.
② 宋丽慧. 学生参与：转型时期高校管理的境界. 北京：北京大学出版社，2007：25.
③ A V Kelly. 课程理论与实践. 吕敏霞，译. 北京：中国轻工业出版社，2007：98，97.

基础上对其理想或需要的课程所做出的判断过程，这一过程存在着慎思和选择。[①] 加拿大著名学者富兰（M Fulan）指出，如果在教育变革中学生不具备某些有意义的角色，那么大多数的教育变革，或更确切地说，是大多数的教育都将失败。研究表明，学生参与课程决策可让他们更加明确课程的宗旨，从而提高学生的合作能力和批判能力。[②]

　　学生可以在不同层面参与课程决策。目前越来越多的课程研究者开始关注课堂教学层面的课程决策，这就使课程成为在教室中教师、学生、教材、活动、经验之间的互动与转化。马什认为，学生在班级层面的决策参与有低、中、高三个水平，最低限度的学生参与是学生作为咨询对象而为教师所考虑，而非直接参与课程决策；在中间层次，学生能积极主动地制订计划；在高级层次，学生在多数领域或活动中都是积极主动的参与者。澳大利亚的协商课程提出者布莫认为，学生参与课程决策主要体现在：自主确定一些个人或小组的学习项目或目标；在学习活动或顺序方面提出建议；和教师一起安排学习期限与学习合同；提出可能的评价方法方面的建议；提出内容修改或扩充方面的建议；协商解决某种特殊情境下可选择的学习方案。[③]

2. 参与教学活动

　　教学是教与学的双边活动，学生"参与其事"是顺理成章的。因此，学生参与教学活动，实质是一种"社会性互动"，也就是要把教学过程看作师生为实现教学任务和目的，围绕教学内容，共同参与，通过对话、沟通和合作活动，产生交互影响，以动态生成的方式推进教学活动的过程。

　　首先是师生与教材文本对话，实质上是教师与学生运用自己的已有经验去诠释前人遗存的间接经验。这时，文本是敞开的，它要接受学习者对它的转译、审视和解读，这既是一个用师生经验去解构它的过程，也是一个对文本的"再创造"过程。正因为这样，教材的学习才有挥洒的空间和独特的魅力。

　　教师与学生同文本的对话离不开师生的互动，这种互动表现为经验共享、意见交换甚至是言辞交锋，而最终达到"视界融合"。师生互动属于一种垂直性互动，从教师与学生的关系上看，他们是平等主体间的关系，但从拥有信息上看并不对等，所以互动中教师是主导的一方，这也就为教师讲授中引领学生围绕学习主题进行研讨提供了条件。

　　再次是学生之间的交流。这属于年龄特征、知识经验与发展水平大体相近的同学之间的"水平性"互动。这种"互动"常采用小组讨论、相互教学等形

---

　　① 李宝庆. 学生参与课程决策. 课程·教材·教法，2009（10）.
　　② ［加］迈克尔·富兰. 教育变革新意义. 赵中建，等译. 北京：教育科学出版社，2005：160.
　　③ 李宝庆. 学生参与课程决策. 课程·教材·教法，2009（10）.

式，它可以使学生学会倾听、比较和发现从不同角度提出的有差异的见解，促进"节约思维"、深入思考与反观自身而获得创见。教师的讲授对学生间的交流起着非常重要的作用，具体表现在：用讲授引出话题，为交流设定方向与范围；确定交流的形式与方法，组织交流活动使之有序有效地进行；对交流中出现的困惑、偏差与分歧给予指点或校正；疏理和总结交流所获得的结果，做出适当的评价，等等。

◆示　例

在经验分享中学习函数

师：给大家举个例子。我们在生活当中常常遇到顶风骑自行车的情况，大家都有这种感受：风越大，骑自行车就越费力。对于一个正方形来说，边长越长，正方形的面积越大。这两个例子中都有两个因素，它们之间相互制约。大家能不能也举一些这样的例子？

生：人的身高越大，做衣服用的布料就越多。

生：船在水中航行，顺水走时水流的速度越大，船走的速度越快。

师：我们生活当中这种例子很多。大家分析一下，在这些例子当中都存在着什么样的量，这些量之间都有什么样的关系。

（学生思考1分钟）

生：骑自行车时风速和用力是两个变化的量。

生：在正方形中边长和正方形的面积是两个变化的量。

生：人的身高和所用的布料是两个变化的量。

师：大家看这些量都是变化的量，我们把它叫做变量。骑自行车时风速和用力是两个变量，正方形的边长和正方形的面积是两个变量，人的身高和所用的布料是两个变量。谁能说一说它们之间存在什么样的关系？

生：两个变量之间分不开。

生：一个量变化了，另一个量也随着变化。

师：综合上述两个同学的想法，生活中有许多相互制约的两个变量，我们把它叫作函数关系。但这种函数关系仅仅停留在我们现在的感觉上是没有用的，只有把它上升为数学问题，才能体现出它的价值。让我们看下面的问题。

（1）描点：根据表中的数据在平面直角坐标系中描出相应的点。

（2）判断：判断各点的位置是否在同一条直线上。（可以用直尺去试，或顺次连接各点，观察所有的点是否在同一条直线上）

（3）求解：在判断出这些点在同一条直线上的情况下，选择两个点的坐标，求出一次函数的表达式。

（4）验证：验证其余的点的坐标是否满足所求的一次函数表达式。

3. 参与意义建构

学生学习课程知识，并不是将外在于他们的书面材料移入他们头脑的"给予"过程，而是必须让这些学习材料与他们已有的知识经验联系起来，真正地理解其含义，这是一种主动积极的"摄取"和"建构"，有赖于学生全身心地沉浸在课堂学习中。所以，美国学者肯尼思·戴维斯认为，参与是"一个人的思想与情感都投入一种鼓励个人为团体目标做出贡献、分担责任的团体环境之中"。在此意义上，参与是"思想与感情的投入、决策的所有权，不是摆摆样子、走走过场，而是名副其实的自我投入"。[①] 概言之，参与就是行为主体自愿而主动地介入。

学习中的意义建构，除智慧的努力和情感的投入以外，行为的涉与是极其重要的。教学如果没有能推动学生的行为涉与，其效能就会大打折扣，因为教学是否引起了学生的某种反应，这种反应在多大程度上达到了教学的目的，教师还需要提供哪些方面的"回授"来校正或巩固学生习得的知识与技能，都需要视学生出现的行为来确定。而且，行为的投入还是学习活动的一种必要形式：做中学；教学的重要功能之一，就是引起、指导和调控学生的行为。

教学过程中的学生行为投入主要通过各种形式的练习以及教师的反馈调节而实现。这里的练习，是指学习者运用已形成的对概念与原理的理解对新的概念与原理的例证进行判断、分析或解释，并从获得的反馈中进一步巩固、修改或完善自己的理解。这里的"反馈"是针对学习者当前学习情况而提供的旨在改进将来学习的信息。研究发现，有效的反馈主要有如下一些特点：即时性、具体性、提供矫正性信息；伴有积极的情绪。只有经历了练习与反馈的阶段，我们才能说学习者真正完成了概念与原理的学习。[②]

◆示　例

教《记念刘和珍君》一课中的意义建构

师："当三个女子从容地转辗于文明人所发明的枪弹的攒射中的时候，这是怎样的一个惊心动魄的伟大呵！"对这句话的理解一向就有争议：有人认为"伟大"是反语，是讽刺反动当局的；有人则认为是赞颂"三个女子"的。你

---

① ［美］罗伯特·G 欧文斯. 教育组织行为学. 窦卫森，等译. 上海：华东师范大学出版社，2001：374.

② 王小明. 学习心理学. 北京：中国轻工业出版社，2009：79.

认为这句话应该怎样理解呢？要说明你的理由。

（问题刚一提出就有学生要求发言，讨论中，各持己见，互不相让，气氛十分活跃）

生1："伟大"是反语，是讽刺段祺瑞卫队对爱国青年的攒射的，这样理解才能和下文的"伟绩"、"武功"等反语协调一致，也才能照应"被这几缕血痕抹杀了"的说法。

生2："伟大"是赞颂三个女子的。因为这个句子说的显然是"三个女子"，而不是什么"文明人所发明的枪弹的攒射"。

生3：如果是歌颂三个女子的，怎么能说"惊心动魄"，又怎么能抹杀"中国军人屠戮妇婴的伟绩，八国联军惩创学生的武功"呢？

生4："这几缕血痕"指的是反动当局制造的血案，而不是指三个女子的，不能说是三个女子抹杀了"伟绩"和"武功"。

生5：我认为他们的理解都有点片面死板，其实这句话既赞颂了三个女子"伟大"，也揭露和讽刺了反动当局对爱国青年的"攒射"，这并不矛盾。

（以上所列，是几个代表性的发言）

师：大家的发言各有自己的道理，我觉得都可自成一说。对文章某些内容和语句有不同的看法是正常的。常言说，理越辩越明。大家下课后可以继续讨论研究。

第三章 把握"能力为重"的操作要求

"德育为先、能力为重、全面发展"是我国实施素质教育的要求。新课程标准再一次强调要把培养和发展学生的能力放到更为重要的位置。

一般认为，能力是潜在于个体身上，通过某种活动所表现出来的个性特征。能力和其他个性心理特征（如性格、气质）相区别的地方是，它对活动的进程和方式起调节、控制作用，并直接影响活动的顺利进行及其质量水平，它原则上属于经验的范畴，是系统化、概括化的经验，即类化的经验。①

能力是一个人的素质中最活跃、最能动的因素。我国学者在分析素质与能力的关系时指出，素质与能力是对人格同一层次不同侧重的表述。一般来说，素质重在存储与积淀，它更多的具有静态特征，或者说素质是以"势能"的形式存在的。而能力重在内化与运用，它是以"动能"的形式存在的。素质与能力的关系，从某种意义上说，就是势能与动能的关系，在一定条件下可以相互转化，从这一意义上来看，素质是能力的内隐，能力则是素质的外显。②

一、能力形成的基础

作为人的一种重要素质，能力的形成需要一定的基础。人们常说，无知必然无能；知识是能力形成最不可或缺的条件。知识是学生发展的支点和素质的要素，也是"三维目标"实现的切入口、凭借和载体。

（一）知识的掌握

知识问题向来是课程与教学的一个核心问题。"课程内容是指各门学科中特定的事实、观点、原理和问题以及处理它们的方式。"③也就是说，课程内容主要是由知识构成的。"教育要提高学生的素质，主要的和实实在在的事情就是抓好科学知识的教育"，知识教育是"全部教育的共同基础"（而不仅仅是智

---

① 冯忠良. 结构化与定向化教学心理学原理. 北京：北京师范大学出版社，1998：146.
② 姜大源. 职业教育学研究新论. 北京：教育科学出版社，1997.
③ 施良方. 课程理论：课程的基础、原理与问题. 北京：人民教育出版社，1996：106.

育的基础），是"现代教育的中心环节"（我们不能离开知识经验凭空发展什么能力、品德）①。

就新课程的实施而言，强调继续重视基础知识和基础技能的教学并关注能力、情感、态度的培养，强调使获得知识与技能的过程成为学会学习和形成正确价值观的过程，其旨意也就是要促进学生全面和谐的发展，这是贯穿于整个课程实施和教学改革中的一条主线。

1．提升认知水平

认知本是心理学中的一个术语，意指各种认识的形式和活动，如感知、记忆、思维、想象。美国学者约翰·豪斯顿等人在《心理学纲要》一书中对"认知"的定义进行了概括。他归纳出以下五种内涵：认知即信息加工；认知即心理上的符号运算；认知即问题解决；认知即思维；认知是一组相关的心理活动。我国学者施良方在一般意义上把"认知"表述为"是知觉、记忆、思维和问题解决的过程；用信息加工理论的语言来说，是吸取信息、储存信息、运算信息和使用信息的过程"②。知识的学习是一种认知活动。

知识作为认知的对象，其内容维度包括四类知识，分别是：①事实性知识，指学习者在掌握某一学科或解决问题时必须知道的基本要素，包括术语知识、具体细节和要素的知识。②概念性知识，指某个整体结构中发挥共同作用的各基本要素之间的关系，包括类别与分类的知识、原理与概括的知识以及理论、模式与结构的知识。③程序性知识，指如何做事的知识，探究的方法，运用技能的准则，算法、技巧和方法的知识。④元认知知识，指关于一般的认知知识和自我认知的知识，包括策略知识、关于认知任务的知识（包括适当的情境性和条件性知识）、自我知识。

掌握知识又从哪些方面来衡量呢？

认知过程维度包括如下六类认知过程：①记忆，指从长时记忆库中提取相关知识，包括识别和回忆。②理解，指能够确定口头的、书面的或图表图形的信息中表达的意义，包括解释、举例、分类、总结、推断、比较、说明。③应用，指在特定情境中运用某个程序，包括执行和实施。④分析，指将材料分解为其组成部分，并且确定这些部分是如何相互关联的以及部分同总体之间的联系，包括区分、组织、归属。⑤评价，指依据准则和标准来做出判断，包括核查和评判。⑥创造，指将要素整合为一个内在一致、功能统一的整体或形成一

---

① 王策三．教育理论与实践的几个问题．教育研究与实验，1999．

② 施良方．学生认知与优化教学．北京：中国科学技术出版社，1991：7．

个原创的产品，包括生成、计划和贯彻。[①]

◆示　例

花力气提高学生对知识的认知水平

北京市知名教师谢安娘在教授"汉武帝大一统"一课时，针对学生比较容易理解"推恩令"、"统一铸钱"、"罢黜百家，独尊儒术"等知识点，而对"盐、铁官营"体会不深的具体情况，把盐、铁在古代的重要性作为与学生交流的开始，启发学生思考："为什么政府要把这两项权力收归中央？"

生 1："汉代生产越来越多地采用铁制工具，而且人不吃盐不行，盐、铁都是生活必需品，需求量很大，获利多。"

生 2："商人掌握很多盐、铁却不卖，导致价高，使得国家收入少。"

生 3："专门经营盐、铁的商人经济力量雄厚，可以买土地田宅，组织军队，像一个小诸侯国，长久下去，会威胁国家安全。"

生 4："价钱太贵，老百姓吃不起盐，买不起铁制工具，不满情绪增长，会引起暴动，影响政府统治。"

生 5："实行盐垄断，对军队的士兵影响最大：吃不到盐，没力气，身体素质差，战斗力下降。"

生 6："冶铁集中到商人手中，兵器和生产工具都少，对作战和农业生产不利。"

生 7："经营盐、铁需要很多人，聚集在一处，又拥有经济、军事实力，有可能发展为豪强势力，与中央政府对峙。"

谢老师总结道："大家说得很好。盐、铁私营对政府有这么多不利影响，所以要收归中央。那么'盐、铁官营'有什么作用呢？"

学生回答："不仅经济上可以增加政府收入，更重要的是能抑制商人势力，削弱豪强力量，稳定汉朝的统治。"

2. 赋予个人意义

我们谈到"知识"的时候通常涉及两个层面，一是"知识"是人类社会历史经验的概括和总结，称为"公共知识"；二是"知识"是个体头脑中的经验系统，称为"个体知识"。我国有学者指出，我国课程改革从本质上说，就是知识观的转向，这一变化的一个突出特点就是个体知识的凸显和发展。[②]

学生在课程中所学的书本知识，最核心的是人类的认识成果、被前人证明

---

① 盛群力，褚献华. 重在认识过程的理解与创造：布卢姆认知目标分类学修订的特色. 全球教育展望，2004（11）.

② 余文森. 论个体知识的课程论意义. 教育研究，2008（2）.

了的"真理"——一种规律性的知识,即从生动丰富、多彩多姿的现象世界中选择出来的、抽象概括了的东西,这是书本知识的重要属性。但是,有选择就有舍弃,有抽象就有丢失。书本知识所舍弃和丢失的是什么呢?正是现象世界和生活世界中那些生动性、丰富性和多样性的东西。当学生在书本世界跋涉的时候,他面对的是一个个关于"事物本质"和"客观规律性"的领域,这是一个无法直接感受到的"浓缩"了的、离开了自己生活现实的世界。因此,学生要真正理解这些真理和建构起"意义",取决于他们的生活经验和实际阅历。

◉示 例
让学生用自己的经验去理解知识

对于《早春》中"草色遥看近却无"一句的意境,学生一般难以理解,为什么远远看去地上一片绿色,而走到近处却看不见呢?为了借助生活积累帮助理解,一位教师这样引导:

师:读了"草色遥看近却无"一句,你感到奇怪吗?为什么?

生:我感到奇怪。为什么绿色的小草在远处能够看到,到近处却看不清楚了呢?

生:如果绿色在远处能看到,到近处看不是更清楚吗?我认为,应该是"草色遥看近更绿"。

师:有道理。对他们的疑问谁有办法帮助解决?

(生摇头)

师:在你们的生活中,有类似的情境吗?

(生一个个陷入思考,片刻便有人举手)

生:那天我去上学,街上逢集,离集市还有好远,我远远看去,集市上人山人海,没有一点空隙。我真担心,这么多人,怎么从集市上走过去。可是当我走到近处一看,人虽然多,但人与人之间的空隙还很大,我不费力气就穿过了集市。

生:由这一句诗,我想起了这样的画面:去年冬天的一天,我去外婆家,正巧外婆所在的镇上在搞水利建设。老远一看,水利工地除了人多,就是旗多,简直就是旗帜的海洋。我想,怎么有这么多的旗帜?但当我走到近处一看,旗帜虽多,但并不像在远处看到的那么多,那么密。

生:由这一句诗,我想起了去年在家和爸爸一块抛秧的情景。在抛秧以后,我发现整个田里秧苗稀稀疏疏,零零星星,可当我们远离秧田再回头一看,那秧田里一片绿色,几乎看不见水了。

(其他学生发言略)

师:你们看,这么一联系,对诗句所描写的意境就有了具体、真切的感受了，可见这首诗是作者认真观察了早春景色后写成的。

教师善于激活和利用学生生活中的表象储备和生活积累，使学生运用自身的经验理解语言，领略诗的意境，这就是一种活化课程内容的艺术。

3. 促进迁移应用

"迁移"指一种学习对另一种学习的影响。迁移是学校教学的重要目标，课堂学习中获得的知识、认知策略以及解决问题的技能都需要迁移到其他情境中才有价值，不然就是"死"的知识和技能。所以，我们必须通过"为迁移而教"，使学生能在多种情境，特别是真实情境中解决面对的问题。

学会迁移应用的核心是学会"解决问题"，这是急速发展和不断创新的时代对学习提出的要求。所谓问题解决，是指在某种情境的初始状态和希望达到的目标状态之间存在障碍的前提下，运用一系列认知操作，扫除障碍，将初始状态转化为目标状态的过程。美国心理学家曾经指出，"问题解决并不仅仅是简单地对先前习得的规则的运用，它也是一个产生新的学习的过程。……当问题的答案被获取时，也习得了某些东西，即个体的能力或多或少有了持久的改变"。从问题解决中产生的是高级规则，这成为个体全部技能中的一部分。加涅也明确地认为，一项伟大的科学发现或一件伟大的艺术作品当然是问题解决活动的结果。①

所以，掌握知识就一定要使知识"活化"，能"搬家"、能"迁移"、能"应用"，全面地发挥知识解决问题的功能。

◆示 例

声 的 利 用②

本课时的教学目标：让学生了解声音在生产、生活中的应用，了解声音可以传递信息、传递能量；通过声音在生产、生活中的应用，增强学生的使命感与责任感；有主动与他人合作的精神，敢于放弃和修整自己的错误观点。

声音对学生们来说并不陌生，但他们没有仔细观察过声音在生活、生产中是如何利用的。为了让学生们更好、更全面地了解声音在生活、生产、高科技等领域方面的应用，我提前一天留作业，让学生们通过各种方法手段，如查阅各种资料、上网搜索，每人至少找到两三个有关声音利用的详细实例。

上课时先让学生根据本节课的内容以及自己找到的资料小组讨论 8 分钟，以便于小组成员互相交流、合作学习，要求把材料按内容分类，目的在于通过

---

① ［美］加涅. 学习的条件和教学论. 皮连生，等译. 上海：华东师范大学出版社，1999：202，204，219.

② 华国栋. 差异教学策略. 北京：北京师范大学出版社，2009：122—124.

小组自主学习的探究过程来有效地完成本节课的目标。

小组1：我们小组通过上网搜索，了解了很多动物的生活习性离不开声音。如：①某些鼹鼠和地鼠常发出超声波，根据回声侦知对面的情况；与此雷同的还有蝙蝠，一边飞一边发出超声波，根据回声的信息来确定目标的位置、距离以及是什么动物等。这两个事例也说明了声音可以传递信息。②科学家发现，有两种营巢于完全黑暗洞穴的鸟类，能凭借它们"唧唧"声的回声探路至其栖息之所。这类穴居的鸟类，最大的是油鸟，由秘鲁东至委内瑞拉以至南美洲北部的圭那亚，均有它们的踪迹。

小组2：我们小组主要找的是声音在医学方面的应用。声音在医疗上的运用可归纳为检测和处理两大类：超声诊断与超声治疗。同时，又有对医用超声设备的研制和超声生物医学基础的研究。超声诊断主要是研究人体对超声的反作用规律，以了解人体内部情况。超声诊断的种类较多，常见的如下：一是超声示波诊断法，即A超。此法是将回声以波的形式显示出来。回声强则波幅高，回声弱则波幅低，为最早兴起和使用的超声诊断法。二是二维超声显像诊断法，即B超。此法是将回声信号以光点的形式显示出来。回声强则光点亮，回声弱则光点暗。由于扫查连续，可以由点、线而扫描出脏器的形态、结构。三是超声光点扫描法，即M超。它是B型超声中的一种特殊显示方法。常以此法探测心脏，即通称超声心动图。四是超声频移诊断学，即D超，通称为多普勒超声。利用多普勒效应，以不同彩色显示血流方向，即双功超声诊断系统。当超声强度在 0.1 w/cm^2 以上时，会引起人体组织发生功能性和器质性的变化，由此产生了治疗作用。将超声辐射于机体，而产生生物学效应，即引起机体的各种反应，达到治疗疾病的方法，称为超声波疗法。如超声体外碎石、超声治疗、超声消融等。超声波还可以除去人体内的胆结石，这也说明了声音可以传递能量。

小组3：我们收集了一部分声音在生活、生产中应用的事例：①人们利用噪声制作了声呐，可以用它测量海底深度、鱼群位置等；②噪声除草：科学家发现，不同的植物对不同的噪声的敏感程度不一样，根据这个道理，人们制造出噪声除草器，这种噪声除草器发出的噪声能使杂草的种子提前萌发，这样就可以在作物生长之前用药物除掉杂草，用"欲擒故纵"的妙策，保证作物顺利生长；③利用噪声除尘：美国科研人员研制出功率为 2 kW 的除尘报警器，它能发出频率为 2000 Hz、声强为 160 dB 的噪声，这种装置可用于烟囱除尘、控制高温、高压、高腐蚀环境中的尘粒和大气污染；④工业上也利用声音的能量来清洗精密仪器。

小组4：我们小组来说说声音在科技领域的应用。①噪声发电：噪声是一种能量的污染，比如噪声达到 160 dB 的喷气式飞机，其声功率约为 10000 W；

噪声达 140 dB 的大型鼓风机，其声功率约为 100 W。"聚沙可成塔"，这自然引起新能源开发者的兴趣。科学家发现人造铌酸锂具有在高频高温下将声能转变成电能的特殊功能。科学家还发现，当声波遇到屏障时，声能会转化为电能，英国的学者就是根据这一原理，设计制造了鼓膜式声波接收器，将接收器与能够增大声能、集聚能量的共鸣器连接，当从共鸣器来的声能作用于声电转换器时，就能发出电来。②利用噪声来制冷：电冰箱能制冷，令人鼓舞的是，目前世界上正在开发一种新的制冷技术，即利用微弱的声振动来制冷的新技术，第一台样机已在美国试制成功。在一个结构异常简单，直径不足 1 m 的圆筒里叠放着几片起传热作用的玻璃纤维板，筒内充满氦气或其他气体。筒的一端封死，另一端用有弹性的隔膜密闭，隔膜上的一根导线与磁铁式音圈连接，形成一个微传声器，声波作用于隔膜，引起来回振动，进而改变筒内气体的压力。由于气体压缩时变热，膨胀时冷却，这样制冷就开始了。不难设想，今后的住宅、厂房等建筑物如能考虑这些因素，即可一举降伏噪声，并为住宅、厂房等建筑物降温消暑。

小组 5：声音还可以用在军事领域。利用噪声还可以制伏顽敌，目前已研制出一种"噪声弹"，能在爆炸间释放出大量噪声波，麻痹人的中枢神经系统，使人暂时昏迷，该弹可用于对付恐怖分子，特别是劫机犯等。

[案例分析] 本节课学生除了了解教材内容之外，还大量收集了教材之外的内容，如教材中只提到了 B 超，但学生还了解了 M 超、D 超。噪声发电、噪声制冷的事例我以前都没有听说过，学生介绍完事例后，我心中就有惭愧感，不但学生学习了，我自己也从学生身上学到知识了。

有人说过兴趣是学生最好的老师，我说兴趣也是学生学习的巨大推动力。处在这个年龄的学生非常喜欢上网，所以我利用网络这个大资源，让学生去收集与教学内容有关的知识，这样既满足了学生的兴趣爱好也学到了物理知识。

（李明，天津市塘沽区第五中学，八年级物理）

（二）问题的解决

有关问题的界定有很多种，但大多数教育学家和心理学家认同美国的纽威尔和西蒙（Newell & Simon）对问题所下的定义："问题是这样一种情境，个体想做某件事，但不能马上知道对这件事所需采取的一系列行动，就构成问题。"① 简言之，问题是个体未能直接达到目标时所处的情境。

对于"问题"，纽威尔和西蒙提出了"问题空间"的概念，并把"问题空

---

① 陈琦，刘德儒，主编. 当代教育心理学. 北京：北京师范大学出版社，1997.

间"的成分分为三种状态：初始状态、目标状态、达标通路。

通过问题解决来促进学生能力的发展，我们在课堂教学中应当做些什么呢？

1. 增强问题意识

问题意识是指学生在认知活动中意识到一些难以解决的、疑虑的实际问题或理论问题时产生的一种怀疑、困惑、焦虑、探究的心理状态。这种心理状态驱使学生积极思维，不断提出问题和解决问题。问题意识在思维活动乃至人的认识活动中占有重要地位。因此，培养学生的问题意识是十分重要的教学任务之一。[①]

宋代朱熹说："读书无疑者，须教有疑，有疑者却需无疑。"学生是读书者，是学习中的主体，具有自主能动性。如果只求课堂秩序良好、有条不紊，而不调动学生提问的积极性与胆识，是很难真正提高教学质量的。另外，传统教学观念中只注重学习的结果而不注重学生思维过程的分析，这也使学生问题意识的产生失去了很好的机会。再者，尽管教师把问题作为教学的出发点，教师、学生适时提问、反问，并由教师指导学生讨论答疑，最后总结，这种形式虽然具有启发性，但如果提出的问题不是关键性的，不富有挑战性，不能激起学生已有认知结构与当前研究课题的认知冲突，就会流于形式，这也会消磨学生问题意识产生的积极性。

增强问题意识其实是提高学生发现问题的能力，使学生的思维保持一定的敏锐性，头脑像一个张开的网，随时处于"猎取"信息、追索缘由、产生奇思妙想的状态。正因为如此，爱因斯坦曾指出："提出一个问题往往比解决一个问题更重要，因为解决一个问题也许仅是一个数学上的或是实验上的技能而已，而提出新的问题、新的可能性，从新的角度去看旧的问题，却需要有创造性的想象力，而且标志着科学的真正进步。"

◆示　例

孙双金刻意培养学生的问题意识[②]

在教学《天游峰的扫路人》一文时，孙双金老师从学生的视角建构了"问题群"。学生提出了许多问题：扫路人是谁？天游峰的好山好水不写，为什么去写那个不起眼的扫路人呢？游人感到累，为什么老人却说不累呢？为什么一杯茶就把作者和老人的心灵沟通了？作者两次写到老人的外貌，为什么不合在一起写呢？作者为什么要说 30 年后再去看望老人？老人能活到 100 岁吗……面对这么多问题，孙老师不急于回答，而是这样处理的：

① 欧阳文. 学生无问题意识的原因与问题意识的培养. 湘潭大学学报（哲社版），1999（1）.
② 周一贯. 焕发儿童生命的光彩. 人民教育，2011（22）.

　　师：老师遇到难题了。同学提了这么多问题，接下来的课该怎么上呢？谁帮我想个金点子？

　　生：我觉得可以先让同学们自己解释，然后您再讲评一下。

　　师：一个接一个地理解，那十个问题下来——你们说这是什么点子？

　　生：银点子。

　　生：我觉得您可以和我们一起学，一起来解开这些谜团。

　　师：这是什么点子？

　　生：馊点子。（生笑）

　　师：一个接一个地解决太费时。谁能用比较少的时间把这篇课文学好？

　　生：我觉得应该先进行小组讨论，不懂的问题再向老师请教，这样可以节省时间。

　　师：这是什么点子？

　　生：铜点子。

　　生：可以把这些问题中的几个合在一起，然后再读书解答。

　　师：把一些相近的问题合在一起，把问题归类后再讨论，这是什么点子？

　　生：（齐）这是金点子。

　　……

　　通过寻找问题的"相似点"，师生把许多问题合成了两个问题：①游人爬天游峰感到十分累，为什么70岁的老人却说不累呢？②作者为什么不写3年后去看老人，而说30年后再去看老人，老人能活到100岁吗？

　　这一案例充分说明了以情启智、借智激情的过程中，可以有效地实现"主体"与"主导"的互动相生，一方面师立足于"导"，使学生拥有了很大的自由度，不仅问题由学生提，而且在众多问题中归纳出了"主问题"；另一方面，学生处于"主"位，但不影响师的"导"亦有方。生本课堂在这里有了两个突破：一是让学生在自读课文之后大胆质疑，并且随时把问题写在黑板上，让学生解放思想；二是启发学生归纳这些提出的问题，从而培养了去粗取精的能力，其选择过程就是一个再思考、再认识的过程。教师让学生"出点子"比优劣，使大家体会到了课文中"思想的眼睛"在哪里，"情感的聚焦"又在何方，从而引出欲罢不能的冲动。这无疑是一种润物无声的教学境界。

2. 形成教学模式

　　我国研究者指出，"问题解决"教学在我国某些地区实施的历程，已经或正在经历如下三个发展阶段：以"问题"导学为特征的"问题解决"教学的探索阶段；以"问题连续体"的运用为特征的"问题解决"教学的规范阶段；以自由创造为特征的"问题解决"教学的重构阶段。由于"问题解决"教学在各个地区或学校的发展很不平衡，这三个发展阶段实际为"问题解决"教学的三个存在状态或体现的三个水平。[①]

"问题解决"的教学模式包含了一大类的教学活动的形式，如国外的"发现学习"、"探究学习"以及建构主义的"支架法"、"抛锚式"等。国内的"自主探究学习"、"综合实践学习"、"主题教学"、"引导发现法"等都可以归入这一大类。

"问题教学"有多种源头，也有多种谱系，例如，有人就认为苏联学者马赫穆托夫是问题教学理论的创始人之一。这里主要讲与杜威的"做中学"、"五步思维法"等相关的"问题教学"。

杜威的教学法源于他对学生"经验"的重视，他的教学法大体可以认为是一种"以经验为中心"的教学。基于"经验"的考虑，杜威对传统的"活动原则"做了修正并使之转化为"问题教学"。在《我们怎样思维》和《民主主义与教育》等书中，杜威解释了"问题教学"的基本步骤：暗示（情境）——问题——假设——推理——用行动检验。[②]

第一，学生要有一个真实经验的情境，要有一个对活动本身感到有兴趣的连续的活动。

第二，在这个情境内部产生一个真实的问题，作为思维的刺激物。

第三，他要占有知识资料，从事必要的观察后，再解决这个问题。

第四，他必须负责地、有条不紊地展开他所想出的解决问题的方法。

第五，他要有机会和需要通过应用检验他的观念，使这些观念意义明确，并且让他自己发现它们是否有效。

这五个步骤后来被那些提倡"发现学习"或"探究学习"的研究者广泛引用。

◉ 示　例

让学生带着问题思考
——让乒乓球鼓起来

师：同学们，先请大家设法帮我解决一个问题好吗？（出示三个踩瘪的乒乓球）谁能帮我使这三个踩瘪了的乒乓球重新鼓起来？

生：我能。

师：用什么法子？请先说说打算。

生：我先把瘪乒乓球放入杯子里，然后倒入热开水，乒乓球被热开水一泡就会鼓起来。

---

① 陈爱苾. 课程改革与问题解决教学. 北京：首都师范大学出版社，2010：85.
② ［美］杜威. 民主主义与教育. 王承绪，译. 北京：人民教育出版社，1990：174.

师：真行吗？请你上讲台试试。

（学生泡乒乓球，并将鼓起来的乒乓球拿给老师）

师：还有一个呢？

生：鼓不起来了。

师：仔细看看，是什么原因？

生：（仔细观察后）剩下的这一个，因为有了裂缝，所以鼓不起来了。

师：为什么有裂缝就鼓不起来了呢？

生：乒乓球里受热的气体可以从裂缝处跑走。

师：真是这样吗？假如我不相信怎么办？

生：（想说又说不清楚……）

师：当别人不相信，那你就拿"事实"给他们看，我先帮你设计一个实验。

师：（演示）我把这个盐水瓶比作乒乓球，这瓶口便可当作"裂缝"。再用一个气球套住瓶口，然后浸入热开水中，如果瓶里的空气受热后真的会从瓶口挤向气球里，气球就会因此而鼓起来，是吗？

生：是。

师：（烧开水，气球果真鼓起来）事实怎么样？

生：事实证明了我们的想法是正确的，气体受热，体积会增大。

师：那么，我们还能换个角度再提出这些问题来研究吗？

生：将瓶放入冷水中，瓶里的空气受冷后会减少吗？

师：提得好，我们先提出一个假设怎么样？

生：空气受冷后体积会减少，鼓起来的气球因此也许会瘪下去。

师：说得好，尤其是用了"也许"这个词，充分体现了这仅是一个"假设"。但是，光有假设不够，还应当设计一个实验来证实。谁能设计？

生：我能。（将瓶往冷水盆里浸，不一会气球果然瘪下去）事实证实了我们的假设是正确的：气体受冷后，体积会缩小。

教师归纳并板书：物体的热胀冷缩

动眼——发现问题；动脑——提出假设；

动手——实验验证；动口——得出结论。

3. 培养创造品质

在教学对话中重视问题解决的学与教，对培养学生的创造品质极富意义。吉尔福特把创造性心理品质分为：对问题的敏感性、流畅性、灵活性、独创性和再定义能力。塔夫脱和吉尔克里斯特认为，具有高创造性潜能的个体一般表现出如下特征：爱提问题；喜欢以其独特的方式做事；喜欢独自工作；手边有什么都要做一番尝试；活跃的想象力；具有通过多种途径思考，达到一个目的或解决一个问题的能力；新颖观念的产生；毫无限制地表示可能存在的不一致的意见；喜欢并情愿冒风险；具有一种强烈的幽默感；对美的敏感性；不随和，对细节缺乏兴趣；对社会的可接受性缺乏注意。

此外，美国学者托兰斯所研究的创造性人格的特征排在前几位的同样也是发问方面的：对于困惑的情境好发问；好奇；假设；猜测。

我国学者对创造型儿童的一般人格特征的研究成果，也同样证实了好问是创造型儿童的突出特征。董奇曾经说过："旺盛的求知欲是创造型儿童的典型特征，他们从小就好奇、好问，爱追根究底，表现出浓厚的探求和学习知识的兴趣，时常到着迷的程度。"[①]

（三）思维的发展

杜威讲过："只有在思维过程中获得的知识，而不是偶然得到的知识，才能具有逻辑的使用价值。"思维"基于知识"而又超越了知识。[②] 知识是对某种已经存在、已经决定过的事情的了解和"知道"，因而知识是没有自由的；而思维则是创造，是对尚未发生的事情做出决定，因而思维是自由的。而且，知识和思维之间并非完全对等的关系，知识经验的积累对思维能力所起的作用并不全是积极的，过分地依赖知识，又会限制和阻碍思维能力的发展。[③]

1. 丰富思维内容

思维是运用已有的知识、经验去认识新事物，获得新知识，解决新问题的过程。一个人的知识经验的丰富程度与思维能力的高低有密切的关系，但也不是任何知识的获得都有助于思维的提高。知识要有助于思维必须很好地组织起来，成为一个结构严密的系统，这种知识具有更加概括的性质，更科学的表达形式，因而能够使人在更大范围内加以运用，促进思维的发展。正是从这一点出发，美国心理学家布鲁纳提出了学生要掌握学科的基本结构，苏联心理学家赞科夫也提出了理论知识在小学教学中起主导作用的原则。

教材内容直接影响学生的思维活动。不同性质的学习材料为各种类型思维的发展创造了不同的可能性。反映事物逻辑联系的材料，如几何定理的证明，要求学习者按逻辑规则进行概念的运算、推导，也就是进行逻辑思维；反映事物间函数联系的材料，如物理规律的阐述与应用，要求按事物内在的规律联系进行思维，这种思维也叫做科学思维；文学、艺术的材料则为形象思维创造了

---

① 王桂亮. 论创造性发问品质的培养. 教育研究，2001 (12).

② ［美］杜威. 我们怎样思维・经验与教育. 北京：人民教育出版社，1991：53.

③ 郅庭瑾. 为思维而教. 教育研究，2007 (10).

更大的可能性。根据一定教材而提出的学习任务的不同，也要求学生进行不同形式的思维活动。例如，同是学习一篇语文课文，如果提出的学习要求是根据课文的叙述，想象自然的景色、人物的言行和故事情节的发展，那么，学生进行的主要是形象的思维；如果提出的要求是分析文章结构和中心思想，那么这时就要进行抽象的思维。可见，教师可以充分利用材料的内容和学习的课题去锻炼学生的思维，并且应给自己的单元教学规定思维培养方面的具体目的。①

◈示 例

调动学生主动思维的积极性②
——美国教育心理学家布鲁纳列举的一个教学范例

教师在班上展示一幅空白的地图，地图上只有这个地区的河流、湖泊以及自然资源的标志。他要求学生指出在这个地区主要城市应该位于何处，铁路应该建在哪里，主要公路应该怎样分布，并规定思考这些问题时不能查阅课本和地图。在学生都写出答案以后，就开始讨论。在讨论中儿童力图证明为什么主要城市应设在他所指定的位置，铁路为什么要通过那些地方。经过一场热烈的辩论，教师才打开挂在墙上的地图，让学生查对。查对时，有的学生兴奋地喊道："呀！芝加哥就在我指的那个湖畔。"而另一个学生则回答说："嗯，是呀，但是芝加哥在河流方面的位置是不利的，它应该位于已经有一个大城市圣路易的那个地方才好。"这样，每个学生都在积极地思考着，地理知识在这里是通过合理的推理活动来学习——大城市的位置要在有水、有自然资源、有货物通过那里可以运送的地方。而后来的查阅地图、阅读课文则成为查对与改进自己思考结果的手段。这样的教学也叫发现教学（从学生的角度来看叫"发现学习"），它能调动学生思维的主动积极性，培养发现的兴趣与态度，使所学的知识牢实并能用来理解其他地区的同类现象，更重要的是促进了学生思维的发展。

2. 习得思维方法

思想方法、逻辑规律是比较抽象的，不是任何年龄段的儿童都能自觉地、有意识地加以掌握。起初，学生只能结合各种知识的教学，通过经常听取教师合乎逻辑的讲解，或在教师引导下一次又一次地应用某些思想方法去获得新知识的过程，逐渐地熟悉这些思想方法和规律。例如，掌握一个新的概念，要经过分析、综合、比较、抽象、概括的过程；学习一条定理或规律要应用归纳法去论证或应用演绎法进行推导；解答一道应用题要经过明确问题、分析条件、

---

① 章志光. 心理学. 北京：人民教育出版社，1986：201.
② 章志光. 心理学. 北京：人民教育出版社，1986：202.

确定题目性质、提出解答方案以及演算、验证等步骤。在教师一遍又一遍有意识的引导下，学生就能熟悉各种思想方法，并从不自觉地应用这些方法逐渐过渡到自觉地加以应用。根据一位苏联心理学家的调查，如果教师不是有意识地指导学生掌握正确的思维方法，那么，即使是到了八年级，多数学生对分析、综合、比较、抽象、概括等有关思维方法的概念还缺乏明确的认识，当然也不能准确、自觉地加以运用。可见，教学中有意识地帮助学生掌握思维方法、培养逻辑思维能力是很重要的。

在强调培养逻辑思维能力的同时，也应该培养直觉思维的能力，使之相互补充、相互联系。

3．训练思维品质

思维品质是指智力活动特别是思维活动中智力与能力特点在个体身上的表现，体现了个体的思维水平、智力与能力的差异。

深刻性是指思维活动的抽象程度和逻辑水平，以及思维活动的广度、深度和难度。它表现在善于深入地、逻辑清晰地思考问题；善于把握事物的本质和规律；善于开展系统的、全面的思维活动；善于从整体上用联系的观点认识事物，掌握知识和严密地推理论证。灵活性是指思维活动的灵活程度，反映了智力和能力的"迁移"，具有四个显著特点：一是思维的方向灵活。善于从不同的角度、不同的方面去思考问题，善于应用不同的知识，用不同的方法正确地解决问题。二是思维的过程灵活。从分析到综合，从综合到分析，善于组合分析问题。三是思维的结果灵活。思维的结果具有多样性、灵活性和合理性的特点。四是迁移能力强，对知识和方法能够有效地正迁移。批判性是思维活动中善于严格地估计思维材料和精细地检查思维过程的智力品质，具有分析性、策略性、全面性、独立性和正确性五个特点。敏捷性指思维活动的速度。独创性即创造性思维，表现为善于独立思考，善于创造性地发现问题和解决问题，具有独特性、新颖性和发散性的特点。

思维的五个品质，全面反映了学生的思维能力，在知识的教学过程和学生的学习过程中，训练学生的思维品质是培养学生能力的突破口，从而为课堂教学中促进学生以思维能力为核心的智力的发展提供了科学的理论和有效的操作方法。[1]

◈示　例

把学生引向高质量的思维[2]

下面的湛江一中的作文课中的讨论及作文，是教师有意识地教学让学生从

---

[1]　林崇德，胡卫平．思维型课堂教学的理论与实践．北京师范大学学报·社会科学版，2010 (1)．
[2]　钟和军，钟世焯．给传统教学一个有力的支点．信息技术教育，2003 (2)．

"就事论事"、"就事论理"到"借题发挥"，就这样层层递进，有效地提升了学生在作文上的"深刻"和"有创新"的层级。

讨论1：钟老师给高二（1）班的同学讲述一则寓言故事：甲、乙、丙、丁四人外出郊游。甲发现一只野鸭，乙立即举枪射下野鸭，丙飞快地把野鸭捡回，丁主动把野鸭收拾干净并烧成美味佳肴。最后四人共享丰盛的晚餐。问：若要重奖贡献最大者，重奖当属谁，理由何在。于是学生们纷纷发表意见并阐述理由，结果"重奖丁"的观点占了绝大多数，理由是：他的工作最具奉献精神和最有价值，如果不是他把鸭子拔光了毛并调味制作，大家就无法吃上烤鸭。

讨论后的作文中，钟老师发现没有提到"重奖甲"，而钟老师认为应该"重奖甲"，因为"发现"才是最重要的啊。于是钟老师又组织了第二次讨论。

讨论2：课堂上，钟老师说："关于'鸭子'故事的讨论，大家意见都统一了吗？还有没有别的看法？"有学生提出"重奖乙"，理由是：如果没有他那一枪，鸭子怎么也掉不到地上，所以说他的工作起到了决定性的作用。但坚持奖给丁的同学马上进行反驳，于是争论又趋激烈，观点开始分化了！

讨论3：有名同学指出："应该感谢甲的眼——慧眼，感谢乙的手——枪法准，感谢丙的脚——跑得快，感谢丁的心——主动热情。若要说吃到这佳肴最少不了的还是乙哦，所以乙该重奖！"钟老师具体指导了如何提炼观点和陈述理由的方法，同学们的争论也就更加激烈和精彩了，这一次几乎所有观点的支持率都相同。

钟老师感到学生们的讨论越来越深入了，但支持"发现"观点的学生还是不多。钟老师感到，需要让学生明白"事实说话"。诺贝尔奖是一个权威性的奖项，钟老师让学生上网或到图书馆去查阅有关诺贝尔奖的资料，然后再来讨论，他们可能对"发现是最重要的"会有新的理解。资料显示，诺贝尔奖"给在……方面作出最重要发现或发明的人……而使人类社会在……方面取得了重大突破或获得最大利益的人"。

讨论4：学生通过资料的查询，思维受到触动，观念开始转变。赞成重奖甲的学生多了很多，有的学生说："其实，发现是一种能力，一种机敏，一种飞跃。发现问题就等于成功的一半。生活需要发现，工作需要发现，科研需要发现，即使是学生学习也需要发现。发现促成发明，发现引发创新，发现可以使你逼近规律。即使是普通人，在日常生活中有所发现，也会乐趣倍增，甚至能提高其生存的质量。"……讨论后，学生们"借题发挥"，佳作甚多。

这次作文教学活动，由一般的讨论发展到高层次的思维学习活动，师生的互动交流到达了一个崭新的境界。学生起初只能"就事论事"，即"因为……所以……"（如"因为乙的贡献最大，所以该重奖乙"）。在教师的指导下，学生能够从故事中提炼出基本观点，进入了"观点提炼"、"就事论理"的新层次。其后教师再指导学生在网上或图书馆查阅资料，充实并支持自己的观点，即达到了用"事实说话"，甚至是"借题发挥"的更高思维层次。在作文教学中由材料分析入手到提炼观点，然后再运用事实论证充实，这样的学习活动对于提高学生的思维能力和写作能力帮助很大。

二、能力培养的重点

能力是潜在于个体身上，通过完成某种身体活动，或心理活动，或学习活动所表现出来的心理特征。它有三层含义：一是个性差异特征；二是内潜的个体特征；三是表现在某种身心活动或学习任务中。[①]

《基础教育课程改革纲要（试行）》提出："要改革课程实施过分强调接受学习、死记硬背、机械训练的现状，倡导学生主动参与、乐于探究、勤于动手，培养学生收集和处理信息的能力、获取新知识的能力、分析和解决问题的能力以及交流与合作的能力。"分析一下上述的要求，可以归纳为重点发展三方面的能力：思维能力、实践能力和创新能力。

（一）思维能力

能力大体可分为两大类：一般能力和特殊能力。一般能力即智力或认识能力，是从事各种活动的基础；特殊能力则是指向特定活动的能力。

思维是智力和能力的核心，也是教学中师生最主要、最本质的活动。

教学活动是教师教的活动和学生学的活动的有机统一。对于学生学的活动来讲，不论是明确学习目的、感知学习材料、理解所学知识、掌握学科方法、迁移运用知识、反思学习过程，还是提出问题、分析问题、解决问题、师生互动、生生互动等，其核心活动都是思维。对于教师教的活动来讲，明确教学目标、了解学生基础、进行教学设计、创设教学情境、组织教学活动、反思教学过程等，其核心活动也是思维。教育的重要目的是培养学生的思维能力。科学的教学理论都将促进学生积极思维、发展思维能力作为课堂教学的核心。[②]

1. 激发思维积极性

学习作为一种有意识的自觉活动，它是由多种心理因素构成的。按照心理活动对学习所起作用的不同，我们可以把这些心理因素分为两大类：一类是进

①　顾明远主编. 教育大辞典·教育心理学. 上海：上海教育出版社，1990：221.

②　林崇德，胡卫平. 思维型课堂教学的理论与实践. 北京师范大学学报·社会科学版，2010（1）.

行智慧操作的认知因素——感知、记忆、思维与想象方面的因素，也叫智力因素；另一类是引导、推动和维持认知活动的意向因素，也称作非智力因素。

教育改革的实践，使人们越来越注意学习中的认知活动与意向活动的相互依存和相互转化——认识的积极化固然依靠以需要为核心意向的主导，而认识活动的展开也可以唤起、激发并创造新的需要与意向。因此，教育心理学家更倾向于在统一的学习活动中通过强化认识过程本身去引起、维持和激励学习的意向，更注意认知需要、智力情绪之类的内发性动机。

苏联教育家巴班斯基在谈到"教学上的感情刺激方法"时说："艺术性、形象性、鲜明性、趣味性、惊奇、精神上的感受可以使一个人情绪兴奋。情绪兴奋可以激励人积极地对待学习活动，这是形成认识兴趣的第一步。"他建议教师采用激发学生认识兴趣的心理效应的方法来唤起学习的意向，例如内容、形式和方法的"新颖效应"，不同看法的"冲突效应"，出乎意料的"惊奇效应"，等等。

◈示　例
用"故事"启示学生

一位生物科任老师在讲授"遗传的基因自由组合规律"前，引入一段幽默话语：大文豪萧伯纳才华横溢，但人长得瘦，谈不上英俊潇洒。有位漂亮的电影演员，非常爱慕萧伯纳的才华，并以书信方式向他求婚，其中写道："亲爱的萧伯纳先生，如果我们结为夫妇。生下的孩子会像你那样聪明，像我这样漂亮，那我们是世界上最幸福的人……"萧伯纳回信道："尊敬的女士，这万万不可，假如孩子像我这样丑，像你那样笨，那我们不就是世界上最不幸福的人吗？"学生大笑。这段话语耐人寻味，本课学习的主题与范围已经蕴含其中，需要在本课中解决的问题也已明确暗示，这就为基因自由组合规律教学奏鸣了序曲。

用"问题"抓住学生

上海市特级教师于漪这样叙述她教《孔乙己》一课的导入：我教《孔乙己》这篇文章，就在导入课文前设计了两个悬念。我说："凡是读过鲁迅小说的人，几乎没有不知道孔乙己的。凡是读过《孔乙己》这篇小说的人，几乎没有不在心中留下孔乙己这个遭到社会凉薄的'苦人儿'的形象的。据鲁迅先生的学生孙伏园回忆，鲁迅先生在他自己所写的小说中最喜欢的是《孔乙己》。鲁迅先生为什么那么喜欢《孔乙己》呢？孔乙己是怎样的一个艺术形象？鲁迅先生运用了怎样的鬼斧神工之笔来塑造这个形象？我们仔细学了这篇文章以后，就可以得到回答。"接着我又提出第二个悬念："过去有人说，古希腊的悲剧是命运的悲剧，莎士比亚的悲剧是主人公性格的悲剧，而易卜生的悲剧是社会问题的悲剧。人们看了悲剧往往流出了同情的泪水或感到很悲伤。而读了《孔乙己》这篇小说，我们的眼泪不是往外流，而是感到内心的刺痛。那么孔乙己的悲剧又是什么样的悲剧呢？"这样在导入新课时，两个悬念就紧紧抓住了学生。

2. 走进最近发展区

培养能力的课堂教学不仅要适应学生现有的发展水平，而且要学生超越现有的发展水平，使学业成绩、认知能力、个性品质都能齐头并进。因此，优质的课堂教学必定是"走在发展前面的教学"。

苏联学者维果茨基主张实施"走在发展前面的教学"。他在分析学生课堂情境中的差异时提出，人类认知过程在个体和群体两种水平上可能表现出不同功能。进一步说，维果茨基认为，至少应确定儿童的两种发展水平：第一种水平是儿童现有心理机能的发展水平（儿童实际的发展水平）；第二种水平是在成人的指导和帮助下所达到的解决问题的水平（儿童潜在的发展水平），也就是通过教学所获得的潜力。根据这两个发展水平的学说，维果茨基运用"最近发展区"这一概念，其意指认知发展的真实水平（由独立解决问题所决定）与认知发展的潜在水平（由在成人的指导下或与其他更能干的同龄人合作解决问题所决定）这两者之间的距离。

为了促进学生认知特别是思维的发展，教学应当紧靠学生的最近发展区，通过挑战性的任务，必要的提问建议和指导，合作性中的交流与互动等等举措，让学生通过"跳一跳摘下桃子"的思维紧张和意志努力，发挥出自己的潜能，实现从现有发展区向最近发展区的跨越。

◈示　例

引领学生"跳一跳摘桃子"
——巧设计，促对话

教师教课堂如何通过巧设计、促对话，使学生"跳一跳摘桃子"值得思考。对于这一问题，笔者在教学《在马克思墓前的讲话》时做了一点尝试。

《在马克思墓前的讲话》开头是这样写的："3月14日下午两点三刻，当代最伟大的思想家停止思想了。"以下是教学这部分内容的实录：

师：写马克思逝世，作者用"停止思想"，而不用"逝世"，这是为什么？

生：因为作者是马克思的挚友，对马克思的逝世悲痛万分，在这样的场合自然不宜用"逝世"之类的词。

师：那如果改用"与世长辞"呢？

生：也不行，"与世长辞"太书面化了。这是一篇讲话稿，用口语化的词好一些。

师：能注意到课文的文体特点，很好。那改为"停止呼吸"或"心脏停止跳动"，行吗？

生：还是不行，如果用"停止呼吸"或"心脏停止跳动"，就只是写出了马克思的生理死亡，仅此而已。而"停止思想"不仅含蓄地写出了马克思的死，并且点明了死者的身份——当代最伟大的思想家。

师：看来，这句话确实值得琢磨。这样写不仅委婉含蓄地写出了马克思的死，而且表明了死者的身份，流露了极其悲痛的心情。请看下面两个句子："（1）经过 23 年的青春年华，过早地写下了他生命的休止符；（2）他是在知心的观众、欢迎的掌声和殷切的期待中，落下生命之幕的。"同学们说，这两句最有可能出现在哪种人的悼词中？

生：第一句可能是音乐家，第二句可能是演员。

师：你们是怎么知道的？

生：第一句从"休止符"可以看出这个人与音乐有关，第二句从"观众"、"落幕"等词可以看出悼念的人是个演员。

师：非常好。第一句是写音乐家聂耳之死，第二句是黄宗英写演员赵丹之死的。这两句都用了与课文一样的方式传达出死者的身份及作者的哀悼之情。2005 年 10 月 17 日 19 时零 6 分，文坛巨人巴金逝世，请你仿照这种写法，用一句话来形容巴老的离世。

（3 分钟后）

生：这位文坛巨匠为他生命篇章的第 101 页画上了永久的句号。

生：2005 年 10 月 17 日 19 时零 6 分，巴老为他的人生"激流三部曲"画上了圆满的句号。

生：在谱写了 101 个春秋后，这位历尽沧桑的老人永远地把笔留在了几案上。

生：文坛执笔巨匠，搁笔长明灯下。

笔者设计换词比较、猜说逝者身份、仿写句子三个教学环节，目的是促使学生与文本深入对话，透彻理解这句话是"怎么说"的。具体地说，笔者把"停止思想"换成"逝世"、"与世长辞"、"停止呼吸"等词，就是要让学生关注"停止思想"这个对话点。引导学生在此对话点上与文本对话，让学生明白应怎样与文本对话——换词比较。学生在换词比较中与文本展开了对话，并从关注文本"说什么"转向了关注文本"怎么说"。笔者设计猜说逝者身份的教学环节是让学生体认并强化对话的结果。仿写句子的教学环节是让学生创造性地表达对话成果。其实，学生猜出死者身份，仿写出适当的句子，就说明学生已与文本展开了充分对话，并取得了积极的对话成果，透彻地理解了文本。

［摘自：语文建设，2006（12），张建国］

3. 展现思考路线图

对于任何一门学科而言，过程方法的知识与概念原理的知识都是两类不同的知识，前者表征该学科的探究过程和方法论，后者表征该学科的探究结果。两者相互作用、相互依存、相互转化。什么样的探究过程和方法论必然对应着什么样的探究结论或结果，概念原理体系的获得依赖于特定的探究过程与方法论。另一方面，探究过程和方法论又内在于概念原理体系之中，并随着概念原理体系的发展而不断变化。不同学科的概念原理体系不同，其探究过程和方法论也存在区别。学生要真正理解和掌握知识，就不能不从知识的来龙去脉中去领会知识的真义及其发展路径，也不能不在用知识攻坚克难、解决问题的作为中体味其方法。因此，在学习知识的活动中注重展示过程与方法是一种"水到渠成"的教学艺术，是引导学生进行认知学习和智慧运作的一种"示范"和训练。

第斯多惠曾说过："不好的教师奉送真理，好的教师教人发现真理。"有时，"过程"比"结论"更有意义：它能唤起探索与创造的欢乐，激发认识兴趣和学习动机；它能展现思路和方法，教会人们怎样学习；它能帮助我们建构进取型人格，通过"效能感"完善"自我"。它对于实施素质教育所要求的"智育"，展现知识的产生和发展过程具有十分重要的意义。

◈示　例

展现思考的过程

教师提出一个问题：用一条线段等分长方形有多少种分法。

教师就这个课题讲了一个童话。大意是：从前有两个小朋友请求动脑筋爷爷帮助他们聪明起来；老爷爷拿出一块长方形的纸板说："这叫'智慧之板'，许多人都靠它学会了动脑筋，有的还成了大发明家。"小朋友听后争着要这块板。老爷爷又说："谁能画一条直线把这块板分成大小一样的两部分，而且想出十种以上的分法，我就把它送给谁。"两个小朋友开始只能想出两三种办法，后来果真想出了十种以上的分法；他们得到了这块智慧之板，并渐渐聪明起来。

小学生听过童话之后，都感到这个课题有趣而跃跃欲试，并且争先恐后地到教师那里领取长方形纸，热情地投入了解题活动。

开始，他们只能依据经验直观地思考，如用上下或左右折叠的方法分成两个相等的长方形，或连接对角线分成两个相等的三角形。而后，他们分析作业，发现分割后的图形都是相同的形状，于是又试着画斜线分成两个相等的梯形，再往下找出其他划分法就比较困难了，学生就停手沉思起来。这时候教师稍稍启发说："把已经发现的各种方法的等分线集中画在一起想一想，说不定可以发现新看法。"然后利用幻灯把上述划分法的线段依次重叠地投射到银幕上。

通过观察、综合思考，学生很快便发现"所有的线段都交在一点上"这个共性，于是他们惊叫起来："啊！通过这一交叉点的直线，都可以把长方形分成大小一样的两半"，"现在别说十种以上的分法，要分多少种就有多少种。我们能发现这一点，多么好啊！"儿童体验到创造性活动的愉快，乐意继续探求新知识。这时，教师提出"等分线不是直线行吗"，"如果不是长方形，能用这个办法吗"等问题，学生带着这样的新问题，又进入了更深层次、更富于创造性的思考。

（二）实践能力

在心理学中，实践能力的众多研究都集中在实践智力上。美国心理学家斯滕伯格对实践智力的研究最为深入，他认为"实践智力是一种将理论转化为实践，将抽象思想转化为实际成果的能力"①。

我国学者认为，实践智力并没有真正回到实践的本义上来，因此提出，应把实践定位于在认识指导下的问题解决的过程，将实践能力定义为，保证个体顺利运用已有知识、技能去解决实际问题所必须具备的那些生理和心理特征。实践能力就是对个体解决问题的进程及方式上直接起稳定的调节控制作用的个体生理和心理特征的总和。个体实践能力以其解决问题的层次和质量为衡量指标。②

1. 唤起实践动机

实践动机是指由实践目标或实践对象所引导、激发和维持的个体活动的内在心理过程或者内部动力。泰勒（Taylor，J. A.）等人研究发现，适度的动机有助于提高完成工作任务的效率。实践动机是人类实践活动的前提，对于个体的实践活动具有激活、指向、维持和调整的功能。实践动机能够推动个体参加实践活动，促使个体将认识转化为实践；实践动机能使个体的实践活动指向一定的对象或目标；实践动机有助于个体维持其进行的实践活动。实践动机主要由实践兴趣、实践的成就动机和实践压力构成。

实践兴趣是个体从事实践活动的心理倾向。实践兴趣一旦形成，个体就会对实践活动产生积极的情绪体验，实践兴趣也会随着实践活动的顺利进行而不断被强化。实践的成就动机是个体希望从事对他有重要意义的、有一定困难的、具有挑战性的实践活动，在活动中能取得完满的优异结果和成绩，并能超

---

① ［美］斯滕伯格. 成功智力. 吴国宏，等译. 上海：华东师范大学出版社，1999.
② 刘磊，傅维利. 实践能力：含义、结构及培养对策. 教育科学，2005（2）.

过他人的动机。实践成就动机强烈的个体在实践中有很高的目标，愿意接受挑战，即使对实践对象本身没有特别的兴趣，也会尽力做得很出色。实践的成就动机对个体实践的效果有重要的作用。实践压力指客观环境对个体施加的参与实践的要求，它迫使个体从事实践活动。实践压力具有一定的外在性和情境性，它不是个体内在的心理需要，但可以转化成个体内在的实践动机。

在实践动机的三个方面中，实践兴趣和实践的成就动机占主导地位，实践压力也可以激起个体的实践活动，但是它唯有转化成实践兴趣或者实践的成就动机时，才具有维持个体主动参与实践的功能。[①]

◈ **示　例**

用示范引发学生践行的兴趣

教"山羊分腿腾越"时，教师把这项技术的完整动作要领，以编成"三字经"的形式进行讲解并结合演示，既有一定诗意又生动有趣，激起了学生的兴趣。其动作要领是："快速跑，一阵风；上踏板，用力蹬；体前跃，伸臂撑；大分腿，肩猛顶；空展体，如燕飞；膝弯曲，落地稳；要机智，须果断；越山羊，永攀登。"

示范时，除了注意动作要正确外，还要努力做到形神兼备。如给学生做原地掷铅球的动作示范时，巧妙地借助手势、姿态、步态，对"蹬、送、抬、挺、撑、推、拨"的动作要点，进行一连串的形象动作演示，最后通过神态体现出"爆发式"的出手动作。这种形神兼备的示范，既能激起学生的兴趣，又可以帮助学生尽快地理解动作要点和建立清晰的运动表象。

用练习促进技能的形成

●新学知识及时练。教师在教完一个新概念或新法则之后，应及时针对概念的本质特征选择一些习题让学生练习。练习题要求针对性强。如教完方程的概念后，应针对方程概念的两个本质特征：①含有未知数；②等式，设计一些题目让学生判断哪个是方程，哪个不是方程，为什么。为体现针对性，教师可做"诱错"性练习。如教完小数四则计算后，可设计 $(2.5-2.5\times0.5)\div0.5$ 让学生练习。

●易混知识对比练。对于易混的概念，教师要善于引导学生用对比的练习方法来认识知识间的联系与区别，让学生发现知识间的同中有异、异中有同之处。如"数的整除"单元的各种概念是相互联系的。通过练习，既有利于理解知识，又有利于分清混淆。因此，教师可提出一些似是而非的说法让学生辨别。如：①15是倍数，3是约数；②1是质数，2是合数；③奇数都是质数。

---

① 刘磊，傅维利. 实践能力：含义、结构及培养对策. 教育科学，2005（2）.

●相关知识结合练。数学知识的系统性很强。教师在讲解一个新知识后，应把与此相关的旧知识结合在一起，选择练习题让学生练习，促使学习的正向迁移，把新旧知识连成片，串成线，形成知识网络。减少单一的练习时间，提高综合运用知识解决问题的能力，如在带分数的加减法法则教学时，可让学生用类比分数加减法进行练习。

●主要知识加强练。对教材中的一些重点的、难点的、关键的知识，教师应在题目的数量和质量的选择上下工夫。一般来说，在讲了一个新的重要概念之后，应选择一些比较简单的基础习题用以增强学生对新概念的理解。然后在此基础上，由浅入深，由易到难，循序渐进地设计一些稍复杂的习题，以培养学生分析和解决问题的能力，提高学生的数学素质。如为了使学生在用比例解应用题时能正确运用数量关系式："速度＝路程÷时间"及"工作效率＝工作总量÷工作时间"，可选用形式不同但实质不变的两道应用题让学生分别设未知数，列出比例式求解。

2. 获得实践技能

技能实际上是一种专项实践能力。它依赖于个体的一般实践能力，包括问题情境的感知、机体运动、交流和一般工具的使用等。技能虽然是一种经过练习而形成的活动方式，但它始终有认知因素的参与，按照苏联心理学家列昂节夫的活动理论，活动是由定向——执行——反馈三个相互联系、循环往复的环节构成，而这些环节只能在认知和元认知的调节控制下展开。

技能的掌握要重视"知"与"行"的联系。我们知道，技能是经过练习而获得的、使某种活动得以顺利进行的动作方式。任何技能的形成都有其规律。首先，要掌握某种技能，必须领会这种技能的基本知识，弄清它的本质意义和适用范围，了解其组成要素和操作程序及要领，这是技能形成的基础。其次，技能总是在练习与应用中形成和发展的。如果说，京剧演员的唱、念、做、打等基本功和他们在戏台上的一招一式，都是经过长期苦练而成的，也只有通过实践的磨砺、锤炼，各种技能的抽象和概括，才能为人所理解和"内化"，逐渐转化为个体的经验系统。

掌握技能还要处理好"学"与"练"的关系。就技能的来源而言，技能既表现为个体的经验，又是人类经验的结晶。它植根于个体经验，又不是个体经验的简单描述，而是在千百万次经验的基础上，经过反复筛选和实践检验而高度概括化、系统化的理论系统。它既源于经验，又高于经验，是个体经验与人类经验、理论与实践相结合的产物，反映了多样性与简约性的统一。因此技能需要"学"。技能的熟练运用要经过选择活动方式和练习。练习必须具备以下三个条件：第一，有明确的练习目的。只有这样，才能加强练习的自觉性，使练习经常在意识的控制下进行调节和校正，练习效果才能逐步提高。第二，要了解练习的结果。通过练习结果的反馈，才能知道如何去调整和纠正动作，也才能将动作控制于意识之下。第三，反复训练，才能使活动方式达到熟练的程度。

3. 介入实践情境

情境实践能力是实践能力的一项构成要素。它是指实践者面临具体情境中的具体问题时，在综合考虑自身（包括动机、一般实践能力基础、专项实践能力水平）和环境条件的匹配关系后，做出行动决定并具体实施的能力要素。在真实的情境中提出解决真实问题的要求和条件，是提高学生实践能力的关键环节。

在具体情境中解决一个真实问题是非常紧张而复杂的过程。因为真实的问题往往受诸多条件的影响和制约，要求实践者具备相应的实践动机、一般实践能力因素、专项实践能力因素。有时候，问题是什么、问题解决的条件甚至目标状态都是含糊不清的。有些问题很紧迫甚至棘手，实践者能否解决问题以及问题解决的质量对其自身具有十分重大的影响。因此，实践者将自身能力与具体情境条件的关系进行分析，在此基础上采取行动的情境实践能力因素对于个体的实践能力具有决定性的影响。

情境实践能力因素需在反复实践的基础之上，才能最终达到实践者对自身能力与具体情境关系的评估非常贴切，对实践过程中各环节可能遇到的困难做出详尽的预案，在实践中能瞬间对突发的问题做出准确的判断和决策。在教育领域，教育者应向学生提供各种丰富、真实的问题情境，让他们在切实解决问题的过程中，锤炼其情境实践能力因素。就此，国外学校曾做了大量有益的尝试。另外，在教育和生活中，时刻会凸现出多种多样真实的问题，如果合理加以利用，它们都可以成为培养学生情境实践能力的教育契机。[1]

◆示　例

放错地方的资源——垃圾[2]

学生虽然对生活垃圾有不同程度的认识和了解，但是在中小城市，整个居民的环境意识差，生活垃圾对生活、工作的影响大；而学生基础不均衡，家庭条件悬殊。所以，在设计教学活动时，教师们结合当地的教学资源和学生实际，决定采取开放性可选择的学习方式，让学生依据自己的实际情况来研究探讨"垃圾——资源"的关系。

"调查取证环节"是为了引导学生收集垃圾，认识垃圾那么多的原因。我们以往的做法是帮助学生设计好调查表，让学生以小组为单位到自己所在的家

---

① 刘磊，傅维利. 实践能力：含义、结构及培养对策. 教育科学，2005（2）.
② 华国栋. 差异教学策略. 北京：北京师范大学出版社，2009：326—327.

庭和小区去调查，完成调查表。而本次活动为了能让学生更加充分地认识到垃圾的来源广泛，亲身体验垃圾对我们生活和学习的影响，教师决定帮助学生根据自己的家庭条件选择适合自己的调查取证方式来完成调查表格上的内容。如有的同学家有数码相机，就可以利用数码相机来拍摄自己所在家庭和小区的垃圾来源情况；有的同学家有摄像机，就可以采用摄像的方式把垃圾现状展现给大家；有的同学家庭条件不允许，就可以通过样本采集的方式把相关的垃圾带来，让小组都来直观感受垃圾来源的广泛。通过开放可选择的学习方式，给学生展示了一个立体的自由的空间，学生主动学习和自主学习的意识增强了，不再是被动地完成调查表来应付作业。调查活动的结果是资料充实，大量的数据和充分的图像、实物给学生最直接的视觉冲击——垃圾的量一下子便在学生眼前呈现出来。这种来自学生自己手头的材料最真实也最具有说服力、感染力，达到了相互的教育和自我教育的目的。

　　"个性化的展示"彰显了学生多元智能的特色。在深入研究的过程中学生明确了垃圾是可以利用的资源，是可以为我所用的。教师引导学生利用手头的一些资料来搞创意，为了能开发学生的多元智能，教师没有对材料的选择以及设计方案做出任何暗示和规定，而是让学生依据自己的爱好、优势、特长来选择材料，设计利用的思路。同样的一张破挂历纸，在不同的小组的设计中，呈现出不同的思路：有的同学擅长绘画，就设计出一幅粘贴画；有的同学擅长手工就制作出了一个个精致的笔筒和宝塔……

　　"创新实践显奇才"——在"我为社区献计策"环节，我们指导学生把课堂上形成的"垃圾是资源"的意识应用到实践中去，帮助家庭和社区设计垃圾处理、利用方案。由于实际运用中学生能力的差异可能会造成不同的效果，所以我们在活动前就建议学生在实际运用中一定要发挥自己的特长，能绘画的可以为社区提供图画，能制作实物的可以把作品样本提供给相关部门，实在不行的也可以口述自己的想法，让他们结合自己的建议来施行。结果令老师们出乎意料，反馈的信息是孩子们的创意很有前瞻性，富有想象力。

　　在案该例中，利用社区开放的教育环境和资源，尊重学生的不同智能特点，引导学生自主学习探究，培养学生解决实际问题的能力，同时在此过程中提高了学生为社区服务的意识。

　　　　　　　　　（景新梅，杨绪松，山东省单县实验小学，六年级思想品德）

（三）创新能力

　　美籍奥地利经济学家熊彼德第一次将"创新"视为经济增长的内生变量引入经济活动，从而为现代创新研究奠定了基础。他给创新定义了三种层次的要素：创造当然是创新，但再次发现和重新组合也是创新。因此，创新能力不仅包括创造力，也包含了"再次发现"与"重新组合"的能力。

　　根据时代的变革性特点和我国建设创新型国家的要求，强调素质教育是培养学生创新精神和实践能力为重点的教育，这正反映了我国教育与时俱进的一种取向。创新教育，是指通过对中小学生施以系统的教育影响，使他们作为独立的主体，能够着手发现、认识有意义的新知识、新事物、新思想和新方法，掌握其中蕴含的基本规律和相应的能力，为将来成为"创新型"人才奠定基础。

　　从当前的情况看，我们必须意识到教育在培养创造性方面的责任。1972年，联合国教科文组织国际委员会提出一份报告——《学会生存》，告诫人们："人的创造力，是最容易受文化影响的能力，是最能开发并超越人类成就的能力，也是最容易受到压控和挫伤的能力。"并由此警告说："教育具有开发创造精神和窒息创造精神这双重力量。"

　　1. 好奇心与想象力

　　好奇是儿童的一种天性；好奇心蕴蓄着一种创造的趋力，教师要十分珍视它。保护儿童的好奇心与求知欲最好的办法就是给予呵护和鼓励。其实，在我们的课堂上，经常会遇到学生对某一问题产生异议、困惑甚至出现争议的现象，这恰恰是引导学生展开想象和创造的契机。在这个时候，就需要教师充分展现自己的教育智慧，恰当引导，适时点拨，激励学生对问题作出大胆猜测，甚至是奇"思"妙"想"，必须充分利用想象力这一最富创造性的认知因素。

　　古罗马教育家普鲁塔克认为，儿童的心灵"不是一个需要填满的罐子，而是一颗需要点燃的火种"。心理学的研究也表明，鼓励学生大胆猜测、奇"思"妙"想"是培养学生的探究兴趣以及开发智慧潜能的教学良方。当然，学生们的想法也许是巧妙的、奇特的，也许是幼稚的、平淡的，甚至是错误的。这些都不重要，重要的是教学要有意识地引导和鼓励学生自己去思、去想、去问。

　　有时，我们也可以运用新颖的信息，造成耳目一新的惊异感来刺激学生的好奇心。高尔基曾说过："惊奇是了解的开端和引向认识的途径。"爱因斯坦也说过："妨碍青年人用惊奇的心情去观看世界的那种学校教育，完全不是通向科学的阳光大道。"著名心理学家皮亚杰在他的儿童认知发展的研究中曾提出一个适当新颖的原则，他认为呈现给学生的材料与学生的已有经验既要有一定的联系又要足够新颖，能产生不协调和冲突（根据他的学说，冲突是认知结构重新组织和随后发展的基础），这样才能引起好奇心，激发认识兴趣，启迪思维。教学中适当提供与教材紧密联系的新奇有趣的材料，会收到出乎意料的效果。新颖的信息，还可能是一种起组织作用的"注意线索"，它能发挥对认知的引导作用。

◈示　例

鱼有耳朵吗

　　实验室宽敞明亮。实验桌上摆放着晶亮透明的玻璃缸，几条鱼在水里摇头摆尾，游来游去，孩子们在各自的桌旁七嘴八舌地议论着。

　　这是小学常识课"鱼"的一个教学片段。

　　生：老师，鱼有耳朵吗？（哄堂大笑）。

　　师：（十分赞赏地，肯定地）问得好！想想，如果鱼是聋子，它听得到声音吗？

　　生：我用铅笔敲敲玻璃缸，它好像一惊，很快游开了，证明它不是聋子。可是鱼儿明明没长耳朵呀！

　　师：那它靠什么感觉到振动的呢？

　　生：可能凭眼睛吧？

　　生：不大可能。鱼儿眼睛圆溜溜的，可是视力不大好。我拿铅笔戳它，它一眨也不眨。

　　生：这鲫鱼可能患近视眼了，怎么划亮火柴照它，它好像没发觉似的。

　　生：我把酒精棉球给它闻，它也没什么反应。

　　师：对，鱼的视力很弱，只能看到近处的物体。

　　生：我发现了！鱼鳃后面隐隐约约有一条线，你们看，是不是这条线呢？

　　生：我也找到了！跟书上画的一个样。

　　生：鱼的两边都有一条线呢！

　　师：（让孩子们用放大镜看）你们要仔细观察一下！

　　生：不是线，是一个个的小孔，长在鳞片上。

　　师：完全正确！这长在鳞片的小孔连成了一条线，叫侧线，它与神经相通，鱼儿就是靠它感知水流和振动的。不过，鱼也有耳，只是藏在头骨里面，我们是看不见的，它也有听觉哩！

　　生：老师，动物的耳朵大多长在头上，鱼耳为什么藏在头骨里呢？

　　师：这是不是与鱼的生活环境有关呢（鼓励课后继续研究）。

2. 冲突感与探求欲

　　黑格尔曾经说过："凡事追本求源，这是思维的一个普遍要求，一个特性。"在教学过程中，如果给出的新事实、观念和理论与学生原有的知识经验产生矛盾，就会出现"冲突感"。学生进入这种问题情境，会感到困惑，头脑中的概念在"打架"，这就激发他们探索的愿望，唤起学生的求知欲，教师只须稍加点拨，就会有水到渠成的结果。我们常讲的"认知冲突"，指认知发展过程中原有认知结构与现实情境不相符时在心理上所产生的矛盾或冲突。皮亚杰认为，顺应或调节是解决认知冲突的一种有效方法，即个体遇到新的情境条件下，原有认知结构不能适应现实环境要求时，他只能改变已有的认知结构以符合现实环境的要求。只有通过调节不断解决认知冲突，才能促使人的认知活动不断丰富和发展。

在课堂教学中，教师要根据课堂教学目标，抓住教学重点，联系已有经验，设计一些能够使学生产生认知冲突的"两难情境"或者看似与现实生活和已有经验相矛盾的情境，以此激发学生的参与欲望，启发学生积极思维，引导学生在探究问题的过程中领悟方法、学会知识、发展能力，主动完成认知结构的构建过程。

◈ 示　例

实验中引发的认知冲突

在一堂关于金属膨胀的课上，老师先让学生观察一个由两块不同金属合在一起的金属条，当用小火慢慢加热时，这个金属条开始向下弯曲。老师要求学生提出自己的看法，为什么金属条会这样。老师对学生的回答只说是或不是。当学生一致同意金属条加热变软以后，由于重力作用而向下弯曲时，老师把金属条反过来加热。这时学生发现金属条向上弯曲，并未下弯！紧接着的问与答引发了许多不同假设，直到最后只剩下合理的解释。此时，全班同学得出一个结论：金属受热膨胀时，不同金属的膨胀程度是不同的。

思维总是从问题开始的。由认知冲突而引发的问题情境，有利于引起好奇心与求知欲。这适用于各学科。

一位特级教师讲"摩擦力"

讲课开始，他提出个有趣的问题："把一个一吨重的铁球放在地上，一只蚂蚁能不能推动它？"语音刚落，学生大笑，齐声答："推不动！""如果地面非常光滑呢？""也推不动！"仍有几个学生不服气地说。陈老师没有笑，要大家再考虑。忽然有人醒悟过来："推得动推不动，不是看大铁球的重量，主要看它与地面摩擦力的关系……"老师肯定了学生的回答，并开始逐步引导学生研究推力与摩擦力的大小怎样影响水平方向的运动。

一个问题放在一种极端情况下来引起学生的思考，既制造了"问题情境"，又与物理的"理想化"思维方式相切合。这样的教学真是妙不可言。

3. 求异性与创造力

创新能力的基础是思维能力。特级教师李吉林认为："培养学生的创新能力，首先要培养、发展学生的思维能力。但这种思维能力，并不是传统意义上的循规蹈矩式的思维，一味注重抽象、概括、归纳、演绎的单一的逻辑思维，更不是由于长期追求统一答案而形成的定向思维。培养学生的创造性思维品质，通俗地说，就是引导、鼓励孩子们想得远些，想得快些，想得与过去不一样；也就是有意培养学生思维的广阔性、思维的流畅性以及思维的独创性。所有这些都需要给孩子一个宽阔的思维空间。所谓思维空间的"宽阔"，就是可以随意地想，甚至可以想入非非，想错了也无所谓，不受约束，没有规定，不需剪裁，让儿童的思维活动在无拘无束中自由自在地进行。①

实际上，很多题目难以找到甚至不可能找到标准答案，如作文题、论述题等。也有很多时候回答的可能不是最佳答案，但绝不是错误答案。多元化的标准此时更多地考查思考问题的独创性和合理性，而不是同标准答案的一致性。如果以标准答案苛求，稍有偏差就判为错，学生只能谨小慎微，按照课本做唯一的回答。如此，他们要用大量的时间背"标准"答案，必然限制了思考，限制了求异思维，扼杀了他们的创造精神。②

◈示　例

青出于蓝③

微风轻拂，草长莺飞，不知不觉，春天悄悄回到了校园。今天将要和孩子们一起学习杜甫的《绝句》，走向课堂，我不由多了几分莫名的欢喜。

上课了。

诗并不难解，课前又布置了预习，学生很快便在生机勃勃的春景中与杜甫展开了对话，"黄鹂、翠柳、白鹭、青天"，景如画、境如诗、情如歌，他们尽情地诵读、品味，我微笑着欣赏这一切，心中也低吟起来：……窗含西岭千秋雪，门泊东吴万里船。

"老师，我有个问题！"一个清亮的童音蓦地响起。

"哦？"我转过身，原来是调皮的祁昊，"那你说吧。"瞧他满脸问号，又有什么新发现？

"为什么杜甫不用'蓝天'，而用'青天'？"他一字一板道出了自己的疑问。

"啊？"我愣住了！

其他同学也一下子抬起头，看着我。说实在的，这样一首千古绝唱我吟读多遍，还从没想过这个问题，青与蓝，不是一样吗？

我定一定神，把球抛给他们："同学们，再读读诗，说说你的想法。"

琅琅的读书声再次响起，我的脑中快速翻腾着：蓝与青，一个意思吧？不过以前好像都用"青天"，现在才有"蓝天"吧，对不对呢？又怎么跟孩子们说？怎么办！那一瞬间，我真没了主意。再看看学生，嗨，有几个已经举起了手。好，先听听他们的意见！

读书声慢慢小了下去，举手的多了，相互还挤挤眼睛，一副志在必得的模样。

"谁先讲？"话没说完，有几只手就到了我鼻子跟前。

①　李吉林. 教育的灵魂：培养学生的创新精神（下）. 人民教育，2001（10）.

②　臧铁军. 中小学考试改革研究报告. 中国教育科学（2002）. 北京：人民教育出版社，2003：475.

③　冷玉斌. 青出于蓝. 现代教育报，2004—04—16.

王政开了第一炮:"老师,'青天'和'蓝天'都是天,两个意思差不多。"

这不等于没说吗?几个同学笑了出夹。

孙奕推推眼镜:"老师,我查了字典,'青天'就是蔚蓝的天空,这儿用青天省了好几个字,写诗就要字少!"

哈,"孙氏诗论",蛮有意思。

刘志远笑着站起来:"春天到了,草儿茂盛,连天空也是草儿的颜色——青色,自然就是'青天'!"

好见解,"天空也是草儿的颜色",多美、多纯!

祁昊自己也有了想法:"我想'青天'还有'光明'的意思,以前不是有'包青天'吗?杜甫想到了光明,就用了'青天'。"

联想很棒,真是个机智的孩子!

平时总是静静思考的陈羽佳也说话了:"老师,我读给你听,你觉得哪一句好听?"

她声情并茂地将"一行白鹭上青天"与"一行白鹭上蓝天"对比着读给我听,高下立见,我拍拍她的肩,由衷地说:"你比老师还会感受!"

我望望全班:"还有要说的吗?"

"我、我!"哦,差点忘了,还有个易马莹,我示意由她来讲。

她冲我笑笑,胸有成竹:"我知道,'青出于蓝而胜于蓝',春天到,天空这么蓝,杜甫心情特别好,他就用'青'了!"

多妙的说法,都看到了杜甫心里!

讲台上的我已不需要再关注到底是"青"还是"蓝",我看到的是他们个性的展现、真情的流露、创造的蓬勃,原本只是一个近乎"无厘头"的问题,没想到经过他们童心的演绎,竟然能如此精彩与绚烂!细细聆听他们一个个绝妙的说法从口中——不,是心中——流出,我的确沉浸在巨大的喜悦中,孩子,你们才是真正的"青出于蓝"呀!

三、能力发展的途径

我国学者在分析能力的实质与结构时提出,[1]作为能力实质的那些个体经验,必须对活动进程及其方式具有稳定的自我调节功能。它是在活动中形成和发展,也只有在活动中得以体现。要解决能力实质问题,必须依据活动结构理论对活动进程及其方式进行具体分析。

为了确定能力的基本构成要素,首先应研究活动及活动的结构。通过分析

---

[1] 冯忠良. 结构化与定向化教学心理学原理. 北京:北京师范大学出版社,1998:147.

活动自我调节机制的心理要素及其关系，从而才能在整体上把握能力的结构。

（一）投身活动

"活动"的英文形式为"activity"，它源于拉丁文"act"，其基本含义为"doing"，即"做"。苏联心理学家列昂节夫把它定义为"被共同目的联合起来完成一定社会职能的各种动作的总和"。[①] 依据列昂节夫的活动理论，可以认为，自觉的活动是主体在一定条件下，从满足一定的需要和实现一定的目标出发，采取一系列动作，作用于活动对象，使对象发生合乎目标变化的过程。所谓动作，乃是主体对客体的作用。动作有两个特点，首先，任何动作都指向对象，因而动作具有对象性。其次，任何动作都是由主体发出的，因而动作具有主体性。所谓活动，也可以说是主体为了满足一定的需要，实现某种目标，而作出的一系列动作过程。

1. 情知意融合

叶澜教授在分析"活动"的构成时提出，"从活动结构的角度看，人的各种水平的生命活动都由活动主体需要、客体对象、目的、内容、手段与工具、行为过程，结果及调控机制等要素构成。从活动水平的角度看，人的生命活动由三个层次构成。最基础的层次是生理水平上的个体生命活动；第二个层次是心理水平上的个体生命活动；第三个层次是社会实践水平上的个体生命活动"。[②] 可见活动涉及人与外部世界的相互作用，涉及个体生活的不同层面。从这个意义上说，课堂教学一定要促使学生全身心的参与和投入。

新课程的实施要"倡导学生主动参与、乐于探究、勤于动手"，因此应尽力推动学生自觉"卷入"到课堂的教学活动中来。心理学的研究指出，只有设法使学生"卷入"任务之中，才能达到激励内在动机的目的。我国的研究者在国内外相关研究的基础上，对"学生参与"做了深入的研究。研究提出，可以把学生在教学过程中的参与定义为：学生在课堂教学学习过程中的心理活动方式和行为努力程度。学生参与主要包括了三个基本方面：行为投入、认知投入和情感投入。行为投入是指学生在课堂中的行为表现；认知投入是指学生在学习过程中的思维水平与层次（这些层次是通过学习方法表现出来的）；情感投入是指学生在教学过程中的情感体验。[③]

◆示　例

发挥活动的整合性

为了使学生形成"在一定温度下，物质在水中的溶解是有一定限度的"的

---

① ［苏］列昂节夫. 活动、意识、个性. 上海：上海译文出版社，1980.

② 叶澜. 教育概论. 北京：人民教育出版社，1999：227.

③ 孔企平. 数学教学过程中的学生参与. 上海：华东师范大学出版社，2003.

认识，教师在教学过程中，以白糖水这一学生熟悉的溶液为情景素材，提出：如果一直向水中加白糖，白糖都能溶解吗？为了探究这一问题，教师组织学生以小组为单位，进行实验探究。每个小组先设计实验方案，然后记录每次加入白糖的质量，直到白糖不再溶解为止。通过该实验，学生得出了"常温下白糖在水中的溶解是有一定限度"的结论。接着，该教师又提出：其他物质在水中的溶解是否也有一定的限度呢？教师仍组织学生以小组为单位，选择一种化学物质进行探究。有的小组选择了食盐（NaCl），有的小组选择了硝酸钾（KNO_3），有的小组选择了氯化钾（KCl）。实验结束后，每个小组都进行了汇报，分别得出了"常温下食盐、硝酸钾、氯化钾在水中的溶解是有一定限度"的结论。紧接着，教师又提出，根据这些实验事实，你能得出什么结论。通过讨论，学生得出"在一定温度下，固态物质在水中的溶解是有一定限度"的结论。

在这个案例中，教师所设计的三个探究学习活动，其中，前两个是实验探究活动，后一个是讨论探究活动，并且采取了小组合作学习的方式。这样的设计和组织，与课标"以小组为单位开展探究活动"的要求是吻合的，是值得提倡的。学生通过探究活动不仅学习了"一定温度下物质在水中的溶解是有一定限度的"的知识，而且学习了探究实验的设计方法，经历了实验操作、实验观察、实验记录、实验分析、实验报告等一系列实验探究的过程；同时，对如何更有效地进行合作学习、探究学习有了新的体会，体验到了实验探究活动的乐趣和活动成功的喜悦。正是教师设计的三个探究学习活动，将"知识与技能"、"过程与方法"和"情感态度与价值观"三维目标有机地整合起来，从而使促进学生科学素养发展的目标落实，效益最大化，最大限度地体现了科学探究活动整合性的价值。

2. 口手脑并用

如果说，"活动"的基本含义是"做"，那当然可以通俗地称为"动手、动口、动脑"。著名教育家陶行知先生说："单单劳力，单单劳心，都不算是真正的做。真正的做须是在劳力上劳心。"所以口手脑并用才能有效掌握知识，发展能力。事实上，获得知识的过程是一种"经验活动"。正如美国教育学家索尔蒂斯所说："知识不仅仅是头脑和书本中所包含的东西，还包括我们参与社会生活时动手操作与行动中所包含的东西。"① 所以，学知识与学做事应当成为一体，建立一种在"做中学"和"学中做"的操作结构。

口手脑并用在有效教学中是有机统一的。苏联教育家维果茨基、列昂节夫的活动理论认为，行为、言语、意识本来就是统一的。心理学大师皮亚杰也指出："我们的各种认识形式既不是来自感觉，也不是来自知觉，而是起源于整

---

① 瞿葆奎，主编. 教育学文集·智育. 北京：人民教育出版社，1993：100.

体行为，知觉在这一整体中只起着信号作用。"皮亚杰把获取知识的活动分为两种——以内在心理活动为特点的"逻辑运算"和改变客体的"经验活动"，并且认为正是这两种活动"构成了我们科学知识的起源"。所以，在现实的活动中，人的内心活动同行为操作是相互联系和相互作用的两个方面，它们统一于同一活动的过程中，而语言是其中的载体和调节因素。

◆示　例

教学"水能溶解的一些物质"

教学流程示意图

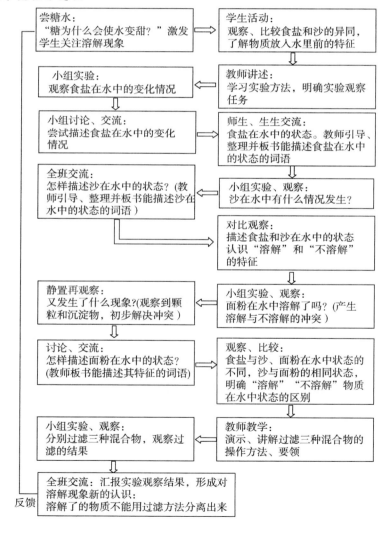

在这一课的教学过程中，导语、实验、观察、讨论与交流、结语形成概念等活动都尽量做到结构严密，层次清楚。而且在交流汇报对实验观察、分析的结果的过程中，我尽量把说话权让给学生，让更多的不同层次的学生表达自己或本小组对溶解过程中的现象，以及对"溶解""不溶解"的理解的描述，倡导小组内和全班交流活动中对认知形成过程的相互补充。教师既是一个耐心的聆听者，又是一个睿智的引路人，对学生的描述进行合理的及时的修正、质疑、追问、肯定、概括，直到民主地形成全班性的共识，帮助学生初步建构起"溶解"的概念。我特别注意在师生、生生的交流活动中聆听各层次的学生对学习活动的认识，抽取学生有价值的语言描述进行肯定性的评价，并加以引导、概括，适时地、有顺序、有结构地板书出来，而且用红色的粉笔把描述"溶解"的词语反映出来，以强化学生对知识概念的理解与掌握。课后的调查说明这是一个不错的方法。

（蒋铭赋，成都市新都区谕享小学正德实验学校，四年级科学）

3. 教、学、做合一

活动，特别是教学活动，本身就是教、学、做的合一。广义而言，"一个活动对事说是做，对己说是学，对人说是教"。[①] 知识、做事与做人是统一的，它的核心是实践。亚里士多德和杜威都赋予实践以内在善或内在目的的特征，能力的生成不能独立于实践活动。亚里士多德认为，实践就是善的实现活动，并且这个活动本身就具有善的品质。在善的实现活动中，我们逐步形成了支配自己进行选择的品质，一个人的实现活动怎样，他的品质也就是怎样，"我们通过做公正的事成为公正的人，通过节制成为节制的人，通过做事勇敢成为勇敢的人"。[②]

我国教育家陶行知先生特别强调"做是学的中心，也是教的中心"。他说："教学做是一件事，不是三件事。我们要在做上教、做上学。在做上教的是先生、在做上学的是学生。从先生对学生的关系说：做便是教；从学生对先生的关系说，做便是学。先生拿做来教，乃是真教；学生拿做来学，方是实学。不在做上下工夫，教固不成为教，学也不成为学。"陶先生提出的"教学做"合一，实在是医治我们课堂教学中只注重反复灌输、忽视让学生通过活动真正把知识变为自身精神财富并产生应用价值的一剂良方，同时也为我们建立新型师生关系提供了一个新的视角。

---

① 陶行知. 陶行知全集·第一卷. 成都：四川教育出版社，2005：106.
② ［古希腊］亚里士多德. 尼可马可伦理学. 廖申白，译注. 北京：商务印书馆，2003：36.

◆**示　例**

把教、学、做结合起来

　　北京市特级教师宁鸿彬在处理初中语文教材上有很独特的做法。如初中课文《人民解放军百万大军横渡长江》是不太好教的。由于这篇课文篇幅较短，一般只用一个课时进行教学。而在这短短的一课时之中，既要教这篇课文本身的内容和形式，又要教有关新闻的一系列基础知识，确实是时间紧、任务重。先讲新闻知识后讲课文，时间会不够用；先讲课文后讲新闻知识，也不轻松。怎样教才能又好又快呢？请看下面的教学实例：

　　教师宣布上课，提出并板书课题。在读课文之前，教师向学生布置了如下任务：读课文之后，请学生用三种方式表述课文内容，一是用一句话或一个短语说出这则新闻的内容；二是用一小段话说出这则新闻的内容；三是用一大段话或几小段话说出这则新闻的内容。

　　读课文之后，几名做答的学生竟不约而同，用一句话或一个短语表述时，用的都是本文的课题；用一小段话表述时，用的都是课文的前两句话；用一大段话或几小段话表述时，述说的都是全文大意。而且，对这几名学生的回答，全班学生一致赞同，毫无异议。简洁、鲜明地把所报道的内容告诉人们，这就是新闻的标题（板书：标题）。用一小段话简要地、概括地把所报道内容的梗概，在新闻的开头部分告诉人们，这就是新闻的导语（板书：导语）。用一大段话或几小段话具体地、翔实地把所报道的内容告诉人们，这就是新闻的主体（板书：主体）。标题、导语和主体，是一则新闻通常不可缺少的组成部分。学生频频点头，欣然接受。

　　（二）引导探究

　　素质教育突出强调学生创新精神和实践能力的培养，而学生创新精神和实践能力的培养需要学生的具体的探究活动来实现。新课程倡导学生习得自主、探究合作的学习方式，这些学习方式都是以"探究"为枢纽的。因为"探究学习"以"自主学习"为基本前提，一般意义上的探究学习过程往往也是学生自主学习和合作学习的过程。反过来说，真正意义上的自主学习和合作学习往往以探究学习的方式展开，而探究精神是贯穿于更新学习方式的内在条件。

　　探究精神是通过教学活动来实现的。"探究学习的重心或出发点在于学生方面，探索是学生的探究，教只是为学习服务，而不是要学服从教。因此，现有对探究教学的研究主要集中在探究学习上，把探究学习作为教的出发点"。[①]和传统的接受学习相比，探究学习具有更强的问题性、实践性、参与性和开放

---

　　① 靳玉乐. 探究教学的学习与辅导. 北京：中国人事出版社，2002：3.

性。经历探究过程以获得理智能力发展和深层次的情感体验，建构知识，掌握问题解决的方法，是探究学习要达到的三个目标。[①]

那么，培养学生的探究精神，课堂教学中应当做些什么呢？

1. 选择课题与设置情境

探究是围绕某一问题或任务展开的，因此，引导学生探究首先应选择好一个恰当的课题。靳玉乐教授曾经就两个问题做过回答，可供参考。[②]

问：教师是否应该在每一堂课中都进行探究教学？

答：不是的。事实上，许多教学方法都可以促进科学学习目标的实现。人人都知道，科学探究比其他学习方式要花费更多的时间，而且学生在校学习时确实没有足够的学时或天数通过探究来学习一切。教师面临的挑战是：如何明智地选取那些通过探究才能达到最佳效果的学习目标以及应组织什么性质的探究活动，其他教学策略则为实现另一些教学目标服务。

问：如果教师使用探究材料与教学方法，怎样才能完成全部教学内容呢？

答：不建议用探究获取所有科学知识，然而探究是促进深刻理解科学内容的重要途径，也是帮助学生发展探究能力的唯一方法，因此，仍需要解决完成的学习内容与采取的学习策略之间的矛盾问题。

教育工作者可以采用多种办法解决这个问题。他们可以重新考虑课程中所提出的教学要求，可悉心选择少数内容做重点，花较多时间进行探究教学；他们可以通过仔细分析课程要求，把多项学习目标综合到一个单元来完成；他们可以与其他年级的教师协调删除课程中一些常见的、且与加深理解无益的重复部分内容；如果他们讲授科学以外的内容，还可以把科学课的一部分内容放到这些学科中去完成，如将报告探究活动结果放到语文课中。

课堂中的探究学习，需要将所确定的课题置放在一个真实的任务情境中，以引发学生探究的愿望，激起他们探究的动机，教学中设置的"问题情境"，可以使学生产生"欲罢不能"的解决问题的探求欲，并试图采用种种办法来摆脱当前的困境。当学生面对一种具有挑战性的真实任务情境时，学生的内部潜能就会被全面地激发出来，各种探究的行为也自然指向关键问题的有效解决。

◆示　例

设计学习情境　引发探究活动[③]
—— 化学学习情境的设置

● 真实的化学学习情景。"真实"主要是针对化学学习情景素材而言的。

---

① 钟启泉，主编. 为了中华民族的复兴，为了每位学生的发展. 上海：华东师范大学出版社，2001：262.

② 靳玉乐. 探究教学的学习与辅导. 北京：中国人事出版社，2002：3.

③ 郑长龙. 义务教育化学新课程实施中的几个问题及思考. 课程·教材·教法，2012（3）.

所谓真实的情景素材就是自然、社会和生活以及科学技术发展中的具体、实在的事物和现象。这些事物和现象，可以是自然景观，如石笋、钟乳石；可以是身边的事与物，如身边一些物质的 pH；可以是社会问题，如酸雨的危害；可以是科技成就，如新型金属材料、STM（扫描隧道显微镜）；可以是化学史实，如氧气的发现。

●生动的化学学习情景。"生动"主要是针对化学学习情景素材的载体而言的。情景素材的载体实际上就是情景素材的呈现手段，主要有教学语言、化学实验、实物、图标、模型和多媒体等。例如，"当我们走进鲜花盛开的花园时，我们会闻到花儿的香味；当我们打开白酒瓶时，我们会闻到酒精的味道。从构成物质的微粒来看，这说明了什么呢？"这样的学习情景，是以学生熟悉的鲜花的香味和白酒的酒精味为素材，利用教师生动的语言来呈现的。在实际的教学中，经常是整合多种呈现手段来展示情景素材。例如，"圆明园是我国劳动人民用智慧和心血修建的皇家园林，其中收藏了许多精美的珍宝、图书和艺术杰作。修建圆明园时使用了大量汉白玉石材。1860 年 8 月，英法联军攻入北京，他们在园内大肆掠夺、破坏，到处放火。熊熊大火烧毁了所有的亭台楼阁。一些用汉白玉修建的宏伟建筑经大火焚烧，变成了碎块。（展示圆明园被烧后的图片）为什么那些坚硬的汉白玉石材经大火一烧就'粉身碎骨'了呢？"在这个学习情景中，教师以圆明园汉白玉建筑被焚烧为素材，利用语言和图片的手段来呈现情景素材。这样的情景，一方面使学生感到震撼，另一方面也为学生探究汉白玉建筑为什么一烧就"粉身碎骨"创设了探究氛围。

●激疑的化学学习情景。"激疑"主要是针对化学学习情景的创设效果而言的。之所以要创设化学学习情景，从根本上说，就是要激起学生的疑问，形成认知冲突，产生好奇心和探究欲，进而将疑问凝练成要解决的化学问题。学生的疑问越大，好奇心越强，探究欲越旺盛，说明所创设的化学学习情景的意义和价值越大。因此，课标要求教师应"努力创设真实而有意义的学习情景"。只追求"真实"和"生动"，而不能激起学生的疑问和探究欲，这样的学习情景不能被认为是好的、有意义的学习情景。需要指出的是，一个学习情景可能激起学生很多疑问，课堂上不可能将这些疑问都解决，因此，好的学习情景还应当有利于将学生的疑问聚焦在课堂上所要解决的化学问题上。

2. 提供支持与培养技能

教师对学生探究的支持表现在许多方面，如认可学生的探究行为并鼓励学生尝试，精心组织和引导探究的活动过程，指导学生寻找可供利用的资源，帮助学生排除学习中的困惑，提高学生分析、概括和提升研究结果的能力，重视学生研究心得的交流与成果的展示评定等等。

支持的重点在于引导。在学生的探究学习中，教师仍然是学生学习的促进者、组织者、指导者和咨询者，因此，对于探究的目标、探究的步骤、探究的方法、探究的组织以及探究中关键问题的解决都应当以"平等中的首席"的角色介入，多做些点拨、建议和帮扶的工作，甚至可以为学生的探究提供最必要的"脚手架"，如探究的问题单、学习报告单之类，逐步引导他们从教师辅助向独立操作过渡。

对于当代学生来说，探究是一种素养。探究既表现为一种欲求和意向，又表现为一种技能和技巧，探究最终会成为个体人格特征的一个组成部分。学生的探究学习是在强烈的探究倾向性主导下去习得的一种行为方式。提高学生探究学习的水平应当从培养探究学习动机和习得探究技能入手，有步骤地使外显的行为转化成为内在的素养。

◆示　例

《端午日》的探究学习①

学《端午日》这一课时，根据课文内容，我事先设计了几个题目：

① 沈从文其人其事；

② 端午节的来历；

③ 端午节的风俗习惯；

④ 湘西凤凰的美丽风光；

⑤ 沈从文的作品简介（《边城》、《长河》）。

确定这几个与课文有关的题目之后，我再对学生提出要求：

（1）5个学习小组按不同题目查找资料，每个小组推出一个发言人。

（2）在课余时间搜集和整理资料，不断分析和互相交流。

（3）拿出一节课的时间做小组汇总分析，一起确定所需要的信息，准备在下次"展示会"上展示。

这几个题目让学生很感兴趣，他们表现出了极大的热情。学生有的上网搜集资料，有的在图书馆待半天，有的跑到书店寻找自己所需要的东西。在这期间，我并不是对此不闻不问，撒手不管。因为学生在收集资料的过程中总会遇到各种各样的问题，我会很关注学生的进展情况，发现问题并及时帮助他们解决。

这样的准备使我看到了学生真我的风采。在展示会上，每个小组拿出的东西异彩纷呈：有关于沈从文生平的幻灯片，包括作家照片、故居图片、生平介绍等等；有介绍沈从文的故乡湘西凤凰的美景图，学生还把它做成了精美的PowerPoint形式展示，秀丽的青山、澄清的河水、古朴的吊脚楼、盛装迎新的苗家人，这让没去过凤凰的同学们叹为观止；有关于端午节来历和风俗习惯

---

① 王莹. 新课程下如何教好语文. 中国教师报，2003－02－19.

的详细介绍，让大家知道了端午节除了纪念屈原以外，原来还有其他的来历和说法，增长了同学们的见识；有学生自己做的和自己四处收集的与端午节有关的风俗饰品，如布老虎、线粽子，色彩艳丽，生动逼真；有对沈从文的两部作品《边城》和《长河》的详细介绍，以及学生自己对文章的透彻独到的感悟赏析。

3. 总结交流与点化提高

在探究学习中学生的"所得"，必然是社会性建构的结果。因此，学生应在认真分析和总结探索的基础上开展学习交流活动。教师还应鼓励和指导学生尽量把自己探究的成果展示出来，努力将它们迁移和应用到不同的情境之中。

在探究活动中，学生会有许多不同的看法和做法，教师要在保护学生探究热情的前提下加以点化与延伸：或肯定赞许，顺势拓展；或分析点拨，补充校正；或提出问题，促进深入。总之，教师要针对探究中出现的创意或矛盾，通过反馈与指引，让学生有收获，有进步，有跨越。

◆示　例
探究学习中的交流

交流是探究学习不可缺少的重要环节。在探究"影响蒸发快慢因素"的教学中，有一个小组选用了四块玻璃片，在玻璃片上各滴上一滴酒精，并将其中一片玻璃通过晃动增大液体的表面积，一片置于盛有热水的烧杯上，还有一片让同学用本子在玻璃片上方扇动，试图增快其上方的空气流动。结果他们发现这三块玻璃片上的酒精均比那一块没有经过处理的酒精干得快。这说明温度越高，表面积越大，上方空气流动越快，酒精蒸发得就越快。之后，其他学生针对这一小组的实验提出问题并进行交流。

通过这样的交流，可以激发学生的好奇心与探求欲，刺激他们的多向思维和创新热情，同时培养了学生倾听别人看法，修正自己不足的良好习惯，使他们在积极的互动中建构知识的意义。

（三）重视生成

《教育大辞典》对"生成"的解释是："强调学习过程是学习者原有认知结构与从环境中接受的感受信息相互作用、主动建构意义生成的过程。"[①] 生成的特征就是动态性、开放性、过程性、发展性。

从心理过程看，创新本质上是一种生成活动。只是因为生成产物有了适用性，才称为创新。这意味着，要想促进创新，就必须更多地引导生成活动，必

---

① 顾明远. 教育大辞典：第五卷. 上海：上海教育出版社，1992：1628.

须让学习者生成更多观念。反之，如果忽视生成与创新之间的蕴含关系，过多地关注生成带来的无意义思维产物，那么在抑制生成活动的同时就会窒息创新。事实上，发散思维之所以更容易带来创新，正是因为它要求"想出多个观点"、"想出不同观点"、"想出非凡观点"，从而使个体生成多种可能的问题解答方法；头脑风暴之所以被作为促进创新的手段，也正是因为它要求"延迟评判"、"提出尽可能多的想法"、"团体工作"而引发更多新观念的生成。①

1. 推行生成式学习

20 世纪 70 年代中期，维特洛克在阅读研究中明确提出生成学习（Generative learning）理论，率先把学习的关注点从信息贮存转向关系生成、从知识的结构特征转向理解的实质。维特洛克指出，学习并不是被动地接受和记录信息，而是主动地建构意义、解释经验；在阅读过程中，人们选择性地注意信息，并通过在新信息与已有信息之间建构关系来生成意义；这些主动、动态的生成过程，导致知识重组、概念重构，从而使得一些促进理解的有意义关系产生。在维特洛克看来，生成是理解的基本认知过程；良好的阅读与有效的写作一样，主要是通过在文本的各构成部分之间、文本与个人知识和经验之间建立关系而创造意义。

生成作为一种独特的学习过程，并非是无条件的。从内部条件看，生成首先必须有"素材"，亦即头脑中必须具备一定的知识基础。斯滕伯格指出，专家与新手相比更可能生成新颖、适当的问题解决办法，因为他们头脑中储备更多领域具体性知识，更容易进行"选择性编码"、"选择性组合"和"选择性比较"。其次，生成必须有动因。在大多数情况下，生成与动机性活动相关联。解决问题的需求、兴趣或动机，是有意识生成活动的主要动力。再次，生成必须有"空间"。过度的认知负荷会限制观念之间的成功关联。学生难以解答综合程度较高的复杂问题，就属于这种情形。

从外部条件看，生成通常是在问题情境的刺激下发生。在解决问题的过程中，个体头脑中如果没有现成知识可供提取应用，就需要生成新的观念或解答办法。阿基米德正是在检验皇冠含金量这一问题的驱动下，通过综合密度和浮力原理生成了解决问题的办法。此外，人际情境对观念生成也具有显著的助长作用。在人际互动的过程中，个体可能因为受到他人启发、激励或者为了展示自己观念的新颖性而生成更多的新观念。②

---

① 庞维国. 课程中的创新学习：生成论的视角. 华东师范大学学报（教育科学版），2009（12）.
② 庞维国. 课程中的创新学习：生成论的视角. 华东师范大学学报（教育科学版），2009（12）.

◆示　例

认识平行四边形

师：请同学们两人为一组合作研究一下平行四边形的边有什么特征。同时验证一下你们刚才的疑问："平行四边形的对边相等吗？"（这疑问是学生在观察导入中提出的）

学生们听清要求后，两人一组拿出教师提供的一张硬一些小一点的和一张薄些大一点的平行四边形纸卡，开始研究起来。

教师在巡视中发现学生们根据自己的优势，采取了好几种研究方法：

第一种：这种方法是用得最多的，有好几个组的同学都拿出直尺进行各边长度的测量，并一一把长度标在相应的位置上。

第二种：有一个组把平行四边形先按横中线对折，经过仔细观察交流后，又按竖中线进行第二次对折，很高兴地发现对边重合了。

第三种：有一组同学用硬一些的平行四边形纸卡比着在本上拓下一条上边，然后同下边进行对比，又拓下一条左边和右边对比。

第四种：这组同学用剪子剪下一条上边，与下边进行了对比。当她要剪下左边时，她的同桌制止了她，同桌用剪下的上边同右边比了一下，用铅笔做个记号，再与右边进行了对比。

学生的这些探究的过程，体现出他们各自的差异优势。展示出了学生不同的学习特色。丰富了学生的学习经历，活跃了学生的思维。

各组汇报：

师：各组汇报一下你们探究出的平行四边形边的特征，并说说或演示一下验证过程。

生1：我们是用尺子量的，上边和下边都是6厘米。左边和右边都是4厘米。我们得出对边相等的结论。（他们说完后，也有同学表示同意）

但有两个组的同学高高举起了手，一个学生站起来说："我们组得到的是对边不相等。"没等教师问，他就接着说："我们量的上边是6.1厘米，下边是6厘米。"他们刚说完就有同学举手说："差一毫米没关系的。""那也是差呀，也不相等。"师："你们认真的科学态度很值得我们学习，但就像那组同学说的那样，有时在测量时，会出现小的误差，这是容许的。"那个同学点了点头。

当有一个组汇报用折的方法验证对边相等的特征时，有的学生小声议论了一下。教师把他们中的一人叫了起来，问道："你们在议论什么？"学生说："我们觉得这种方法挺好的。""是的，虽然许多数学知识结果只有一个，但研究这个结果的方法很多。我们一定要多听同学发言，以拓宽自己的思路和方法。"

这时，又有一个学生说："我们组也用折的方法，但对边没重合。所以，我们认为对边不相等。"这个同学非常认真地说出了不同的结论。

教师看到他们只折一次，当然，对边没重合。但为什么第一次不重合？看学生们的表情，有些学生还真不知缘由，但教师没有过早干预。停顿了好一会儿，有几个学生举起了手。

生 1：不能折一次，再折一次，不就重合了。

（可那个学生仍露出不太明白的表情）

生 2：你仔细看，第一次对折后，虽然没重合，但多的部分，补到这边少的部分不就一样长了。

教师帮他把多的部分剪了下来，补在少的部分上，学生们恍然大悟了。

生 3：沿对折的线剪下来，再上下重合对比。

生 4：可以沿对角线剪下两个大小一样的三角形，再对比。（他边做边演示，还问大家明白了吗）

别说学生，连站在一旁的教师都觉得出乎意料，发自内心地评价道："你们能想出这么多好办法，帮他们找出了这样做的道理，真棒！"指着提出疑问的同学说："你更棒，是你的问题引出了这么多好方法。"在学生活跃的思维中，教师和孩子都很兴奋，下面对角的特征的研究学习就更顺利了。

教师只有在教学中尊重、了解并有效地组织、开发每一名学生的独特性，才能为学生间的差异资源提供共享的平台，利用他们的差异优势，使学生的思维活跃起来。本案例中，学生们充分发挥了自己在观察、操作、知识迁移上的优势，展现出多种验证方法，在交流中激发出不同层次学生的思维火花，相互渗透，资源共享。学生们不但掌握了自己的方法，也学会了其他一些方法，还有的学生在别人和自己方法的差异中找到别人的优势，在研究角的特征时用折和剪后再比较方法的人就增多了。本案例充分体现了因相似而整合思路，有差异而寻找优势。

2. 倡导生成性教学

当前，人们对于生成性教学的认识主要表现在教学哲学与教学方法两个层面。作为教学哲学，生成性教学不是一种具体的教学方法、教学模式，而是一种融教学价值观、认识论、知识观和方法论于一体的教学哲学。[①] 作为教学方法，生成表现在课前，指的是教师的"空白"意识，给教学活动留下拓展、发挥的时空；表现在课堂上，指的是师生教学活动离开或超越了原有的思路和教案；表现在结果上，指的是学生获得了非预期的发展。有学者认为对"生成性教学"的认识与探讨仅停留于"教学方法"层面，会导致教学的"唯生成性"

① 孟凡丽，程良宏. 生成性教学：含义与价值. 课程·教材·教法，2009（1）.

行为，其结果仍有使生成性教学沦为预成论的现实危险。① 实际上，任何一种教学方法同时也是一种教学哲学的反映，所以，我们不能把错误归咎为教学方法的认识层面。生成性教学既是一种教学哲学，又是一种教学方法，两者只是层次不同而已，并无优劣之分。

　　生成性教学的过程是动态的，然而其目的指向于"成"，即促进学生的认知发展。所以，生成性教学有三层含义：作为教学目标，指学生应达到的发展目标；作为教学原则，指教学要让课堂充满生命活力，激发主体活动的基本教学要求；作为教学方法，指学生在教师主导下以探究问题为导向而展开的探究、合作、对话等学习方式。三者存在于统一的过程，共同体现于生成性教学的课堂实践中。②

◆示　例

把"预设"与"生成"统一起来

　　这是特级教师林良富教学"用字母表示数"的片段。

　　当学生初步感知了用字母可以表示数后，媒体出示：

儿歌《数青蛙》

一只青蛙一张嘴，两只眼睛四条腿；

两只青蛙两张嘴，四只眼睛八条腿；

三只青蛙三张嘴，六只眼睛十二条腿……

　　教师：同学们个个都是编儿歌的高手，没有文字了还可以继续往下读。

　　学生：我发现儿歌中有一种规律，下句话和上句话比较都增加了 1 只青蛙，1 张嘴，2 只眼睛，4 条腿。

　　教师：哦，同学们用数学的眼光发现了这首儿歌中还有数学规律。那你们用 10 只青蛙来编一句儿歌。

　　学生：10 只青蛙 10 张嘴，20 只眼睛，40 条腿。

　　教师：我们一起再来编一句 100 只青蛙的儿歌。

　　学生：100 只青蛙 100 张嘴，200 只眼睛，400 条腿。

　　教师：你们发现了什么规律？

　　学生：我发现眼睛的只数是青蛙只数的 2 倍，腿的条数是青蛙只数的 4 倍，而嘴的张数与青蛙的只数是一样的。

　　教师：根据这个规律，我们继续往下编，能读得完吗？

　　学生：永远读不完。

　　教师：你们能不能运用刚才学到的本领，想个办法把这首儿歌读完？请试

① 李雁冰，程良宏. 生成性教学：教学哲学的分析视角. 教育发展研究，2008（8）.

② 张俊列. 生成性教学的兴起、失范和规范. 中国教育学刊，2011（6）.

着用含有字母的式子编写一句儿歌，编完后在小组里交流。

生 1：a 只青蛙 a 张嘴，a 只眼睛 a 条腿。

生 2：x 只青蛙 x 张嘴，$2x$ 只眼睛，$4x$ 条腿。

生 3：a 只青蛙 a 张嘴，$a \times 2$ 只眼睛，$a \times 4$ 条腿。

生 4：a 只青蛙 a 张嘴，b 只眼睛，c 条腿。

生 5：＿＿＿只青蛙＿＿＿张嘴，＿＿＿×2 只眼睛，＿＿＿×4 条腿。

生 6：n 只青蛙，n 张嘴，$n \times 2$ 只眼睛，$n \times 4$ 条腿。

生 7：n 只青蛙，n 张嘴，$n \cdot 2$ 只眼睛，$n \cdot 4$ 条腿。

教师：你们真厉害，想出了这么多办法，编写完了这首儿歌。大家觉得哪些编法既简洁又合理？你喜欢哪一种编法？

学生：我喜欢第二种编法。

教师：同意他的观点的请举手。与这种创编法接近的是哪几种？

学生：第三种、第五种、第六种、第七种。

教师：对第一和第四种有什么意见？

学生：我觉得第一种编法会使青蛙的只数、嘴的张数、腿的条数都一样多。

教师：你的意思是：在同一情境中，字母 a 一般表示的都是同一个数。如果 $a=1$，那么这首儿歌可以怎么读？

学生：1 只青蛙 1 张嘴，1 只眼睛 1 条腿。

教师：那是一只怎样的青蛙。残废了吧，所以，虽然读起来朗朗上口，但是具体情境中还不一定合理。对第四种创编方法有什么想法？

学生：用 b、c 表示眼睛的只数和腿的条数以后，就看不出它们与青蛙的只数之间的关系。

……

课在讨论中达到"预设"与"生成"的统一。

认真对待课堂中生成的新问题

著名生物特级教师朱正威举了一个讲青蛙捕食的数学案例。

有一次，在教初中动物部分"青蛙的捕食"时。一个在农村长大的学生问：为什么钓青蛙时不用鱼钩？这打断了朱正威按捕食时舌的运动过程进行的讲解。那么，索性让这个学生讲一讲钓青蛙的过程：先在竹竿上拴一根钓绳，不要钓钩，只要系上一个蚱蜢作饵，持竿在池畔草丛轻轻地抖动，青蛙就会吞住不放而被捉。在朱正威的引导下，学生们由此讨论起了以下三个问题：

一是青蛙为什么会咬住不放？这和青蛙的舌根在前、舌体折叠、舌尖在后的"卷舌"有关。朱正威告诉学生青蛙上颌有一对锄骨齿，以防止食物滑出，钓青蛙正是利用了与青蛙吞食有关的特殊结构。

二是为什么要抖动竹竿？这是模拟昆虫的跳跃，蛙眼对运动中的物体具有极强的识别能力，因此才有了仿生的电子蛙眼。

三是如何看待捕杀青蛙？这是一种应该受到谴责的行为，由于湿地的减少，青蛙的数量也在急剧减少，还出现了畸形的青蛙。这时候，朱正威便推荐学生阅读两栖类濒临灭绝的有关科学报告。

3. 采用生成的策略

在生成的视野中，课程包括两个层次：一是预设形式上的文本课程，它包括课程纲要、课程标准、教科书和教师的教案，这些都属于预设层次上的；二是在课堂上的生成课程，这是指教师和学生在课堂教学过程中，以文本课程为中介和基础，由教师和学生通过对话而共同建构起来的，它与文本课程的关系是交叉关系。也就是说，生成课程有一部分内容是文本课程所规定和计划好的，但生成课程包括了教师和学生在课堂教学过程中所建构起来的知识、方法、情感、态度和价值观。

生成性教学要求教学要成为儿童在场的探究实践；课堂成为师生共同探究、构建知识和共享观念的场所。认为知识是由学生自己生成的，学生是知识的现实生成者。一方面，学生是生成主体，即生成行为的承担者，学生必须亲历生成过程；另一方面，学生是生成结果的拥有者，生成结果存在于学生的内部结构之中。[①]

教学中不确定性的客观存在要求教学活动突破既定计划的限制而走向生成的天地。一般可采取两个维度的策略，通过迂回完成教学任务。

从学生维度说，从"先让学生开口"中生成——找准起点；从"巧用学生的话"中生成——由此及彼；从"妙用学生的错"中生成——因势利导（将错就错）；从"善用学生的问"中生成——顺势延伸；从"活用学生的题"中生成——趁热打铁。

从任务维度说，一旦课堂出现"预设意外"，教师不仅要沉着冷静，还要牢记围绕教学任务这个内核，调整预设，持续"生成"：一是伺"机"而动，价值引导；二是随"机"应变，顺应学情；二是借"机"施教，放大生成，从而实现"柳暗花明又一村"的效果。[②]

◆示　例

用引导与点拨促进"生成"

——只用一只蝙蝠，行吗？

教学"夜晚的实验"一课时，有个学生提出了一个意料之外的问题：斯帕

①　李伟. 教学生成：内涵阐释与特征分析. 全球教育展望，2006（11）.

②　林乐珍. 在生成与预设间寻求平衡. 小学教学参考·语文，2006（1—2）.

拉捷做实验时，用了很多只蝙蝠，我觉得蝙蝠们太可怜了，能不能少给蝙蝠带点伤害，只用一只蝙蝠，不行吗？

在他眼里，生命是平等的，任何人都不能随意践踏。可在我们成人眼里，这是一件多么微不足道的事情。

我语重心长地对大家说："生命没有高低贵贱之分，哪怕是一只小小的蝙蝠。那么，斯帕拉捷有没有考虑到这一点呢？用一只蝙蝠来做实验不也很好吗？请大家再好好读读课文，仔细想一想。"

学生们认真地读了起来，有几个学生还在下面小声地议论着。

"我认为只用一只蝙蝠是完全可以的。斯帕拉捷可以用很细的一根线拴住蝙蝠的脚，做完实验后，好好喂一喂，下次再用。"

"我不同意。用一只蝙蝠做实验是不负责任的做法。假如说做实验时，那只蝙蝠因为生病等其他原因跌落在地上，那实验的结果不就不准了吗？"

"选择多只蝙蝠做实验是对的，这样才能保证实验结果的科学性。"

"用一只蝙蝠做实验只是一个美丽的幻想，作为一个科学家绝不能感情用事！"

我接着学生的回答说下去："这么说，斯帕拉捷选择了科学，而放弃了对小动物的爱？"

学生们又陷入了沉思。过了一会儿，有几个学生陆续举起了手。

"我认为斯帕拉捷还是挺有爱心的。比如在考察蝙蝠是否靠眼睛来辨别物体时，他是把蝙蝠的眼睛蒙上，而不是把它们的眼睛刺瞎。"

"在下面的实验中，斯帕拉捷同样是堵住蝙蝠的鼻子和耳朵，而不是毁灭性的伤害。这同样令人感动。"

"是啊，我也觉得斯帕拉捷之所以伟大，不仅仅在于他发现了蝙蝠飞行的奥秘，给人类带来了巨大的恩惠，还在于他有一颗爱心。有爱的人才能成就一番事业。如果让我们来选择，结果也会是这样。因为追求真理和奉献爱心并不矛盾。这是伟大的精神财富，需要我们用一生来呵护、积累、沉淀！"我动情地说。学生们听得很专注，也很动情。

课后，我的心情久久不能平静。这节课令我畅快至极，不只是因为学生熟知了斯帕拉捷实验的前前后后，更是因为学生学会了聆听，懂得了爱。有爱才有教育。

（作者单位系江苏省邳州市八义集镇耿庄小学）

第四章　化解"优质轻负"的主要矛盾

　　提高教育质量是我国未来 20 年教育改革的中心任务。对于"质量",人们的界定主要是从两个视角来进行:一是从程度的视角,一般用优、差等来描述;二是从要求的视角,即质量必须满足给定的需求或期望。可见,"质量"就是指事物或活动的固有特性满足给定需求的程度。对课堂而言,其固有特性是培养学生,那么课堂质量就是指课堂中所培养的学生满足家长或社会需求的程度。[①]

　　提高教育质量常常要遇到减轻学生过重学业负担的矛盾。我国新时期的教育改革与发展以素质教育为主题。而全面实施素质教育必须切实纠正"应试教育"的倾向和加重学生负担的做法,认真解决教师教得很辛苦,学生学得很痛苦,但学生没有得到应有的发展,存在着教学效益低、差的问题。[②]

　　事实上,提高教育质量和减轻学生负担是辩证统一的。如果以加重学生学业负担、牺牲学生身心健康来提高学生一时的成绩,那绝不是"育人"的质量,不利于学生的学习与发展。真正的优质教学,一定是高效轻负的,充满魅力和继发效应的。

一、追求优质教育

　　优质的教育主要通过课堂优质化来实现。所谓课堂优质化就是指能够生成优质课堂文化和课堂关系、具有优质的课堂组织与教学,使课堂真正发挥多种功能、完成多重任务,最终使学生达到新课程标准的三维目标,并促进师生共同可持续、和谐地发展的过程。[③]

---

　　①　纪德奎. 课堂优质化:内涵诠释与特征分析. 全球教育展望,2009 (3).
　　②　钟启泉,崔允漷,张华.《基础教育课程改革纲要 (试行)》解读. 上海:华东师范大学出版社,2001:222.
　　③　纪德奎. 优质课堂研究的价值、进展与愿景. 西北师大学报 (社会科学版),2008 (2).

（一）满足学生发展的需要

教育需要是普遍性的基本需要之一，它的满足与人的发展和成长联系在一起，是为了人成为人，所以与教育相关的基本需要所要求的事物都是本质上具有内在善的特性。教育基本结构的存在与优化，就在于满足人的教育需要。教育基本结构对人的教育需要的满足，是由人的权利所要求的义务。依据教育的独特性，我们把人的教育需要分为三种类型。[①]

1. 学校安全与秩序的需要

学校生活的安全需要，是校园物质性的生命安全的问题。这是学校珍惜和爱护受教育者生命的底线，因此，也是判断一个社会的公共教育制度实践在保证学生的生命安全方面是否到位的一个底线。

学校生活的安全与秩序的需要，还表现在受教育者的安全感与秩序感方面。学生在学校中感受到与学校、教师之间良好、稳定的关系，感受到学校和教师对他的尊重、关爱、信赖和希望，他感到学校生活是舒心的、快乐的、安全的，没有恐惧的、温馨的，与他的心灵是接近的、相适应的，他就会具有安全感。这样的安全感，毫无疑问是受教育者心灵健全发展的条件。安全感与秩序感是联系在一起的。受教育者需要一个公正和明确的规则体系，并在其中得到表扬、鼓励、激励、承认和反馈，获得尊重和认可。秩序的需要意味着受教育者需要一个清晰的、公正的、合理的、人性的学校规范框架，这一框架是所有在学校中的人们（包括校长、教师、职员、学生等所有学校成员）共同遵守的。

所以，受教育者对秩序和安全的需要是向学校提出的要求，学校生活的各个方面都要有一种稳定的、可期望的公正性、规范性和确定性。

2. 学习与发展机会的需要

成长和发展的需要从根本上说是对教育的需要，或者说学习与发展机会的需要。对于受教育者来说，这种需要是通过学校教育获得发展和成长的机会、资源和条件，形成学校教育经验的需要；在学校中获得引导、指导和培育的需要；通过学校课程获得知识经验更新的需要；通过学业成就而获得自我表现和自我确认的需要等等。

每个人都有学习知识经验的需要，这是获得认识世界的基础。教育中的知识凝聚了人类所有的经验，学生可以学到人类的各种经验，如欢乐、痛苦、希望、挫折、成就、信仰、想象、实在、理念。所以，学习知识就是理解人类的精神。

[①]　金生鈜. 论人的教育需要. 中国人民大学教育学刊，2011（2）.

满足知识学习的需要是获得发展的重要方式，知识和经验养育受教育者的理性能力，打开受教育者的精神视野，让受教育者整体上把握目前的世界，获得在世界中行动和实践的理性精神与能力。学校教育所提供的学习机会和学习过程，其实就是丰富心灵、丰盈生活、扩展心胸和视野的过程，因为，知识本身与人类的精神（包括心智、情感、能力、德性、人格等）具有更内在的关系，知识本身对于培育个体的精神具有内在的价值。知识学习扩展人的存在境遇，提升人的存在价值，在这个意义上，学习机会需要是为了成为一种有价值的自由存在。

3. 价值感与精神的需要

价值感与精神的需要是一种具有教育意义的需要，也是内在的发展性需要，这种需要的满足直接与人的精神健全发展相关，与教育本质价值的实现相关。教育对这一类精神性需要的满足，有助于提升人的价值感，有益于丰富或完善人的人格精神。这一类需要往往被当作教育的条件或附属品，其实，这种精神性需要的满足，直接导向对人性的培育，是培养完整和独立的人的必需的内容，对人的精神成长具有重要意义，因此，他们是教育性的。

价值感与精神的需要包括：承认或认可的需要，自我价值得到肯定（自尊）的需要；人格尊严受到尊重的需要（不被当作工具，而当作目的）；友爱的需要；自我认同的需要（这依赖于他人的承认，依赖于自尊是否存在，依赖于自我价值的确认）；自主的需要（自由的需要和独立的需要）；等等。

（二）提供适合学生的教学

满足学生成长与发展需要，必定要求我们提供适合于学生的教学，因为学生的成长与发展不仅存在着年龄发展阶段的差异、个性特征方面的差异，而且他们的社会境遇、生存环境以及生活条件处于高度的"不均等"之中。从学生当下面临的困境来看，"不搞选择学生的教育，要办适合学生的学校"，已经成为当务之急。

当然，提供适合学生的教学，是有一定"底线"的。

1. 依循课程标准

课程标准作为国家对学生接受一定教育阶段之后的结果所做的具体描述，是国家教育质量在特定教育阶段应达到的具体指标。它具有法定的性质，因此它是教育管理、教材编写、教师教学、学生学习的直接依据。我们必须按照国家课程标准推进教学改革。

值得注意的是，本次课程标准修订积极回应社会各界对教育问题的关切，努力从儿童身心发展的特点和需要出发，科学合理地安排课程容量和难度。

在课程容量控制上，大部分学科进一步精选了内容，减少了学科内容条目。在课程难度控制上，有些学科直接删去了过难的内容；有些学科降低了一些知识点的学习要求，从"认识"和"理解"调整为"了解"；有的学科对难度较大又不宜删除的内容，以"选学"方式处理，既增加了课程弹性，也控制了难度；还有些学科按照学生的认知特点，适当调整了不同学段的课程难度，使梯度要求更加清晰，更好地体现了循序渐进的原则。

因此，在课堂教学中，我们必须以课程标准提出的课程目标为依据，按内容标准的要求确定学生应获得的知识与技能，做到"不拔高"、"不加码"。这是切实减轻学生负担最重要的一环。

■ 示　例
以课程标准和学习目标为依据

在一个班级中要照顾学生的学习差异，有几个基本途径：一是同教材，同要求，异进度；二是同教材，同进度，异要求；三是异教材，异进度，异要求。同一个班级的学生采用不同教材，学习不同内容，对于我国班额比较大的情况，显然是行不通的（少数边远山区的学生数很少的小班例外）。而同教材，同要求，异进度，虽然只用了一套教材，但由于进度不一，很快就会造成同班学生学习内容不一样，他们需要不同的教学辅导，需要不同的教学媒体，由一个教师来承担这样的教学也是相当困难的。因此，在一个班级中照顾差异的明智的教学策略，应是同教材，同进度，异要求。当然，同教材并不等于教学内容也完全一样，可以对教学内容做适当的调整和组织，以适应不同的教学要求和目标，使水平高的学生在原有基础上得以提高。同时，加强辅导困难的学生，以达到基本要求，跟上一般的进度。

调整教学内容的主要依据是课程标准和学生的实际情况。各科课程标准要求他们理解，只要会读，一般了解即可。教学内容的调整要适度，既要通过调整适应不同学生的要求，又要考虑到差距适度，能在同一课堂教学。

调整教学内容，还要考虑到内容的实用性，考虑到社会对教育的需求。那些学习困难的学生，接受义务教育后，将要走上社会，他们学习的知识技能对他们将来自立于社会应当是有用的。我们不仅要保留教材中有实际应用价值的知识，而且可以适当补充一些与当地生产、生活实际密切联系的知识技能。例如，数学课中教会他们学会计算；语文课中教会他们写信、写应用文以及与工农业生产、生活实际有关的字、词、句等。现在不少学校只关注那些升学有望的学生，许多学习有困难的学生的需要得不到满足，这已成为许多学生辍学的重要原因。[1]

---

① 华国栋. 差异教学策略. 北京：北京师范大学出版社，2009：125—126.

2. 重视教材加工

在新课程的视野中，教材是学生发展的"文化中介"。教材的概念可以概括为：①旨在构成课程而选择出来的、具有文化价值的信息性素材；②在教学过程中运用的具有教育价值的信息性素材或选择出来的具体的材料。

教材的功能突出地表现为以下四个方面：培育学生自主学习的功能，强化科学课程的思想教育功能，发挥培育学生创新思维的功能，促进教师创造性教学的功能。这些功能并不是割裂开来的，而是互相紧密地联系着。

为了实现优质轻负的目的，教师必须对教材进行创造性加工处理，包括：

① 对教材的灵活运用（包括调整进度，适当增减教学内容，重组教学单元，整合内容，等等）。

② 对教辅、教具、课件等的自主开发。

③ 开创适合自己学校（班级）的、有特色的教学。

④ 合理地、有效地利用一切可利用、可共享的课程资源，在充分认识和明确教学目的的基础上，教学手段与教学目的和谐一致原则是创造性地使用教材的基本着眼点和归宿。

教材加工包括对教材的钻研、选择、组合、呈现等方式，其目的是最大限度地促进学生对知识的理解和掌握。

◈示　例

给学生一个认识的框架
——教《在炮兵阵地上》的思维指导

教学《在炮兵阵地上》这篇课文，教师在出示课题后引导："这是一个表示地点的词语，对照一篇记事的文章，它通常应当说清楚哪些要素，你能从这个题目的角度说说吗？"于是大家纷纷发言：

——它应当有人物，是"谁"在"炮兵阵地上"。

——它应当有时间，是"什么时候""谁"在"炮兵阵地上"。

——它还应当有事件，是"什么时候""谁"在"炮兵阵地上""干什么"。

——结果也应当有，"什么时候""谁"在"炮兵阵地上""干什么"，"结果"怎么样。

……

教师于是请学生自己读课文，把这些内容找出来，然后连起来说一说，说通顺了，再变换顺序说。

3. 给予资源支持

我国有学者提出，教学内容是贮存于一定媒介中有待加工转化为教学目标的信息，其外延相当于课程改革中提出的"课程资源"概念的外延。[①]

减轻学生课业负担绝不是摒弃一切课程资源，而是在"富集"的基础上"精选"。事实上，学生的学习需要各种资源的支持，丰富的资源构成学生自主学习的外部条件，促进他们高效地获取应当掌握的知识。提供丰富资源的目的是帮助学生利用这些资源去丰富自己的学养，而不只是让这些资源存放在头脑的仓库中成为"陈货"。也就是说，资源只是有待"加工"的原料而非产出的"精品"。

搭建一个信息铺垫式脚手架，用来为学习者提供必要的事实性知识的铺垫，填补某些辅助性知识的空缺，以便有助于其将认知资源集中于主要任务，减少各种徒费心力的无效劳动。例如，向学习者介绍有关某一课题研究的背景，告诉学习者怎样使用实验手册或操作指南，告诉学生到哪里可以获得资源帮助，告诉学生该物质的某种特殊性质或用途，建立一个关于某一主题的信息库。

◈示　例

讲一讲"志怪小说"的知识
——教学《宋定伯捉鬼》片段

师：最近我们学习了几篇现代小说。小说这种文学体裁，在我国源远流长，最早可以追溯到上古时代和先秦时代的神话和传说，你们知道哪些神话传说？

生：《女娲补天》、《后羿射日》、《鲧禹治水》、《夸父逐日》、《精卫填海》等。

师：是的，这些都可以说是我国小说的源头。到了魏晋南北朝，我国古代小说才初具规模。这一时期产生了逸事小说和志怪小说。逸事小说以刘义庆的《世说新语》为代表，志怪小说以干宝的《搜神记》为代表。

志怪小说，志，就是记，记载的意思。它的产生与当时宗教迷信思想盛行有关。在动荡的社会中，尖锐的阶级斗争使统治阶级往往要到佛教、道教中寻找安慰和刺激，而广大劳动人民为了摆脱痛苦和灾难，也常常把希望寄托在宗教迷信上。社会中宗教迷信的盛行，反映在文学上就导致志怪小说的产生。但是，也有一些志怪小说，如《搜神记》，反映广大人民反抗封建暴政的思想，歌颂劳动人民的善良、机智、勇敢、乐于助人、勇于自我牺牲的优秀品质，表现了劳动人民不怕鬼怪的朴素的唯物主义思想。

这些优秀的志怪小说都采用非现实的故事题材，显示出浓厚的浪漫主义色

---

① 王小明. 教学论：心理学取向. 上海：上海教育出版社，2005：148.

彩，对后世小说的发展有很大影响。

干宝的《搜神记》在志怪小说中成就最高，其名篇有：《干将莫邪》、《韩凭夫妇》、《宋定伯捉鬼》等。

做一点方法性铺垫

小学生的认知准备一般包括数学知识准备、数学技能准备和数学学习策略准备三个方面。例如在教学"梯形面积的计算"之前，我们让学生积极回忆面积的概念，回忆梯形的特征，回忆平行四边形面积的计算方法等，让他们切实意识到这些内容都与学习新课有关，从而做好知识的准备。这节课学生的技能准备，主要是通过对推导三角形面积计算方法的一些技巧的回忆，熟练地掌握平面图形的旋转、平移、拼合、割补等操作方法，为梯形面积计算的学习扫清操作上的障碍。这节课的学习策略准备，是引导学生回忆三角形面积的计算公式是怎样推导的，以促进他们把三角形面积计算的学习策略迁移到梯形面积的计算上来。这样的学习策略准备，其实质就是为学生的主动发展做对策性准备。这种对策性准备对学生的主动发展是非常重要的。

（三）减少游离题旨的耗费

课堂教学总是围绕着特定的主题来组织的，如果课堂活动游离了特定的题旨，那么肯定是虚掷光阴、浪费精力，还侈谈什么"减负增效"呢。

进一步说，我们必须改变过去那种陈旧的效率观。从短效的角度看，课堂完全被教师控制，学习活动成为预设完美、环环相扣、高密度、快节奏的"牵引"。课堂生活失去了师生的多维交往，有的仅仅是以教师为主导的操练，"自主探究"、"交往碰撞"被视为耗时之举，本应属于课堂主体的意义建构，成了机械识记、生吞活剥，学生毫无自主活动权利和空间可言。实质上这是一种纯粹的低效。

从长效的角度讲，则是学生问题意识的泯灭、思维与动手能力的弱化、问题解决能力的沦丧、学习策略与学习习惯的缺失，课堂生活远离了生命的鲜活，嗅不到生活的味道。于是，课堂成了"炼狱"，学生成了机器，学习成了负担。实质上这种"长效"是一种可怕的负效。[①]

那么，在实践上，我们应当注意些什么呢？

1．力避游离主题

好的课堂教学在内容上一定会有一个"主题"，在过程上也有一根相应的"主线"，这样，课堂教学才不至于零零碎碎、枝枝蔓蔓，陷入喧宾夺主的境地。课程作为人才培养的"施工蓝图"，每一个学科都有自身的规定领域和主

---

① 彭慧．课堂教学应树立新的教学观．中国教育报，2008－06－27．

攻方向，课堂教学如果游离了学科课程的目标和特定时段的主题，必然会造成"荒了自己的地，肥了别人的田"，并不利于"形成育人合力，发挥整体效应"。

课堂教学中主题涣散和焦点模糊的情况是多种多样的，有时是目的任务不明确，教学失去了科学的准绳；有时是内容理解有偏差，教学离开了"重点"；有时是策略措施太繁乱，教学操作上乱了"方寸"。但不论现象是出自何种缘由，其后果都是降低了教学的效率。就教师的课堂教学工作而言，叶澜教授讲过，一堂好课应当"真实、扎实、丰富、丰实、平实"。我们一定不能去追求虚假的繁荣和表面的热闹。

◾示　例

情境为何而设

"分数的初步认识"一课，当学生初步认识 1/2 后，教师创设了这样的问题情境："在我们身边有 1/2 吗？请同学们在教室里找一找。"学生立即积极地在教室里找了起来。汇报时，学生们的发言非常踊跃，回答得也不错，只是有些大同小异。这时教师又问："有没有同学找到和刚才不同的 1/2 呢？"马上又有一个学生抢着回答："教室里的电视机从中间平均分成两半，每份就是它的 1/2。"教师为了体现尊重学生，期待"多样"，不敢对这个荒诞又不切合实际的说法进行及时的引导和纠正，而是肯定了他的说法。紧接着又出现了几个类似的说法：把一个人从头到脚平均劈成两半，从腰截成两半，把教室里的柱子平均切成两半……此类说法越来越多，因为学生们对这样的例子乐此不疲。至此，教室里的桌子、椅子、黑板、讲台……"无一幸免"。

综观以上情境，形式化的演绎使问题情境没了"问题"，课堂在学生们不伦不类的汇报中失去了它所应有的东西。其实，情境联系生活不是一种时髦，它的首要功能是必须抽象或提取出问题并为教学服务。如果只是为了联系生活而牵强附会的话，必然会导致创设的情境背离了问题属性。这样问题情境就成为课堂教学中的"累赘"了。

2. 防范随意发挥

美国学者克里默斯曾提出有两个决定有效教学的建构性因素：实际的学习时间和教学的质量。他认为，学习时间的实际投入与浪费是判定教学有效与无效的重要因素。我们常讲的"向45分钟要质量"，其实就是要求教师合理地利用时间，把"钢"用到"刀刃上"，不能用繁冗的讲授和无谓的活动去占用宝贵的黄金时间。"有效教学关注的焦点是在规定的时间、规定的内容对学生发展所起的作用"。[①]

---

① 成尚荣. 以价值关怀贯穿有效教学全过程. 中国教育报，2008－10－17.

在课堂教学中，教师要重视自我监控，避免话语的种种失控：情绪激动时口若悬河，滔滔不绝；讲解重点难点时，旁征博引，喧宾夺主；重点讲完，闲言碎语，填塞时间；讲得顺利，自鸣得意，节外生枝，讲得不顺手，偷工减料，借题发挥等等。[①] 为了克服上述失控现象，教师一定要精心备课，注意教学节奏，并注意几种话不说，即"哗众取宠的热门话不说；显示自己的'贴己话'不说；似是而非的糊涂话不说；可有可无的额外话不说；反反复复的'车轱辘'话不说；有伤大雅的污言秽语不说……"[②]

同时，也要注意减少过多的"形式化"活动，做好时段目标、时间分配、时序衔接的预案。总之，教师要从学生全面发展的高度去看待"时效"。

3. 控制精力耗费

与时间利用相联系的是师生的精力耗费的问题，课堂教学如果使得师生都筋疲力尽，生理上的超支和心理上的倦怠必然造成教学的效能低下和发展迟滞。应当看到，教师与学生的生理心理能力都不可能超越一定的限制，高度复杂的教学活动，需要师生集中精力于特定的任务。

苏联教育家巴班斯基认为，教学过程最优化就是"在规定时间内（尽可能在较少的时间内）以较少的精力达到当时条件下尽可能最大的效果"。[③]

教师对精力耗费的控制与教师的效益意识相关，同教师对课堂教学目标的明晰度更有直接联系。对于一堂课来说，应当重点做什么和怎么去做，只有用目标的筛子去剔除繁冗与芜杂才能实现"精要"，才能保证学生的精神饱满。

◈示 例

这样的课堂教学"有效"吗

研究课教的课文是李白的一首诗《赠汪伦》。

一堂课在"朋友啊朋友"的歌声中拉开了序幕。紧接着教师介绍了李白的身世和游历生活，引出了"出门靠朋友"的话题，开始分析"什么是真正的友谊"，在教室的屏幕上不断出现有关"友情"的语录让学生阅读，紧接着又是诗中人物和情景的模拟表演……在热热闹闹中，一堂课时间过去了一大半。教师一看时间，不得不加快速度"讲"课文，滔滔不绝地把各种资源倾注给学生。"任务"完成了，这节课在播放《友谊地久天长》的歌声中结束了。

课后的"研究"围绕着以下的要点展开：

（1）宝贵的课堂教学时间应用在哪些事项上？为达成教学目标做这些事值得吗？

---

① 章康有. 教学语言艺术浅探. 徐州师范学院学报（哲社版），1990（2）.
② 刘哲. 教师要善于控制自己的教学语言. 课程·教材·教法，1984（3）.
③ ［苏］巴班斯基. 教学过程最优化. 张定璋，等译. 北京：人民教育出版社，1984：2.

（2）教师为上好这堂课花了不少精力，但这样的耗费，结果是事半功倍，还是事倍功半，这种"花费"是否用错了地方？

（3）快速的直接灌注是不是真正完成了教学"任务"，学生由此而获得怎样的"发展"？

（4）我们需要一个"虚假繁荣"、"表面生动"的课堂，还是一个"真实"、"平实"、"扎实"、"丰实"的课堂？

二、改进教学策略

教学策略一般是指为达成教学目标、完成教学任务，在清晰分析教学活动的基础上，对教学的形式和方法做出安排并进行调节与控制的执行过程。

教学策略一般具有以下特征：

1. 它是为达成教学目标、完成教学任务而进行的教学设计中的一个指向实践操作的项目。

2. 它是遵循教学活动的特点和规律，以一定的教育理念和策略思想为依据，选择、安排和统合教学的形式与方法。

3. 它既是一种对教学形式与方法的相对有序和有机的构造，又是一个有目的地审视、调节和不断控制的执行活动。

4. 如果说"模式"侧重于程序与架构，"策略"则更接近于方法与形式。可以说，教学策略是教师在教学情境中的一种操作智慧和有效行动。

从当前课堂教学的情况看，学生过重的学习负担常常是由教学策略不当引起的，无论是学习时了无趣味、沉闷压抑的心理负担，机械重复、耗时费力的课业负担，还是不得要领、盲目行动的操作负担，都提示我们必须改进教学策略。

（一）激起学习兴趣

《教育规划纲要》提出，"要把中小学生从繁重的课业负担下解放出来，使广大青少年在发掘兴趣和潜能的基础上全面发展"，要求"培养学生学习兴趣和爱好"，"促进学生生动活泼学习、健康快乐成长"。尤其是近日公布的义务教育阶段 19 个学科科目的新课程标准中，"始终贯穿了培养学生学习兴趣，增加学习主动性的教育理念"。

经典教育学的奠基人赫尔巴特提出，兴趣是专心追随、审思积聚的对象，标志着智力（包含精神）活动的主动特性和心理能量；有兴趣表现为"注意、期望、要求、行动"四个状态，多方面兴趣产生于使人感兴趣的多种事物和活动。杜威则认为，兴趣是由于认清一定事物的价值而集中注意、全神贯注、专心致志于某种活动的意思，它是积极的、客观的、个人的，并与事物对象融为一体的情感态度和内在动力。[①]

1. 彰显教学魅力

课堂教学的魅力是对学生掌握知识和投入活动的巨大吸引力，有效的课堂教学常常通过教学内容与学生经验储备的有机关联以及在加工与组织上的"适度新颖"，通过富有情趣和广泛参与的活动过程，使学生的课堂生活生气勃勃，学生在整个学习活动中充满兴致和热情，常常是浮想联翩、创意迭出。

课堂教学的魅力所带来的后续效应主要表现在三个方面：

一是提高唤醒水平。加拿大心理学家戴斯曾提出一个PASS的智力模型，认为智力有三个认知功能系统，即注意——唤醒系统、同时——继时编码加工系统、计划调节系统。充满魅力的课堂，对于敲认知的"门户"（注意），激起智慧的波澜（唤醒），发展学生的智力，无疑具有积极的作用。

二是习得反应倾向。学生在长期的课堂生活中，会根据其课堂的经历是"生动活泼"的还是"枯燥乏味"的而逐步形成一种习惯化和自动化的"反应倾向"，且这种反应倾向会在较长时间内影响他们的学习。

三是减轻心理负荷。学生学业负担过重，很重要的原因是心理负担，包括紧张、应激、焦虑这三种心理损害，即魅力课堂能使学生用不着过多地自我强制和消磨心力，学得轻松愉悦，保证了心理健康。

◈示　例

提起他，学生们为何雀跃？且听——黄老师说"磁"

黄曾新是上海向明中学的科技指导老师。近三年来，在他的指导下，200多名学生获取专利近400项。记者采访时，一提起他，学生们都说："我们都要听他的课。"

铃响了，只见头发已有些花白的黄老师，照例拎着一个密码箱昂首进来。今天，他首先拿出两块条形磁铁，一碰，磁铁牢牢吸在一起。"大家都知道，磁铁的这个'同极相斥，异极相吸'物理现象。按你们所学，这两头能吸在一起的，应该是异极，调个头就应该排斥了？"黄曾新一边说，一边演示，把一块磁铁换个头，谁想"啪"一声，两块磁铁又吸住了。同学们不由叫了一声，奇怪了。

"什么原因？"台下的学生张大了嘴巴。黄老师解释道："问题就出在有一块是强磁。当一块磁铁的磁力远远大于另一块时，有可能改变另一块的磁场分

---

①　郭戈. 兴趣课程观述评. 课程·教材·教法，2012（3）.

布，原本同极也能相吸。做这个实验，我只想告诉大家，看似已成真理的知识，也是有条件的，不可能一成不变。我们今天的课就来讲磁。"接下来的黄老师，忙得不亦乐乎，指南针、马蹄形磁铁、磁粉、电线等等齐上阵，磁畴、软磁、硬磁、半硬磁……一个个崭新的名词听得同学们连连点头。

"知道为什么给你们讲磁？过去105个诺贝尔物理学奖得主中，三分之一以上都是研究磁的。现在很多有关磁的问题还没解决，谁都有可能发现新的磁现象，得诺贝尔奖。"

"其实，世界万物都是有磁性的。医院里的核磁共振听说过没有？那是什么原理，就是通过一系列手段检测你们脑细胞中的微小磁性变化，来判断细胞是否生病。"

"家里的电饭锅，为什么滚着沸水却一直不跳闸，米饭刚焦一点就跳？这还是磁。磁铁遇热到一定温度后，会失去磁性，这个温度叫居里点。电饭锅下面是一块磁铁，它的居里点是105℃，沸水只有100℃所以不跳，但米饭一焦，就过了。"从工厂到家庭，一个个的实验贯穿整个课程中。从课堂讨论，到实验，再到提问，又到一个新实验，黄曾新拿着实验器材满教室走，看得学生啧啧称奇。40分钟不知不觉就过去了。

黄曾新说："在我讲课中，有些可能考试完全用不到，但这种全新的体验学生一辈子都忘不了。这就是我授业的目的。"

黄老师的讲授为何具有如此的魅力，除了他对所讲的知识内容有深刻的理解外，他善于联系生活实际与学生的已有经验，又能把"讲授"与"演示"等方式结合起来，用"讲"唤起了学生的求知欲望、认识兴趣和探究热情，使学生真正"建构"起知识的意义，智慧也从中得到发展。

2．激发智力情绪

学生对客观世界和智力活动的兴趣，通称认识兴趣或智力兴趣，这是一种带有明显情感色彩的对学习的喜好。对一个人的终身学习来说，培养和发展这种认识兴趣，具有极为重要的意义。苏霍姆林斯基曾指出："知识是照亮道路的光源，要培养学生智力的兴趣和需要。"他还特别指出："人们的劳动越简单，就越需要浓厚的智力兴趣"。"如果认为只有那些有希望升入高等学校的人，才需要深刻而牢固的知识，而其余的学生学得肤浅一些没有什么关系，那将是一个极大的误解。"他更强调："精神的空虚是教育的大敌。"智力情绪正是一个人追求精神丰富、价值崇高的不竭动力。

就课堂教学而言，智力情绪是推动学生自主学习的最直接、最活跃的因素。无论是课堂教学内容所揭示的关于客观世界的宏图美景与奇思妙想，还是教学活动所推进的智慧探险与主动实践，或者学生在学习过程所获得的超越困境与功败垂成的体验，都会使学生逐步形成智力情绪并终生受益。

◆示　例

新奇、新颖的说话课
——《挺进报》教学的小镜头

一堂说话课，教师在学生学完课文后没有提出要"复述"课文的要求，而是做了一个动作："神秘"地将一把扫帚小心地挂在窗台上，接着问："这是哪一篇课文的细节描写？谁能根据这一动作说一段故事？"孩子们的眼睛忽地亮了，举手的越来越多，大家都兴致勃勃地抢着发言。接着，教师又拿出半截铅笔、一包香烟纸和一把破刀片放在台上。教室又活跃起来了，一个学生甚至脱口而出："《挺进报》第一期，白公馆出版。"多有趣！最大限度地吸引了学生参加"双边"活动。

"悬念"是一种牵引力

有位初中物理教师教"摩擦力"一节。一上课，讲台上放两个玻璃容器，一个盛油，一个是空的：在两个容器中分别放入一粒光滑的钢珠。教师先用一只手拿竹筷把放在空玻璃容器里的钢珠夹上来，然后请一个学生用光滑的塑料筷夹放在油中的钢珠。这个学生费了九牛二虎之力也未成功，于是教师利用这一"悬念"因势利导地板书课题并和学生开展有趣的讨论。教师只用了十几分钟就讲清楚了有关知识。

3. 满足行动需求

学生都有一种主动参与到活动中去求得"自我实现"的需求，这是学生最可贵的能动性的表现，所以课堂教学不能让学生成为被灌注知识的容器，甘当"受众"，而要着眼于学生通过获取和建构自己的知识，走出"纸上得来终觉浅"的困局。

新课程的实施要"倡导学生主动参与、乐于探究、勤于动手"，因此，应尽力推动学生自觉"卷入"到课堂的教学活动中来。心理学研究指出，只有设法使学生"卷入"到任务之中，才能达到激励内在动机的目的。我国的研究者在国内外相关研究的基础上，对"学生参与"做了深入的研究。研究提出，可以把学生在教学过程中的参与定义为：学生在课堂教学学习过程中的心理活动方式和行为努力程度。学生参与主要包括了三个基本方面：行为投入、认知投入和情感投入。行为投入是指学生在课堂中的行为表现；认知投入是指学生在学习过程中的思维水平与层次（这些层次是通过学习方法表现出来的）；情感投入是指学生在教学过程中的情感体验。

◆示　例

在"做事"中领会

一位著名特级教师在讲授《皇帝的新装》一文时，整个教学过程只做了四件事：第一件事，在学生读课文之前，教师提出，请学生认真地读课文，然后以"一个……的皇帝"的形式给本文加个副标题。结果，学生读课文之后从不同角度概括了皇帝的性格特点，并在副标题中显示出来。第二件事，教师让学生用一个字概括这个故事的内容。结果经过一番研究讨论，学生用了一个"骗"字，概括了这个故事的内容。学生认识到，这个故事中的人物，多是既上当受骗，又欺骗自己，欺骗别人。第三件事，教师组织学生讨论研究文中的这个皇帝上当受骗怨谁，学生搞清了这个皇帝上当受骗的多方面原因，并指出虚伪、昏庸、愚蠢、无能是他上当受骗的根本原因。之后，教师又带领学生做了第四件事——讨论研究。那两个骗子的骗术并不高明，为什么文中那么多人都上当受骗了呢？他们上当受骗的根本原因是什么？最后学生一致认为，虚伪自私是人们上当受骗的共同原因。

这四项教学措施，引导学生用极简练的语言概括了故事情节，认识了文中的众多人物，特别是认识了文中的主要人物——皇帝，还引导学生领会了本文深刻的思想意义。

（二）变革教学模式

在科学研究中，人们常常将"模式"看作对某一过程或某一系统的简化与微缩式表征，以帮助人们形象地把握某些难以直接观察或过于抽象的事物。一些研究者提出，如果我们把教学看作构造环境，对需要、兴趣、能力各不相同的学生的经验进行有效组织的过程，那么，教学模式则为组织教学环境提供一定的结构、程序和步骤。也就是说，所谓教学模式，就是"导向特定结果的一步步程序"。[①] 我们认为，静态地看，教学模式是一种多因素组成的结构；动态地看，教学模式是一系列链接起来的活动。

课堂教学模式的选择和组合，是影响学生心理感受和学习负担的重要操作变量。只有经过精心的设计，使学生生动活泼地学习，过重的课业负担的问题才能得到有效的化解。当然，这种变革需要从教学方法、教学程序、教学组织形式着手。

1. 教学方法的综合应用

教学方法是师生在教与学双边活动中为了有效完成一定的教学任务所采用的方式与手段的总称。它既包括教师的教法，也包括学生在教师指导下的学

---

① 高文主编. 现代教学的模式化研究. 济南：山东教育出版社，1998：424－425.

法，是教授方法与学习方法的有效组合。[①]

　　教学方法多种多样，这已为教师们所熟知。随着世界范围内的课程与教学改革的不断深入，教学方法的改革也出现了新的走势，以下五个方面很值得我们注意：一是互动方式的多边性；二是学习情境的合作性；三是价值取向的个体性；四是目标达成的全面性；五是选择使用的综合性。[②]应当特别指出的是，教学方法最根本的变革是坚持"启发式"。

　　教学是一种艺术，尤其是教学方法的运用，更是一种艺术创造。在充满生命活力的课堂上，教师不可能照搬那些关于教学方法的训诫与教条，更不能在条分缕析的方法谱系中去寻找应对复杂性情境的处方。关于"教学方法"的知识是需要学习的，但这种学习的目的是要把它们变为"实践智慧"。古语说，运用之妙，存乎一心。因此，我们习得教学方法时，应当特别注重对它的创造性运用，而且要把它同教学组织形式的安排和教学程序的设定结合起来。

◆示　例

多种方法　协调配合
—— 特级教师黄爱华教"圆的周长"

　　（演示：屏幕上先显示一个圆，圆周上的一点闪烁后，沿圆围绕一圈，然后闪现圆周）

　　师：同学们，什么是圆的周长？

　　生：圆一周的长度，叫圆的周长。

　　师：请同学们闭上眼睛想象，圆的周长展开后，会怎样？

　　生：是一条线段。

　　师：那么如何测量圆的周长呢？（板书：圆的周长）

　　（接着启发学生动手实践，在实践中探索测量圆的周长的方法）

　　师：你是怎样测量出圆的周长的？

　　生：我用滚动法测量出圆的周长。

　　师：如果要测量的是大圆形水池，你能把水池立起来滚动吗？

　　（学生哄笑，齐声回答不能）

　　师：还有什么办法测量圆的周长呢？

　　生：用绳子绕一周，量出绳子的长度，也就是圆的周长。

　　师：你能用绳测量出这个圆的周长吗？

　　①　韩延明. 试谈教学方法的科学分类与应用. 课程·教材·教法，1994：5.
　　②　王坦，高艳. 现代教学方法改革走势新探. 教育研究，1996（8）.

（演示：教师把系着小球的细绳的另一端固定在黑板面上，用力甩动小球，让学生观察黑板上小球被甩动时小球运动形成的圆）

生：不能。

师：用滚动法、绳测法可以测出圆的周长，但是有局限性。那么能不能探讨出一种求圆周长的规律呢？

师：周长的大小是由什么决定的？我们要找到这个规律，先做一个实验，你能发现什么？

（实验：两个球同时被甩动，形成大小不同的圆）

（学生欣喜地发现：圆的周长的大小与直径有关）

师：圆的周长到底与它的直径有什么关系呢？

（学生积极动手测量，得出结论：圆的周长是它的直径的 3 倍多一些）

师：圆的周长到底比它的直径的 3 倍多多少呢？这里，我给同学们讲一个古代数学家祖冲之测量圆周率的故事……

2. 教学形式的相互补充

教学组织形式是教师和学生按照一定的制度和程序而实现的协调教学活动的结构形式。通俗地说，就是用什么形式或较为稳定的关系将学生组织起来进行教与学。教学组织形式的含义涉及三个方面：一是一定的师生互动形式；二是特殊的时间安排；三是教学因素的某种组合。只要有教学就必然存在教学的组织形式，它是同社会需要、培养目标、教学任务、教学内容、教学程序与方法紧密联系在一起的。科学而合理地确定教学组织形式，有助于提高教学的质量，有助于促进学生个性的充分、自由和全面发展。

教学组织形式的发展大体经历了从个别教学到集体教学，再到个别与集体相结合的综合化、多样化形式。其根本原因在于生产力的发展水平和社会发展的需要。教学的组织形式发展至今，仍然以班级授课制即课堂教学为基本的组织形式。从教学实践看，课堂教学的具体形式大致有三种：一是全班上课；二是班内分组教学；三是班内个别教学。

我国基础教育课程改革的有序实施，更为教学领域的全面变革提供了新的契机，教学组织形式的变革也出现许多令人瞩目的新特点：一是课堂教学同实践活动、综合学习相匹配；二是集体学习同小组学习、个体学习相融合；三是同步教学同分层递进、分类指导相兼顾；四是常规学习同个性化学习、开放式学习相统筹。

◈示　例

形式多样　生动活泼
——教《黄山奇石》

人教版小学语文第四册《黄山奇石》是一篇写景的文章，对二年级的学生来说，学起来有些枯燥。为了激发学生对写景类文章的兴趣，教师大胆冲破传统的教学方式，采取游戏式教学，学生的兴趣颇浓。

第一步：先用导语把学生带入创设的情景中。

教师："大家好！今天我们二七旅游公司正式开业了。（所在班是二年级七班）我是公司'总经理'，请多关照！（鞠躬）我公司从一万名应聘者中选出了你们这六十名最优秀的'导游'。今天，我们公司要组织一批游客前往黄山旅游，现在我们就先来一次岗位培训，了解一下有关黄山奇石的资料，以便给游客更好的服务。公司还要评选最佳导游，希望我们做好充分准备。让我们为公司的发展而努力吧！"

第二步：以课文为依托，准备导游解说词。

先自读课文，画出不理解的地方，与同学交流，教师巡回指导；再熟读课文，看看课文是如何介绍黄山奇石的，想象其他奇石的来历；然后，选择一种或几种奇石，个人参照课文内容或课前查到的有关黄山奇石的资料准备解说词，接着在小组内实习。一人当导游时，其他人可以补充导游词的内容。

学生学习的兴趣被激发，激动的心情溢于言表。根本不用教师督促着去读书，大家都在积极准备导游词，跃跃欲试，打算一试身手！

第三步：小导游正式上岗。

教师："准备好了吗？我们开始工作吧！我们对所有导游的要求：一是对客人说话要有礼貌，注意说话语气，要让游客感到舒服；二是口齿清晰，声音响亮；三是要把景点介绍清楚，这是最重要的一点。"

"今天，我们迎来公司的第一批游客，他们是来自于中原油田机关一小的所有'三好学生'。（大家边笑边坐好）今天由最佳导游（教师的目光寻觅举手的同学）×××与大家同行，欢迎！"

学生A："同学们，大家好！欢迎来到美丽的黄山。这里风景优美，景色秀丽。最好玩的是这里千奇百怪的石头，你们看（指投影片），这就是'仙人指路'石……但愿大家明年还能当'三好学生'，我可以带大家到祖国各地去转转。"

教师："又一批来自海外的华侨坐上了我们的旅游车，他们想请×××为他们服务。"

学生B："女士们，先生们，大家好！欢迎来自海外的各位朋友，我叫×××，今天由我为大家服务。请看，这就是黄山最有名的仙桃石……祝大家旅途愉快！"

不同的游客，不同的导游词，几名学生上台后即兴发挥，滔滔不绝，大显身手，教室里不时传来一阵阵开心的笑声。

第四步：评选最佳导游。

由游客评选最佳导游，受到游客欢迎的导游发资金"10000元"（一朵小红花），同学见状，乐得哈哈大笑……

3．教学程序的科学安排

在教学设计的具体操作中，教学方法的采用、教学媒体的选择、教学组织形式的确定，通常都会纳入程序安排的格局之中，因此要以程序安排为线索，将各种教学策略组织起来，形成特定的"模式"。可以说，教学步骤的安排就成为教学活动"提纲挈领"的一项综合性的重点工作。

这里要特别指出，当我们讲"教学过程"、"教学活动程序"或"教学步骤"时，它可以指一门课、一个单元或主题、教师的一个工作程序或一节课，但无论哪一个过程都具有阶段性与序列性的特点。"教学过程的环节"指的就是教学活动的运动、变化、发展在时间连续性上所需要经历的基本阶段，即在教师的引导下，学生学习一个相对完整的知识内容所需要经历的基本阶段。这些基本阶段的科学安排主要根据人的认识活动规律以及一堂课中的心理动力变化，所以它和学生的学习负担是息息相关的。

◼ 示　例

围绕中心　灵活自如
——《草船借箭》的三种不同教学思路①

多次听优秀教师、特级教师教《草船借箭》，他们对切入点的选择各具特色，异彩纷呈。如有的从课题中的"借"字切入，围绕"借"字，以"借"识"妙"，"借"中得趣，形成的教学思路是：

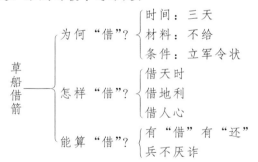

有的从"箭"突破，物中见意，形成的教学轨迹是：

草船借箭

（周瑜）　　　　　　　（诸葛亮）

以箭害人　　　　　　　以箭服人

三天时间　　　　　　　识天象

军令状　　　　　　　　晓地利

不给材料　　　　　　　知人心

妒忌 ⟶ 斗智 ⟵ 神机妙算

①　周一贯．语文教学优课论．宁波：宁波出版社，2002：74—75．

还有的以"神机妙算"这一关键词语为突破口，围绕"算"字逆向而上，揭示诸葛亮的足智多谋和料事如神，使周瑜不得不叹服。其教学程序如下所示：

（三）教会学生学习

学生学习时常感到力不从心，有时付出很多却效果不佳，学习成为一种沉重的负担，这时"优质轻负"的矛盾就很自然地转到了教会学生怎样学习上。

"学会学习"涉及在学习过程中让学生习得一定的学习策略和学习方法的问题。这里的"学习策略"与"学习方法"是不完全相同的概念。美国学者乔纳森就曾提出，策略是制订计划、选择方法或进行有目的活动中的一系列决策；方法则是实施策略过程中的各种战术。策略好比蓝图，提供的是目标而非具体的措施。[1] 我国学者在总结 20 世纪国内外学习策略研究时认为，从学习策略构成成分看，学习策略应是操作成分（学习方法、认知方式等）、情态成分（情感策略等）、元认知成分（计划、监控策略等）几个基本因素的有机统一。[2]

课堂教学中教会学生学习从哪些地方着手呢？

1. 掌握完成课业的方法

这主要解决学生"会不会学"的问题。其操作事项主要有三个方面：

首先是一般学习方法的指导。它是对各类学科都适用的学习环节及有关方法的指导。如：科学用时指导、预习指导、听课（包括做笔记）指导、复习指导、作业指导、应考指导、小结指导、课外学习指导、科学用脑指导及自学指导等。

其次是学科学习内容及方法的指导。根据中小学开设的各学科的性质和特点，进行学习内容和方法的指导。还要注意单项学习的指导，如阅读、作文、运算、解题等方法。

再次是个别学习方法的指导。针对学生的智力类型、认知特点、性别差异等个性特征进行分别指导。

在指导的具体实施上，一般学习方法的指导可通过开设课程及专题讲座，

① 盛群力，马兰主译. 现代教学原理、策略与设计. 杭州：浙江教育出版社，2006：12，329.

② 史耀芳. 二十世纪国内外学习策略研究概述. 心理科学，2001（5）.

运用校报、校刊等形式展开。知识获得及应用方法的指导、学科学习方法的指导，可结合教材内容和课堂教学进行有机渗透和点拨。个别学习方法指导的形式较多，可抓典型示范，可分类分组指导，也可通过专门训练或咨询辅导去解决。

◆示 例

指导学生掌握最优学习方法

湖北大学黎世法教授通过对大量调查材料的分析综合和抽象概括，总结了一套比较完整的、符合中学生特点的科学学习方法体系，即前后紧密联系的八个学习环节：制订计划——课前自学——专心上课——及时复习——独立作业——解决疑难——系统小结——课外学习。

这个学习方法体系的基本精神是：最大限度地发挥学生学习的主动性，高效率地培养和发展学生的自学能力，从而全面发掘学生的智力，使学生成为学习的主人。调查发现，凡是学习效率比较高的学生，基本上都运用了上述学习方法，学习成绩也比较优异，所以把它称为"中学生最优学习方法"。所谓最优学习方法也就是科学的学习方法。这个方法体系具有相对的稳定性，同时也不是一成不变的。

学习方法的指导既可直接授予或制定规范，又可间接引导或相机点拨。直接授予既可以是专题直接授予，又可以是结合学科教学的分散直接授予。指导学生完成课业，诸如预习、上课、复习、作业等，宜用直接授予式进行学法指导。如课前预习的方法，教师可直接提出如下几个要求：理清教材思路，抓住教材要点，提出学习疑点，然后让学生按要求预习教材。各学科的特殊学习方法，亦可通过直接讲授方式进行学法指导。如课文阅读，教师可直接讲授"四读法"：粗读，把握文章线索；细读，理解文章内容；精读，领会表达方法；熟读，记住重点句段。教师直接讲授学习方法时，对学法的概括必须简明扼要，以利于记忆；要尽可能结合实例讲授，以利于理解；要在以后的教学中不断地指导学生运用，以利于巩固。

2. 提高心智活动的效能

提高心智活动的效能主要是解决"能不能学"的问题。其内容主要有三项：一是学习心理知识的传授。根据中小学生的年龄特征，可向他们介绍或通过教学渗透有关记忆与遗忘、学习迁移、问题解决、学习卫生等方面的知识；二是学习中智力因素的培养，主要训练观察力、记忆力、思考力、想象力和创造力；三是学习中非智力因素的强化，它主要包括动机与抱负、求知欲与兴趣、情感与态度、意志与毅力、自尊与自信、进取与创新等。在指导方法上，既可开设专题讲授，也可在教学中渗透启发，还可结合各种活动相机进行。

　　心智活动主要是对知识信息的加工。从吸取知识信息的一般过程看，它主要包括对知识信息的获得、巩固和应用这三个阶段，这也就是知识信息的输入、贮存和输出活动。对知识信息掌握方法的指导也主要集中在这三个阶段。如在输入阶段要对如何观察，如何思维、想象等方法做指导；在贮存阶段则包括如何记忆、理解，如何强化、系统化的指导；而输出阶段则着重在如何进行分析、概括和综合，如何有效地提取信息以及如何应用知识解决实际问题的指导。当然，各种类型的学习内容还有其学习方法上的特点，因而在对这些内容学习的指导上也就具有各自的特色。

◆示　例

把孤立的知识关联起来[①]
——在对比中联想

　　教学是"教"和"学"的统一体。教师是"教"的执行者，学生是"学"的参与者。在很大程度上，学生的学主要是在教师的引导下进行的。教师引导的目的就是逐渐放开学生的思维，让他们在浩瀚学海里展开联想，在联想的过程中进一步理解知识。无论是从时间上掌控还是从空间上把握，都需要通过联想将孤立的知识连接起来。这里的联想主要指对比中的联想，它包含两个方面，即纵向联想和横向联想。

　　（1）纵向联想

　　纵向联想，就是抓住某一知识的要点，使它前后都能连贯起来。以历史学科为例，就是以某一史实为基点，不但可以涉及它前面所发生的历史事件，而且可以联系到后来发生的历史事件。这样从点拓展到线，便于学生记忆。

　　例如，在讲到《马关条约》中日本割占中国领土台湾时，我们拓展相关知识，公元230年孙权派卫温去夷洲（即台湾），隋炀帝三次派人去流求（即台湾），元朝设澎湖巡检司，明朝郑成功收复台湾，清朝设台湾府等，让学生从一系列事件中得出结论——台湾自古以来就是中国的领土。

　　同时，我们还可以提到第二次世界大战后期，《开罗宣言》中明确规定日本必须归还侵占的中国领土，直到第二次世界大战胜利后，台湾才回归祖国，日本侵占中国台湾达50年之久。这就将有关台湾的历史知识前后贯通起来，使学生更加清楚地了解有关台湾的历史知识。

　　纵向联想还包含比邻联想，它是由事物在时间上的接近而引起的联想。事物之间必然存在着某种联系，比如说历史，总体上看它不存在因果关系，而是在时间上前后相继、连续发展的。

---

　　①　周维强. 让知识变得更易学. 重庆：西南师范大学出版社，2009：82—83.

例如，在讲述中国近代文化史时，我们可以从中国古代的天干地支纪年法入手，让学生明白每60年一循环，之后告诉学生在近代史上有两个庚子年：前一个即1840年，英国殖民者挑起了鸦片战争；后一个则由学生推出是在1900年，八国联军大规模侵华。

再如，近代诗坛上曾留有两首《己亥杂诗》，一首是龚自珍的，背景是鸦片战争前夕；一首是黄遵宪的，背景是八国联军侵华的前一年等。

（2）横向联想

横向联想，就是把发生在相同时期的不同事件，或不同时期的同类事件联系起来。这样，在时空上便给学生一个清晰的认识。我们仍以历史学科为例，看怎样通过横向联想将孤立知识呈现关联性。

例如，在讲述中国古代科技史中"瓷"的发明时，教师可以先讲述中国人早在公元前1000年左右就懂得烧制坚硬、洁白的氧化物——瓷；接着再提出中国人却一直不会烧制同样坚硬，但是透明的另一种氧化物——玻璃；最后再提出至少在公元前1400年左右，埃及人已经能够批量生产玻璃，包括半透明的玻璃。

在这样的引导下，学生很容易就知道了瓷与玻璃的共同点是氧化物，均于公元前1000年以前发明；不同点是一个透明，另一个不透明，一个是中国人发明的，另一个却是古埃及人发明的。

再如，讲解到西汉初年经济凋敝，教材上说当时天子的马车都找不到毛色相同的四匹马，那些大臣将相只能乘坐牛车。对此，我们可以根据史实对比一下此时匈奴的实力：公元前200年，匈奴40万精骑在白登包围了汉高祖刘邦率领的20万步兵。匈奴阵中，西方马色皆白，东方马色尽青，北方马色全黑，南方马色赤黄。这样，同时期的西汉和匈奴的实力就显而易见了，就能很好地促进学生对西汉初年经济凋敝情况的了解。

这是对发生在相同时期的不同历史事件的比较，将历史知识横向联系，使学生从中能够轻易地得出认知。接下来，我们来看看不同时期的同类历史事件之间的比较。

在教学南宋的灭亡时，我们可以将其与北宋的灭亡相比较：

1115年，金国建立，北宋联合金国攻辽，但金国基本不需要北宋的援助就可以灭掉辽国。灭辽后第二年，金灭北宋。

1206年蒙古兴起，主动派使臣到杭州要求联合南宋攻金，一些朝臣想到一百多年前宋金攻辽最终北宋为金所灭的故事，便反对联合蒙古，但宋廷最后还是同意了。结果蒙古没有依靠南宋的力量就灭掉金国，转而进攻南宋。

通过这样的对比，学生自然会发现北宋、南宋灭亡的相似之处了。

总之，无论是横向联想还是纵向联想，都是实现孤立知识关联化的一种手段。作为教师，我们很有必要灵活地掌握这种手段，为学生更好地理解知识奠定基础。

3. 获得学习管理的技巧

获得学习管理的技巧主要解决"善不善学"的问题。它主要包括以下两个方面：

一是指导学习者总结对学习对象调控的方法。这不仅包括指导他们如何遵循学习规律和原则来合理安排某种具体内容的学习顺序和时间，还包括指导他们总结如何根据学习材料的难易以及学习条件来正确选择和使用某种方法。

二是指导学习者总结对自身学习过程的认识。诸如意识和体验到自己的认识过程、学习能力水平、已掌握知识的程度，自己的个性特点、学习风格，意识到自己所具备的条件等，从而能根据自己的情况做出改进学习方法的决策。这是学习者对自己学习活动的一种自我意识和自我体验，是较高层次的一种带有策略性的学法，也就是所谓的"元认知"。元认知虽然是一种内部规则系统，具有内潜性的特点，但它可以通过内省法或言语报告法等心理研究方法来提示。通过对记录报告的分析、概括和总结，可以形成一定的能呈示、表达的知识体系，因此它是可以教会的。

三、用好教学时间

课堂教学时间是有限的、宝贵的，特别是中小学，学生会在课堂中度过一生的黄金时段。时间转瞬即逝，如果不加强时间管理，教学质量的提高就无从说起。

课堂中的时间因素，同学生在课堂中的学习行为及学业成就有着极为密切的关系，因而也是课堂管理中不容忽视的重要内容。教育学家往往把时间视为教育王国的金钱，把教育视为发生在时间长河中某个瞬间的过程。经济学家把时间视为课堂的一种资源。心理学家则认为时间是学习过程中的一个决定性因素。因此，时间可以作为一种用以研究教师行为与意图及学生学习活动的分析维度[①]。

（一）认识课堂教学时间的特性

把时间作为课堂上的一种影响教学成就的独立变量，并做出开拓性贡献

---

① 施良方，崔允漷. 教学理论：课堂教学的理论、策略与研究. 上海：华东师范大学出版，1999：318—321.

的,可直接归因于美国学者卡罗尔的学校学习模式。卡罗尔把时间作为学校学习中的中心变量,提出一个包含五个要素的模式,其中三个要素均与时间有关:所需时间、所许可时间、所用时间。所用时间就是指学生定向于学习任务并积极专注于学习的时间,而学生积极专注于学习的时间和掌握学习任务所需时间均取决于某些特定因素。具体地说,所需时间取决于能力倾向、理解教学能力和教学质量三个因素,所用时间由所许可时间和毅力两个因素组成。所许可时间除受学校时间分配规定的限制外,还受教师分配给每一具体学习任务的时间的制约。能力倾向、毅力和所许可时间三个变量都可直接用时间来表示。

根据卡罗尔的研究,布卢姆提出的掌握学习模式提供了缩减掌握学习任务的学习时间,提高可得到的分配时间利用率的有效教学策略。他更强调了时间因素对学习过程中其他因素的依赖以及与其他因素的密切联系,把时间与学生特征、学习内容等密切结合在一起。这样,学习时间就不再是一个独立的变量,而是随学生认知特征、情感特征、教学质量而变化。

1. 课堂教学时间的结构分析

我国学者施良方、崔允漷等认为,时间可以是多样化的,依据不同的视角可以把有限的课堂学习时间区分为不同的类型。如,我们可以把学校时间按其包容程度划分为五种:名义时间、分配时间、教学时间、专注时间和学术学习时间(如图)。

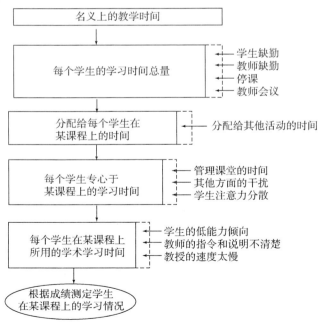

（1）分配给从事教学的时间

学校活动的总时间量通常是由政府确定的，如一所学校每学期多少天，每天多少小时，这一时间量就是我们所说的名义时间。这一时间既包括学术性活动的时间，也包括非学术性活动的时间。在名义时间中，有的时间用于学科的教学活动，有的是用于用餐、课间休息、集会等活动，用于这些活动中每种活动的时间，通常就是我们所说的分配时间。

（2）专注于学习活动的时间

教师将课堂活动的时间转换成建设性的学习活动时间，这就是我们所说的教学时间。即使教师尽其所能，也不可能使所有学生都一直专心于学习活动。例如，有些学生即使坐在座位上，也可能在做白日梦；有些学生心不在焉，思想开小差；有的学生提前完成学习任务等。这样，在教学时间里就有了我们所说的专注时间，也就是学生专注于指定活动的实际时间。在专注时间内，学生积极地参与学习过程，包括读、写、听及问题解决。如果学生实际上不专心于学习过程，那他当然就不是在学习。专注时间取决于课堂实践、学生动机、教学质量等多种因素。课堂管理的重要任务之一，就是通过保持学生专注于学习活动，提高课堂时间的质量。

（3）使用在学术学习的时间

据美国一些心理学家研究，如果学生每天在校时间为 5 小时，学生学术学习时间最多的班级平均为 111 分钟，而最少的班级平均才为 16 分钟，几乎相差 7 倍。虽然不可能要求学生将在校的每一分钟都用于学习并获得成功，但学生不宜将过多时间花费在活动转换、学习准备、做白日梦、课堂上嬉闹等方面。实践证明，在课堂中，很大一部分教学时间被浪费了。如：有些教师常常把每堂课的前 5～10 分钟用于检查学生的出勤和讲述规则；有些教师不考虑学生的学习特点，随意使用计算机等教学设施来填满教学时间；有些教师缺乏教学设计，花费过多时间在课程程序及其过渡上；有些教师在课堂纪律上耗费过多时间，打乱和影响教学活动时间；有些教师计划不周，教学内容安排不当，提前结束教学活动，等等。

2. 课堂教学时间与学业成就[①]

来自不同国家的研究先后都证实，课堂时间同学生的学业成就之间存在着很大的相关性，而且这一相关也显示出较大的复杂性。

有关研究显示，学生实际接受的教学时间量与学生学业成就之间呈正相关。这说明，学生缺课对学生的学业成就是有影响的。此外，学生在校时间并

---

① 施良方，崔允漷. 教学理论：课堂教学的原理、策略与研究. 上海：华东师范大学出版社，1999：324－323.

非全部用于课程学习，而只是部分时间分配到特定课程或单元学习。这在多大程度上影响学生的学业成就，不仅取决于这一时间量，而且取决于特定的情境。

学术学习时间强调三方面的内容：一是学生要专注于学习；二是学生在其所专注的活动方面要取得成功；三是该活动应与达到诸如年终学业测验等某一外部标准相联系。它指向程度不同的三个层次，即分配时间、专心率和成功率。分配时间仅仅是学生可以得到的学习时间。专心率表示分配的时间中学生用于注意学习任务那部分的百分率。学生具有高成功率的那部分专心学习时间就是最理想的学习条件。成功率可定义为可利用的教学时间中学生用于学习任务上获得高、中、低水平成功的那部分百分率。研究表明，学术学习时间与学生的学业成就有相当稳定的正相关关系，学术学习时间的多少直接影响着学生的学业成绩。

■示　例

学习时间对学习成绩的影响

下面是美国学者泰德利等人所做的研究[①]，从他们的研究成果中我们也能清楚地看出花费在课业上的时间对于学习成绩的影响：

泰德利、柯比以及史特林菲德曾经对八所学校中的116位教师做了一项研究，他们发现，在有效能的学校与没有效能的学校之间，学生花费在学习上的时间有相当显著的差异。他们报道了一则针对两所明显对比的小学的案例研究。这两所学校只相隔几条街，同样位于邻近郊区的中产阶级或中下阶层区；两所学校在学生族群的统整上也都相当——大约是50％的白人和50％的黑人。

一位观察者对第一所学校（即有效能的学校）的校长做如下的描述："她把她的手指放在学校的脉搏上。"人们经常可以在教室走廊或教室内看到她的身影；在教学工作中，人们也不难看到她……在每一个课堂上，她表现出对每一项重大革新事项博学多闻的态度，并使教师们能够发挥新颖的、有创造力的教学理念……课业研讨的时间扩展到极限。一位观察家注意到，每天学校的课程是如何流畅地进行——伴随着铃声以及教师的指示，学生立刻做出反应来。"当下课时间结束，孩子们走进教室时，教师会告诉他们，现在要把哪一本课本拿出来，翻到第几页。"观察者皆同意，第一所学校最成功的特点是它能有效地运用时间。

第二所学校（没有效能的学校）的校长曾因优异的教学表现而获奖。虽然她从不在教室内出现，但是在教室的走廊上，人们却可以经常看到她。她非常欢迎拜访学校的参观者，表现出一副知无不言的态度，并且表示对研究结果很

---

① ［加］大卫·布莱特. 课程设计：教育专业手册. 黄铭敦，张慧芝，译，台北：桂冠图书股份有限公司，2000：220—221.

感兴趣。她称赞她的学校和学校里的工作人员。她说，学校里的每一件事都"好极了"，一位观察家评论到："直到我们进入教室之前，每一件事都好极了。""教室里，"另一位观察家接着说，"简直是一团糟！"

如果第一所学校令人印象最深刻的特点是它花费在课业上的时间，那么，第二所学校的特点与此完全一致——它花费在课业上的时间同样令人印象深刻（少得可怜）。它以为期一星期的募款活动为借口，是作为学校没有把时间用在真正的教学上的原因，而且它并没有尝试将募款的爱国主题与教学活动联结在一起。在一个班级上的募款收集，便占去了三十分钟的时间；观察研究人员感到十分沮丧，真正的教学工作一再受到这种与课业无关的活动的干扰。研究小组中的一位成员，在两周后再度访问这所学校。他完全不感到特别的惊讶——在三周后学校仍然持续地进行着所谓"一周"的募款活动；每一堂课上课的时间典型地晚了 15 分钟；而课堂上大部分时间则用于准备下课、准备用餐，以及等待孩子们在下课结束后懒洋洋地从教室外面走进来。上课时间已经相对少得可怜，却又常常这样被耗费掉。

在有效能的学校中，上课时间准时开始，课堂上教师展现其适当的教学技巧，而且上课时间少有被干扰的情形。在没有效能的学校中，上课时间开始得很晚；教师缺乏适当的教学技巧；上课时间持续地被其他活动中断。没有效能的校长从来不走进教室，也不知道整个学校中所存在的纪律问题，并且没有任何企图要改变上课时间持续被中断的情形。没有效能的校长似乎更关心全校性的课外活动和公关活动，教学工作对她而言似乎不是很重要。

3．课堂教学时间的有效管理

课堂教学时间管理的目标是学校育人功能的具体化，目的当然是提高教育质量和促进学生的发展。争取更多的学习时间的真正含义，就是让学生投入有价值的学习活动，从而提高单位时间的学习效率。为了提高时间利用的效率，目前总结出一些有效的教学策略[①]：

（1）增加参与

增加学生的投入时间的最好途径就是教学要引起学生的兴趣和学生参与程度高的课程。有研究表明，学生的参与性在教师教课时比学生自习时要高；给学生提供较多的积极参与机会，有利于提高学习效率；在结构完善的合作学习课程中的投入时间，比在独立的课堂自习中的投入时间要多得多。

（2）保持动量

动量是指避免打断或放慢教学进度，即教学的紧凑性。上课时保持动量是

---

① 皮连生：朱燕，胡谊，主编．教学设计：心理学的理论与技术．北京：高等教育出版社，2000：193.

学生高度参与的关键，在一个保持良好紧凑性的班级里，学生总是有事可做，并且一旦做起来就不会被打断。当学生们正全神贯注地听讲时，教师突然中断讲课，花几分钟（有时更长）时间大张旗鼓地处理一件本可以忽略的小事，这对参与的干扰极大。学生浪费的不仅仅是一点时间，更糟的是，在处理事故之后学生需要更多的时间安定和回到功课上来。

（3）教学具有流畅性

流畅性指不断地注意教学意义的连续性。流畅的教学从一个活动转向另一活动时所花的时间极少，但应避免毫无过渡地从一个主题跳到另一个主题上。学生课上的不良行为许多与教师上课的跳跃性有关。当教师毫无理由地走来走去，重复和复习学生早已懂得了的知识；或者无端停下来，思考下一个问题或准备材料；或中断上课，处理一件微小或完全可以课后处理的事，都会产生课堂纪律问题。

（4）管理过渡

过渡是从一个活动向另一个活动的变化，如从讲解到演示，从一门课到另一门课等过渡是课堂管理的"缝隙"，最容易出现课堂问题。以下是课堂过渡管理的几条原则：①过渡时应给学生一个明确的信号。②学生应明确收到信号后将从事的活动或内容。③过渡时所有人同时进行，不要一次一个学生地进行。

当然，最重要的管理技巧是提高学生对学术时间的专注率。专注率是伯利纳在分配时间和专注时间基础上提出的概念，即分配时间内学生专注于某项教学活动时间所占的百分比。提高学生的专注比率意在增加专注时间，使其尽量接近于分配时间。提高学生的专注率，一是要抓住可教时机及时施教；二是选择恰当的时机处理学生行为，防止出现破坏课堂规则和形成冲突的情境。尤其是要提高过渡时间效应，保障教学各项活动的顺利衔接。此外，要提高课堂时间效率，还要在提高学生专注率基础上，提高学生学术学习时间的效率。学生学术学习时间除了强调学生专注于学习活动外，还要求高水平地掌握学习内容。这就要求教师首先要保持轻快的教学节奏，也就是要选择适宜的课堂密度、课堂速度、课堂难度、重点度、强度及激情度。其次要保证学生学习的高成功率。学生只有在学习活动中体现出较高的成功率，才能证明其学术学习时间是有效的。

◆示　例

著名特级教师李烈的"巧用课前三分钟"[①]

巧妙地利用课前三分钟，可作为改进教学方式，增强学生学习兴趣，提高

---

①　赵国忠. 透视名师课堂管理. 南京：江苏人民出版社，2007：10—11.

教学质量的一个突破口。

本学期，我利用课前三分钟，让学生上台讲成语故事、名人名言或谚语，坚持下来，大有成效。在讲之前，学生必须先做准备，阅读、记忆故事内容，明白所讲成语故事（名人名言或谚语）的原来意义和现实教育意义。在讲的时候要求做到：语言流利，不能结结巴巴，普通话要标准，讲出这个成语（名人名言或谚语）的出处、含义，并说出它的用法，通过举一个例子来谈一两点体会。一个同学所讲的内容，其他同学讲的时候不能重复，最关键的一点是站在讲台上时，仪态要大方，声音要洪亮，讲完以后，同学之间要相互评价，指出优缺点。这样坚持做下来，时间一长，学生的听说能力在不知不觉中就有了提高。

春燕同学是一个性格内向、腼腆胆小的女孩子。第一次上讲台时，面红耳赤，不敢看人。但她讲了后，同学们纷纷鼓励她："你今天能走上讲台，这已经很不容易了，继续努力！""我们希望春燕同学再讲的时候，声音要大些，态度大方自然些，争取比这次讲得更好。"……有了同学们的鼓励，春燕一次比一次讲得好。通过上台讲故事，她也变得活泼了，笑容常常挂在脸上。

我班的"调皮鬼"于一，深有感触地说："每天三分钟，时间不算长，却教我明白了许多做人的道理。'少壮不努力，老大徒伤悲'这句话给我的印象最深。我不能再整天干些没意思的事了，既影响别人，也误了自己。我要趁年少抓紧时间学习，长大做个对祖国有贡献的人。"

利用课前三分钟，学生既增长了知识，开阔了视野，又提高了记忆能力、理解能力、口头表达能力、辨别是非能力和运用知识的能力，同时还养成了良好的学习习惯，何乐而不为呢？

（崔志平）

（二）教学最佳时机的把握

我国古代教育学著作《学记》指出，"大学之法，禁于未发之谓豫，当其可谓之时"，"时过然后学，则勤苦而难成。"也就是说，教育教学原则是，在适当之时，需不失时机地进行教育教学，如果在错过学习最佳时机后才去学习，即使劳苦不堪，也难有成效。所谓"最佳教学时机"，可认为是"针对特定的教学活动中客观存在的可以获得最佳效能的一段时间中的机遇"。教学最佳时机表现出"必然性与偶然性、内隐性与外显性、易逝性与可重复性、多向性与个别差异性"的特点，客观存在"空间、教者与学者的内驱力、时间、要害问题"四个要素，具有"重要关节、关键契机、临界点、枢纽部位"的表现形态。教学最佳时机的形成方式是这四个要素的有机结合，不得其时、不得其地、不得其力、不得其问题之要，都不能构成教学最佳时机。把握教学最佳时机，则事半功倍，四两拨千斤；失去教学最佳时机，则事倍功半，甚至一事难成。[①]

1. 教学最佳时机的选择

孔子在其启发教学实践中也认识到教学时机的关键作用。他所讲的"不愤不启，不悱不发"，也就是说，只有当学生进入积极思维状态，产生强烈的求知欲望时，教师应给予适当的诱导和引发，即教师在教学的最佳时机进行启发，才能帮助学生打开求知的门扉。只有当学生处于"心求通而未得"、"口欲言而未能"之时，进行"开其意，达其辞"，才能取得最佳的教学效果。孔子又说"学而时习之，不亦说乎"，强调学过之后及时进行复习、练习和演习，学到了知识和本领，内心的愉快是无法形容的。

最佳教学时机的选择，是教师的一种策略性行为。教学最佳时机不是等来的，等待时机如同守株待兔。居里夫人说过："智者创造时机，弱者等待时机。"因此，在教学中要主动创设教学最佳时机，才能教得主动，学得主动，先声夺人，有备无患。[②]

◉示 例

因为我们拥有同一颗中国"芯"——"硅"的导课

上"硅"这一节课的引入现在想起来还很激动。记得我在展示各种由硅及其化合物制成的材料图片后，问学生："你们知道'硅谷'"，知道'中国芯'吗"？学生很兴奋，你一言我一语地说起来。说得差不多了，我又问："同学们想不想当百万、千万富翁呢？"学生们更兴奋了。我告诉他们，在美国硅谷，知识就是财富，1999 年人均年薪就超过 10 万美元，一夜之间成为百万、千万富翁是很平常的事。但就在这年，在硅谷已成功创业的邓中翰应邀回国，指挥"中国芯"的研发。彻底结束了"中国无芯"、每年斥巨资向国外购买芯片的历史。邓中翰先后获得"国家科技进步一等奖"，当选为中国工程院最年轻的院士、中国科协副主席，获得 CCTV 中国经济年度人物奖年度大奖等多项荣誉。他有句话特别发人深思："我在硅谷的时候也做研发，也做芯片，但是感觉是完全不一样的，因为做出来任何成果都是别人的，回到祖国之后，我们所做的任何一个'中国芯'的自主知识产权是属于我们国家的，每当想起把自己的青春和知识与国家的发展相结合，我就感觉浑身有使不完的力气。"当时这段话我用幻灯片呈现出来，找了一个声音特别洪亮、有气势的学生读的。读完之后，班内鸦雀无声，也就过了几秒吧，同学们热烈地鼓起掌来，我也和学生一块激动着。我的初衷，教学中对学生进行爱国主义教育的目的，我想已经达到

---

① 胡志刚. 教育时机论. 哈尔滨：黑龙江人民出版社，2003.
② 胡志刚，李秀华. 教学最佳时机. 课程·教材·教法，2012（3）.

了。这堂课学生学得特别认真。

　　这样的教学容易使学生产生认知冲突，进入"愤"和"悱"的状态，出现对新知识教学的最佳时机，而这样一个教学最佳时机的出现源于教师备课中的教学预设，好的教学效果是教师积极主动创设的。只有教师在教学方面具有主动创新的意识，才能将教学过程展现得不拘一格、不同凡响。

2．教学最佳时机的捕捉

　　教学时机存在于林林总总、大小不一的"时机场"中，教学活动中不能不分主次地捕捉所有时机，而应捕捉效率高、作用与价值大的时机，即捕捉教学最佳时机。有些教学最佳时机常常存在于人的主观意识之外，因此，对教学最佳时机的捕捉可视为"时机未出现时有意识地寻找，出现时及时发现并迅速作出选择和科学决策，将其付之行动"的过程。

　　在教学研究中，诸如捕捉各种关键期的教学时机也颇具代表性。如化学教学中存在初中化学学习的启蒙期、初中至高一化学衔接的关键期、高一化学入门的关键期、高二化学学习的混合期（低潮期与高潮期交织并存）、高三化学知识系统化、结构化和化学学习的升华期、必修与选修模块的衔接期等。教师及时地捕捉住这些关键期进行教学，较容易产生最佳的教学效果；如果没有把握好或忽视了这些关键期教学的时机，则会事倍功半，甚至徒劳无益。

　　另外，也可利用人体生物钟的规律，如人的体力、情绪、智力的三节律（简称PSI），或根据人体的日钟即一天的生命节律变化的规律进行教学。在生物钟处于高潮期时抓住时机，惜时如金，高效学习。反对高潮期时嬉戏，沉迷于电子游戏、影视音像等，而且在学习低潮时加班加点，久之会造成生物钟紊乱，事倍功半。

3．教学最佳时机的利用

　　创设和捕捉教学最佳时机的目的是为了充分利用教学最佳时机，获得最大的教学效益。教学最佳时机就其存在来说是客观的，对待教学最佳时机的意识和把握却是主观的，只有被充分利用的最佳时机才有实际意义。因此，所谓教学最佳时机的利用，就是把握教学最佳时机的重要环节，要求教者与学习者具有相机而动、游刃有余地利用最佳时机的意识，需要教师高度的责任心并付之行动。否则出现了教学最佳时机也会漠然置之，坐失良机。

　　可供我们利用的教学时机，既可以是根据教学内容积极创设的情境，也可以是教师用"一双慧眼"捕捉到的偶发事件，还可以是"得来全不费工夫"的发生在我们身边的大事、趣事。如：在高中化学教学中"苏丹红事件"就是可供我们利用的学习芳香族化合物的好时机，而"中国第一个目标飞行器'天宫一号'"的顺利升空又是为学习NO_2性质、热化学方程式和进行爱国主义教育的绝佳时机。

利用教学最佳时机的主要方法之一是"相机而动,随机应变",如怎样应对偶发事件,就是教师是否具备良好教学机智素养的体现。

(三) 进行教学时程的调控

教学是通过一定的课堂组织形式实现的。为了实现教学目标,培养学生的智力和能力,在课堂上组织学生有效地利用教学时间、空间,有效地发挥各种教学媒体的作用,这都是课堂组织教学要解决的问题。

在课堂教学过程中,管理学生,引起注意,调动学生的积极性,使其活泼、主动地学习,建立和谐融洽的教学秩序,从而实现预定的教学目标的行为方式,统称为教师的课堂组织。

组织课堂活动,一定要讲究科学,这就要求我们要遵循教学活动的规律,特别是课堂学习动力变化的规律和学生身心变化的节律。从操作角度说,主要是:

1. 环环紧扣,循序渐进

教师必须按照学生的实际情况、学生的认识规律来组织课堂教学,使教师"教"的活动和学生"学'"的活动互相适应。学生的认识活动一般表现为感知教材、理解教材、巩固知识、运用知识四个序列性的阶段。教师在组织这四个阶段的教学过程中要做到环环紧扣,严格要求,并结合课堂教学开发学生智力,培养学生多方面的能力。在课堂教学过程中要遵循从感性到理性、从具体到抽象、从个别到一般、从现象到本质的规律,循序渐进,一步一步地提高学生的认识水平。

2. 重点突出,疏密相间

任何一篇课文、一个概念或原理,其内容都有重点和非重点之分,教师组织课堂教学时,应突出重点,突破难点,切忌平均使用力量。要做到重点突出,反复讲解;难点与重点同步,一步一步仔细讲;一般内容简明扼要讲。这样才能使学生感到层次清楚,节奏分明。同时,教学信息密度也应疏密相间,有张有弛,形成有规律的节奏。

3. 动静搭配,张弛有度

教师要巧妙地安排课堂教学的方式,使之有动有静,动静结合。要把课堂教学中的各种活动方式,如教师讲,学生听;教师演示,学生观察;教师提问,学生活动;学生动手,教师指导;学生做题,教师评改;学生自学,教师辅导等,按教学双边活动和科学顺序有机搭配起来,使教学在动静搭配中有秩序、有节奏地进行。同时,还要做到教学内容和教学方法的新颖有趣,挥洒自如,把妙趣横生的讲解、精心设计的演示、幽默风趣的穿插、画龙点睛的点拨等科学地、有针对性地交错运用于整个课堂教学过程之中。

◈示　例

张弛有致的教学节奏①

　　所谓课堂教学节奏，是指教学的速度及其规律性的变化。把握好教学节奏，提高教学节奏操作的艺术性，课堂教学就可以充满趣味和生机，收到事半功倍的效果。课堂教学节奏可分为课堂时间结构节奏、课堂表现节奏和激发学习主体节奏。

　　课堂时间结构具有开头——发展——结尾这样起伏错落的鲜明层次。对学生的生理测验表明，在每节课的 45 分钟内，学生大脑的兴奋状态呈曲线变化，约在 20 分钟左右出现一个延续几分钟的疲劳性波谷区。因此，课堂时间结构的安排，应当具有相应的变化节奏。

　　借鉴音乐奏鸣曲的结构，可将课堂教学过程划分为五个阶段。一是简洁、精彩的开场白，以启发兴趣。二是以讲解为手段显示教学内容的"第一主题"（重复），这相当于奏鸣曲式的"显示部"。在这段 15～20 分钟的时间内，要使学生保持较高程度的心理紧张，以集中的注意力和兴奋活跃的思维，接受和理解高负荷、高密度的教学内容。三是以各种方法进一步展开对第一主题的分析和阐发，这相当于"展开部"，约 10～15 分钟。展开部要尽可能让全班学生一起参与，方式要生动活泼，有趣味性，并且最好能加入手或身体的操作活动，使学生在愉快的情绪中度过疲劳区。四是显示教学内容的"第二主题"（次重点），这可称为"第二显示部"，时间约 10～15 分钟。第二显示部亦可从新的角度重复说明第一主题。五是结尾，相当于"再现部"。结尾要提供一个能够简明浓缩地再现所学内容的核心式样，如沙塔洛夫的"纲要信号"，以便让学生的心理紧张程度在核心式样的引导下达到新的有序化，体验到克服困难后轻松愉快的胜利感，并能积极有效地保持对基本内容的记忆。

---

① 张向葵，吴晓义，主编，课堂教学监控．北京：人民教育出版社，2004：153.

第五章　注重"基于标准"的课程实施

新修订的 19 个学科课程标准的颁发，进一步推动了广大教师对课程标准的学习、理解和研究。如何基于课程标准去改进教学设计，实施优质高效的课堂教学，已受到越来越多的教师的关注。

教育有了课程标准之后，会是怎样的？国际经验已经告诉我们：随着我国课程标准的出台，随之而来的就是"基于标准"运动，如基于标准的课程设计，基于标准的教学，基于标准的评价，基于标准的问责，基于标准的资源开发，等等[①]。

一、深化课程标准的认识

在新一轮的基础教育课程改革中，我们沿用了多年的教学大纲将逐渐退出历史舞台，而国家课程标准正悄然进入我们的视野。课程标准作为国家对学生接受一定教育阶段之后的结果所做的具体描述，是国家教育质量在特定教育阶段应达到的具体指标。它具有法定的性质，因此它是教育管理、教材编写、教师教学、学生学习的直接依据。我们必须按照国家课程标准推进教学改革。

（一）课程标准的意义

对于课程标准的定义，国内外的表述不完全相同。顾明远主编的《教育大辞典》（第一卷）对课程标准的定义是，课程标准是确定一定学段的课程水平及课程结构的纲领性文件。课程标准（结构）一般包括课程标准总纲和各科课程标准两部分。前者是对一定学段的课程进行总纲设计，是一种纲领性文件，规定各级学校的课程目标、学科设置、各年级各学科每周的教学时数、课外活动的要求和时数以及团体活动的时数等；后者根据前者具体规定各科教学目标、教材纲要、教学要点、教学时数和编订教材的基本要求等。1952 年后，前者称为"教学计划"，后者称为"教学大纲"。

---

① 崔允漷，王少非，夏雪梅. 基于标准的学业成就评价. 上海：华东师范大学出版社，2011：9.

1. 课程标准的内涵

我国的课程研究者结合我国的教育传统以及教师的知识准备，认为从以下几方面理解课程标准的含义是很重要的[①]。

（1）课程标准主要是对学生在经过某一学段之后的学习结果的行为描述，而不是对教学内容的具体规定（如教学大纲或教科书）。

（2）它是国家（有些国家是地方）制定的某一学段的共同的、统一的基本要求，而不是最高要求。

（3）学生学习结果行为的描述应该尽可能是可理解的、可达到的、可评估的，而不是模糊不清、可望而不可即的。

（4）它隐含着教师不是教科书的执行者，而是教学方案（课程）的开发者，即教师是"用教科书教，而不是教教科书"。

（5）课程标准的范围应该涉及作为一个完整的个体发展的三个领域：认知、情感与动作技能，而不仅仅是知识方面的要求。

2. 课程标准的功能

国家课程标准是整个基础教育课程改革系统工程中的一个重要枢纽。《基础教育课程改革纲要（试行）》指出，国家课程标准是教材编写、教学、评估和考试命题的依据，是国家管理和评价课程的基础。应体现国家对不同阶段的学生在知识与技能、过程与方法、情感态度与价值观等方面的基本要求，规定各门课程的性质、目标、内容框架，提出教学建议和评价建议。这一段论述，揭示了课程标准的基本功能。

由于课程标准规定的是国家对国民在某方面或某领域的基本素质要求，因此，它毫无疑问地对教材、教学和评价具有重要指导意义，是教材、教学和评价的出发点和归宿。因为无论教材还是教学，都是为这些方面或领域的基本素质的培养服务的，而评价则是重点评价学生在这些方面或领域的表现如何，是否达到了国家的基本要求。因此，无论教材、教学还是评价，出发点都是为了课程标准中所规定的那些素质的培养，最终的落脚点也都是这些基本的素质要求。可以说，课程标准中规定的基本素质要求是教材、教学和评价的灵魂，也是整个基础教育课程的灵魂。这也正是各国极其重视课程改革，尤其是课程标准研制工作的重要原因。应当认识到，课程标准是教材、教学和评价的灵魂，但它并不等于课程标准是对教材、教学和评价等方方面面的具体规定。课程标准对教材、教学和评价的指导是实实在在的，不是事无巨细、面面俱到的。

3. 课程标准的架构

课程标准的框架是指同一套课程标准的具体格式，这主要是规范一个国家

[①] 钟启泉，等. 为了中华民族的复兴，为了每位学生的发展：《基础教育课程改革纲要（试行）》解读. 上海：华东师范大学出版社，2001：172.

或地方的各个领域或各门课程在学生学习结果方面的陈述方式。尽管各国的课程标准框架是多种多样的，至今也没有一个国际公认的陈述形式，但是同一套标准的格式基本上是一致的。这主要有利于体现规范文件的严肃性与正统性，有利于标准的宣传、交流与传播，也有利于教材的阅读、理解与接受。

课程标准的框架可以从两方面来理解，一方面是整套标准的结构，另一方面是某一门课程或领域的结构。

（1）前　言

主要介绍课程的背景、性质（价值）、课程的基本理念以及课程标准的设计思路。背景包括社会经济发展的背景、科技发展的背景、本学科发展的背景、现存课程的不足、国际上本课程的发展趋势等；课程的性质（价值），主要是论述课程的特点；课程的基本理念，包括《纲要》提出的共同理念，也包括与本课程有关的特定理念等；设计思路是课程标准的基本框架结构。

（2）课程目标

包括总目标和分目标。总目标应在《基础教育课程改革纲要》基本精神的指导下，结合本课程的目标进行论述；分目标一般包括三个部分：知识与技能方面的目标，过程与方法方面的目标，情感、态度与价值观方面的目标。

（3）内容标准

是实现课程目标的基本要求。内容标准是课程标准的核心部分，它是总目标和分目标的进一步具体化。内容标准要反映《国家基础教育课程改革纲要（试行）》的精神，体现课程改革的具体目标。

（4）实施建议

包括教学建议（结合本学科的性质和价值，给教师提供的一些原则性的建议）、课程资源的利用和开发、评价建议、教材编写建议等四部分。

（5）附　录

内容标准的细目，包括术语解释、教学案例以及其他一些辅助性的说明等内容。

（二）课程标准的追求

世纪之交，党中央、国务院为迎接知识经济的挑战、全面提高国民素质、提升综合国力，做出全面实施素质教育、进行基础教育课程改革的重大战略决策。本次课程改革着眼于建立有中国特色、更加符合时代要求的基础教育课程体系，研究制定基础教育各学科课程标准是其中的核心内容。因此，课程标准具有以下的特征：

1. 体现素质教育观念

课程标准力图在"课程目标"、"内容标准"和"实施建议"等方面全面体现"知识与技能、过程与方法以及情感态度与价值观"三位一体的课程功能，从而促进学校教育重心的转移，使素质教育的理念切实体现到日常的教育教学过程中。

2.　突破学科中心樊篱

课程标准关注学生的兴趣与经验，精选学生终身学习必备的基础知识和技能，努力改变课程内容繁、难、偏、旧的现状，密切教科书与学生生活以及现代社会、科技发展的联系，打破单纯地强调学科自身的系统性、逻辑性的局限，尽可能体现义务教育阶段各学科课程应首先服务于学生发展的功能。

3.　改善学生学习方式

各学科课程标准结合本学科的特点，加强过程性、体验性目标，引导学生主动参与、亲身实践、独立思考、合作探究，从而实现学生学习方式的变革，改变单一的记忆、接受、模仿的被动学习方式，发展学生搜集和处理信息的能力，获取新知识的能力，分析和解决问题的能力，以及交流与合作的能力。

体现评价促进学生发展的教育功能，"评价建议"有更强的操作性。

各学科课程标准力图结合本学科的特点提出有效的策略和具体的评价手段，引导学校的日常评价活动更多地指向学生的学习过程，从而促进学生和谐发展。课程标准中建议采取多种方法进行评价，如成长记录与分析，测验与考试，答辩，作业（长周期作业、短周期作业），集体评议。

值得一提的是，其中"成长记录与分析"提倡学生不断反思并记录自己的学习历程：最好的作业、最满意的作品、最感兴趣的一本课外书、最难忘的一次讨论……通过记录并反思学生的成长历程，激发学生的学习兴趣和自信心，发展学生的自我意识，为全面客观地评价学生积累素材。

◆示　例

提供改善学习方式的案例

不少学科课程标准都提供了可借鉴的案例，如：

通过活动——

●设计实验探究哪些垃圾可能被自然降解，哪些垃圾不能被自然降解。

●在家长的帮助下收集和称量每天垃圾的重量。估算一个城市或一个乡镇每周生活垃圾的总重量。

●组织学生设计问卷，调查每个家庭对生活垃圾中可再生利用的垃圾的处理方式，写出调查报告。

考查学生在上述活动中的表现——

●能否实事求是地分析调查活动的数据？

●能否积极主动地完成收集一周垃圾的任务？

●能否独立思考，提出与他人不同的见解？

●是否在调查报告中表现出对社区垃圾污染环境问题的忧虑？

●能否在调查报告中积极提出垃圾处理方式的建议？

4．拓展课程实施空间

　　课程标准重视对某一学段学生所应达到的基本标准的刻画，同时对实施过程提出了建设性的意见；而对实现目标的手段与过程，特别是知识的前后顺序，不做硬性规定。这是课程标准和教学大纲的一个重要区别，从而为教材的多样性和教师教学的创造性提供了广阔的空间，为体现并满足学生发展的差异性创造了比较好的环境。

◈**示　例**

课程标准中的"建设性"意见

语文课程标准：

●1～2年级——认识常用汉字1600～1800个；课外阅读总量不少于5万字。

●7～9年级——认识常用汉字3500个；课外阅读总量不少于260万字。

体育课程标准：

●5～6年级（水平三）——达到该水平目标时，学生将能够初步掌握多项球类运动中的多种动作技能；初步掌握一两套徒手体操或轻器械体操；初步掌握一套舞蹈或韵律活动动作……

（三）课程标准实施的检视

　　2001年印发的义务教育各学科课程标准（实验稿），在十年的改革实践中，极大地促进了教育工作者教育思想观念的转变，大范围引导了教学改革和人才培养方式的转变，得到中小学教师的广泛认同。随着改革的深入推进，也发现了一些需要进一步提高与完善的地方。从课标实施的角度看，大致可归结为以下三个方面[①]：

1．大部分教师仍然依据教材来实施课程

　　教师的课程实施主要有三种情况：第一种是基于教师经验的课程实施。也就是说，教师凭借自身所具备的理念和知识开展教学，将经验转化成课程内容，教师的素养决定着教育教学的质量，这样就造成教学随意性很大，更不要说优化教学内容了。第二种是基于教材的课程实施，就是我们通常说的"教教材"。这种课程实施的特征集中体现在："课程"几乎等于教材，把教材视为唯

---

① 管建平．基于课程标准教学的实践与探索．教育发展研究，2011（13）．

一的课程资源；应该教什么、如何教，几乎完全决定于教材；学生成为被灌输的容器，视教材的内容为定论的知识。教师重内容分析，轻方法指导，造成教学效率低下。第三种是基于课程标准的教学。课程标准反映了国家对学生学习结果的统一的基本要求，课程标准限定的是学生的学习结果，而非教学内容。基于课程标准的教学要求教师整体思考标准、教材、教学与评价的一致性。所以，这应该成为教师逐步努力的方向。

2．课程实施过程中难度拔高现象严重

由于现行课程标准描述精度不够，导致课程实施中的教学要求被明显拔高，学生和家长直接感受到的并都不是课程标准和教材的要求，而是通过教师的上课、作业布置和考试要求等所综合反映出来的东西，同时造成学生过重的课业负担。

3．教师解读课程标准往往带有随意性

现行课程标准描述精度不够还会产生另一个弊病，即教师对课程标准把握不准。有人戏称现在的课程标准像"橡皮筋"，宽窄度大，可以自由拉升，容易导致解读得不恰当，甚至随意解读。有的教师，包括教了多年的教师，只知教材，不知"课程标准"；只知上课，不知"为什么教"。

总之，针对在课程实施中存在的问题，从管理层面来讲，必须以提高教学有效性为突破口，提升学校领导课程规划能力和实施能力；从教师层面来讲，必须从把握课程标准入手，提升教师的课程执行力；从学生层面来讲，必须减轻过重的作业负担，提高他们的学习能力和创新意识。

二、基于课程标准的教学

课程标准反映了国家对学生学习结果的统一的基本要求，是对学生在校期间应达到的知识与技能、过程与方法、情感态度与价值观的阐述。因此，课程标准限定的是学生的学习结果，而非教学内容。基于课程标准的教学，就是教师根据课程标准对学生规定的学习结果来确定教学目标、设计评价、组织数学内容、实施教学、评价学生学习、改进教学等一系列设计和实施教学的过程。基于课程标准的教学给了教师一种方向感，它既为教学确立了一定的质量底线，又为教学预留了灵活实施的空间，因此它要求教师根据教学目标适当处理教学内容，根据课程标准倡导的理念选择适合的教学方法，而且要求教师开展基于课程标准的评价。

基于课程标准的教学不是要求所有教师教学标准化，也不是一种具体的教学方法，更不是像有些教师认为的"课程标准涉及的内容我就教，课程标准没有涉及的内容我就不教"。确切地说，基于课程标准的教学要求教师"像专家一样"整体地思考标准、教材、教学与评价的一致性，并在自己的专业权力范围内做出正确的课程决定。[①]

（一）基于课程标准教学的特征

自从进入普及教育时代，在出现国家课程标准之前，教科书占据着一个核心的地位。教师考虑最多的就是"教什么"和"怎样教"的问题，至于"为什么教"和"教到什么程度"的问题，教师不仅关注得不多，而且没有权威的依据。有了国家课程标准之后，就要求教师应该"像专家一样"整体地、一致地思考上述四个问题，并做出正确的决定。这就是所谓的基于课程标准的教学。

1. 教学目标源于课程标准

有了国家课程标准之后，教学的目标要说明的是"为什么教"和"教到什么程度"的问题，它不是来源于教材或教师的经验，而是来源于国家课程标准；教学的主题、内容以及活动都是由教学所要达成的目标决定的。教师需要深刻理解课程标准，把握对学生的总体期望，将课程标准具体化为每一堂课的教学目标，并据此确定教学内容，选择教学活动方式。但从课程标准到教学目标，中间存在着一段比较大的距离。

课程标准反映了对学生的总体期望，是课时教学目标累积起来达成的。从课程标准到课时目标必须经过多重转换：课程标准（一个学段结束后要达到的结果）——学年/学期目标——单元目标——课时目标。教师必须在深刻理解课程标准的基础上，对课程标准进行解构，再在具体的教学情境中，结合教科书的内容，对课程标准进行重构，形成单元/课时目标。也就是说，在基于课程标准的教学中，源于课程标准的教学目标先于教学内容而存在，教师需要根据预定的教学目标处理教学内容。教科书只是用以支持教学的工具或资源之一。

2. 评估设计先于教学设计

在传统的教学中，评估是外加于教学过程的一个部分，主要用于检测学生是否已经知道教师所教的东西，能否表现出教师所教的技能，而不是用于检测学生是否学到根据目标要求应知和能做的东西；且评估的设计通常是在课程单元完成之后。其功能在于检测或提供反馈，不具有指导教学的功能；评估的设计、实施和评分常常具有较大的随意性，缺少关于目标及高质量表现的清晰意识。在实践中这样的现象并不少见，如教师自己编制的试卷很少反映学生的学习，也没有反映课程标准规定的质量指标，且经常是不清晰的，因此也是不公平的。

---

① 崔允漷. 课程实施的新取向：基于课程标准的教学. 教育研究，2009（1）.

　　在基于课程标准的教学中，教学是为了让学生努力证明"教到什么程度"，评估是为了获得"教到什么程度"的证据，它代表着学生需要知道的东西，是与目标紧密相连的。教师的教学是从对学生必须完成的任务以及学生作业应有的质量的清晰构想开始，再到计划一系列的活动以保证班级中每个学生都有出色的表现，进而获得对学生达成标准的证明。换言之，基于课程标准的教学是由学生应知和能做的共识来驱动的。

　　为保证学生达成课程标准的要求，教师必须清楚地意识到，要展示成就，学生必须知道什么，能做什么，达成标准应有怎样的表现质量。在基于课程标准的教学中，这些问题对于教学具有重要的指导作用，如能够指导课的内容设计，指导课的计划和节奏，指导对学生学习质量的评估。就此而言，明确学生在结束时能做什么，最终判断表现的指标又是什么，并对学生做出解释，这是基于课程标准的教学的起点。也就是说，在基于课程标准的教学中，评估的设计必须先于教学活动的设计。

3. 指向学生学习结果的质量

　　在基于教师经验或教科书的教学中，教师往往借助个人的判断或者某种工具对学生的学习做出评定，学生学习等级的判定反映的是教师个人关于教学质量和学习质量的理解。不同的教师对学生学习质量的判断仅仅指向于学生表现的质量。在基于课程标准的教学中，学习结果的质量对所有的学生都是相同的，但达成这一结果的方式则是千差万别的。教师仅仅让学生完成作业是不够的，必须将学生做的作业用来证明学生在掌握特定的知识、技能和意向方面的进步。教师必须清楚地意识到所期望的质量，并且引导学生去实现这些进步。教学不是随机的，而是与学生已知的、能做的以及所期望的学习质量紧密相关的。教师必须用多种教学策略来满足学生多样的学习需要，并规划适当的学习机会，允许学生以自己的节奏实现进步。

　　基于课程标准的教学是否成功要根据学生的学习结果来判断。教师们再也不能说："我课教得很好，只是学生没有好好学习。"良好的教学的证据是达成了共同制定的标准，如果证据表明学生没有适当的表现，教师就应当提供额外的教学。在基于课程标准的教学中，对表现的评价是根据共同认定的表现标准来判断特定的表现证据，也就是说，对学生进步和表现质量的判断必须反映出课程标准所列举的适当表现的特征。尽管不可避免地会存在因个人偏好产生的差异，但学生总是有理由"会被一个教师看成好的，也会被另一个教师看成好的"。一个教师眼中合理的进步也会被其他教师看作合理的进步，学生也能运用这种特定的质量指标来引导自己的学习，判断自己的作业与进步。学生的作业是表现信息的重要来源，也是教师判断教学成功与否或是否需要改善的重要依据，教师据此了解学生的学习状况，进而为设计下一步的教学提供决策基础。

（二）掌握内容标准分解的原则

"内容标准"指的是学科课程标准中反映"应该教学什么"的内容，它是"应该教学什么"这一课程内容的具体化、明确化和标准化。"内容标准"是课程标准中不可或缺的重要组成部分。

内容标准所陈述的课程内容具有如下特点：基本性、基础性、目标性、标准化。课程标准中的内容标准并不是要限制也不可能限制师生的教学，更不是规定只能教学某些内容。相反，它是师生创造性教学的基点，师生借助于这一基点才不会在知识海洋中迷失方向，才能得到知、能、情的整体、协调发展。

1. 学习目标的内涵与构成要素

从理论上说，内容标准就是学段的学习目标，是比较上位的、抽象的学习目标。分解课程标准就是将上位的内容标准具体化为单元或课时的学习目标，即将抽象的内容标准通过分解具体化为可评价的、能直接指导教师教学与评价的目标。教育历来是人类有目的、有意向的行为，无疑，目标既是学生学习、教师教学的出发点也是归宿。

学习目标就是期望学生经历一定时间的学习以后所获得的结果。它是学生在教师指导下完成某项学习任务后应达到的质量标准，在方向上对教学活动设计起指导作用，并为教学评价的开发和实施提供依据。因此，确定学习目标，不仅有助于教师明确模块、单元、课时目标与课程标准的衔接（或超越）关系，从而明确课程与教学设计的工作方向，而且有助于学习内容和学习活动的选择与组织，并可作为教学实施的依据和学习评价的准则，从而提高教学的效果和效率。确定学习目标并与学生分享，教师也能够帮助学生理解这些期望，学生就会为自己的学习负责，且能更好地有针对性地学习并把握自己的成功。学生只有明了学习目标并感到成功的机会在自己手中，才会付出更多的努力去争取，从而极大地激发他们的学习动机。[①]

◆**示　例**
学习目标的基本要素

学习目标要具备这样的功能，至少必须明确谁学、学什么、怎么学、学到什么程度，清晰地回答这四个问题，便构成了学习目标的基本要素：行为主体、行为表现、行为条件与表现程度。

行为主体——行为主体是学习者，不是教师。学习目标描述的是学生学的行为，而不是教师教的行为。规范的学习目标的开头应是"学生应该（能）……"，书写时可以省略，但思想上应牢记，合适的目标是针对特定的学习者的。

行为表现——行为表现包括希望学生完成的任务和达成的结果，而预期的

---

① 周文群. 缺失与重构：基于标准的语文课程内容的思考. 课程·教材·教法，2010（6）.

行为结果又可分为三类：成果性结果（如背一首诗）、体验性结果（如在军训时打过靶）、创新性结果（如设计广告语）。因此，叙写学习目标的行为表现可以陈述学习成果，也可以陈述学习任务。它们由两部分组成：行为动词和核心概念（名词）。行为动词用以描述学生所形成的可观察、可测量的具体行为，如写出、列出、认出、辨别、比较、对比、指明、绘制、解决、背诵。核心概念（名词）是行为动词指向的对象，如实验报告、菜单、概念的区别、光合作用的意义、效果图、方案。

行为条件——行为条件是指影响学生产生学习结果或完成学习任务的特定限制或范围等，主要有辅助手段或工具、提供的信息或提示、时间/次数/空间等数量的限制、完成行为的情景等。如，"借助计算器"，"根据地图"，"看完全文后"，"5 分钟内"，"通过观察情境和小组讨论"等。

表现程度——表现程度是指某一群体或个体学生达成目标的最低表现水准，用以评量学习表现或学习结果所达到的程度。如，"说出'家园'的三层含义"，"至少提出两种解决方案"，"百分之九十都对"，"10 次至少进 4 球"，"完全无误"等。

当然，学习目标描述的是期望学生达成的学习结果。这种学习结果有的是在真实的学习活动发生之前可以预设的；有的在学习发生之前很难预设，难以规定甚至无需规定。这种学习结果有的具体、外显，可直接观察、测量；有的抽象、内隐，只能通过学生的行为表现间接推测，有的甚至很难或不能转化为行为表现。上述学习目标的四要素强调的是学生的外显行为，确定的学习目标比较具体、明确、清晰，也便于观察和测量，但没有很好地关注学生内部心理的变化。

初中物理"探究——水的沸腾"一节教学目标的比较

甲：1. 经历"水的沸腾"实验过程，观察水的沸腾现象，感知水的沸腾是一种表面和内部同时发生剧烈汽化的现象，整个过程要吸热。

2. 能用沸点的知识解释水、油、氧气等不同状态和现象。

3. 在分组实验活动中，具体分工，责任到人，团结协作，共同完成观察、测量、记录、整理等工序。

乙：1. 观察水的沸腾现象，说出水的沸腾特征。

2. 能用沸点的知识解释生活和自然界中的一些现象。

3. 培养观察能力、动手操作能力、合作交流能力，增强探究和创新意识。

显然，甲提出的教学目标关注了学生的经历过程，具体而细化，体现了探究性课程的特点；而乙提出的教学目标似乎任何一节课都可以套用，也就失去了应有的意义。

2. 内容标准与学习目标相对应

我国的课程标准以 2～3 年为一个时间段，分水平（或学段）描述了各领域、主题、知识点的学习结果。课程标准分解为各个层级的学习目标，是一个复杂的历程，有多种分解取向、分解方式、分解策略和对应关系。这种课程标准分解的复杂性和多样性使得各个层级的学习目标变得更加丰富，教师设计课程的自主性和弹性也就变得更大了。将内容标准分解成课堂操作层面的课时学习目标，其数量上的对应关系大致有下列三种情形（见下表）。

内容标准和学习目标在数量上的对应关系

内容标准	分解	学习目标	对应关系
I	——→	A	一对一
II	——→	B	一对多
	——→	C	一对多
III			
IV	——→	D	多对一
V			

　　如表所示，一对一关系是指一条学习目标达成一条内容标准，目标和内容标准的对应明显可见。一对多关系是指一条内容标准需要分解成多条学习目标才能达成。多对一关系则是将多条内容标准或其中相关的目标因子组合、聚焦或联结在一起而成为一个学习目标。

　　无疑，课程标准是确定学习目标的重要依据。但是学习目标的确定还需要受谁确定、在哪里确定、给谁确定等诸多方面的影响，也就是说，它还要受教师、学生以及在哪个层面的学习目标的因素影响。这里不讨论其他因素，只是聚焦在内容标准与学习目标的关系上来讨论。

　　3. 分解内容标准的基本策略

　　在基于课程标准设计教学与评价的过程中，课程标准分解的作用在于形成学习目标和评价指标，指导教学和评价活动的设计。根据上述内容标准与学习目标的三种对应关系，我们将内容标准的分解确定为四种相应的策略：替代、拆解、组合、聚焦/联结。

　　（1）替代策略

　　利用一对一的对应关系，以某主题语替换原有课程标准中的关键词，形成学习目标。如，"向同伴展示学会的简单运动动作"，用"五步拳"替换"简单运动动作"，即可形成武术单元中的一条学习目标。又如，"正确应对运动中遇到的粗暴行为和危险"，用"足球比赛"替换"运动"，即可形成足球单元中的一条学习目标。

　　（2）拆解策略

　　使用一对多的对应关系，将课程标准拆解成几个互有联系的细项指标，以此形成具体的学习目标。如，"练习各种平衡动作"，把"各种平衡动作"拆解为"扣腿平衡"、"提膝平衡"、"探海平衡"、"望月平衡"等，即可形成一个武术单元中多条具体的学习目标；这些还是静止性平衡动作，仍可拆解为不同运动项目动态动作的平衡练习。又如，"能用实例说明机械能和其他形式的能的转化"，"说明"可以拆解为"用言语说明"、"用图表说明"、"用实验演示说明"等，"其他形式的能"可以拆解为"电能"、"热能"、"光能"、"化学能"等，即可形成"机械能"教学单元中多条具体的学习目标。

（3）组合策略

运用多对一的对应关系，合并多条课程标准，形成一个学习目标。如，"认识和理解体育锻炼对身体形态发展的影响"，"认识和理解体育锻炼对身体机能发展的影响"，由于身体形态和身体机能是体质的下位概念，因此，可以将其组合，形成"理解体育锻炼对体质健康的意义"这一学习目标。

（4）聚焦/联结策略

这也是运用多对一的对应关系，选取多条课程标准中相同的或具有关联性的部分内容作为教学的焦点，形成一个学习目标。如，"能用动摩擦因数计算摩擦力"，"用力的合成与分解分析日常生活中的问题"，可以聚焦，联结，形成"分析斜坡停车问题"这一学习目标。

从以上可以看出，拆解和组合策略是一对相反的过程。拆解策略是把一个学习目标分解为更小的学习目标，而组合策略则把几个小的学习目标聚合为一个大的学习目标。需要强调的是，分解课程标准即根据学情、校情和其他课程资源将上位的内容标准具体细化为下位学习目标的过程。这一过程中，基本的分解策略是拆解，即使采用聚焦、联结策略，也必须在"拆解"的基础上，再聚焦/联结其中内容相同或关联的部分构成学习目标，因此，拆解策略是分解课程标准的基本策略。

◈示　例
"说明细胞分化"一课时的教学目标

依据学习目标陈述的规范，叙写明确的学习目标，叙写时可省略"行为主体"。"说明细胞的分化"这一内容标准最后确定的一课时的学习目标如下：

（1）在教师的指导下，通过阅读和观察情境，准确无误地简述细胞分化的时间。

（2）通过倾听教师讲解和观察情境，准确地用关键词简述细胞分化的原因。

（3）通过讨论和分析具体的细胞分化情境，自己组织语言或绘制图形准确无误地阐明细胞分化的过程。

（4）通过观察和分析具体的细胞分化情境，能独立举例准确地解释细胞分化的两个特点。

（5）在新情境中，通过集体讨论，在教师提示下总结细胞分化与分裂在个体发育中的意义。

（三）基于课程标准的教学设计

基于课程标准的教学需要一套专业的程序。具体地说，基于课程标准的教学由以下八个步骤组成：明确内容标准，即"如何分解课程标准中的相关内容使之更加具体、清晰"；选择评价任务，即"证明学生达到上述标准的最好途径是什么"；制定评价标准或研发评分规则，即"用于判断学生表现的准则是什么"；设计课程以支持所有的学生做出出色的表现，即"怎样选择和组织内容才能帮助学生在完成评价任务时表现突出"；规划教学策略以帮助所有的学生完成课程的学习，即"什么方法和策略才能更好地促进学生的学习"；实施规划好的教学，即"怎样实施上述选定的那些方法和策略"；评估学生，即"利用学生表现证据确定上述标准实现程度"；评价并修正整个过程，即"是否需要补充教学，补充什么"。

1. 以课程标准为思考的起点

课程标准体现的是"国家对不同阶段的学生在知识与技能、过程与方法、情感态度与价值观等方面的基本要求"，它主要是"对学生在经过某一学段学习之后的学习结果的行为描述"[①]。有了课程标准后，理应通过"分解"课程标准得到教学目标，即以课程标准为思考的起点（整体思考路径见下图），根据标准中所要求的相应的学习结果制订学习目标、设计评价、解析教材、选择或改编方法，进而组织教学活动，把教材作为达到学习目标的素材之一，整体指向目标的达成。

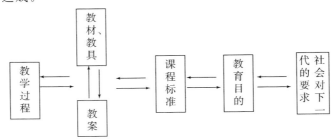

应该特别强调的是，"课程标准提出的三维目标"是基础学力的一种具体表述。第一维目标（知识与技能）意指人类生存所不可或缺的核心知识和基本技能；第二维目标（过程与方法）的"过程"意指应答性学习环境与交往体验，"方法"指基本学习方式和生活方式；第三维目标（情感态度与价值观）意指学习兴趣、学习态度、人生态度以及个人价值与社会价值的统一。在学校教学中，既不能离开了过程与方法、情感态度与价值观去求得知识与技能，也

---

① 钟启泉，崔允漷，张华. 为了中华民族的复兴，为了每位学生的发展：《基础教育课程改革纲要（试行）》解读. 上海：华东师范大学出版社，2001：172.

不能离开了知识与技能去空讲过程与方法、情感态度与价值观的发展。"三维目标"是一个整体，不可分割，三者是融为一体的。[①]

2. 以教学事件为整合载体

"教学事件"是加涅等教学设计专家提出的一个概念，是指教学中应当做的一件件的事。当以分析性的方式看待教学和研究教学的内部结构时，常用"教学事件"来指称"教学"，即 2005 年加涅等人在《教学设计原理》（第五版）中对教学的定义："嵌于有目的活动中的促进教学的一套事件。"我国学者认为，加涅关于教学事件的研究为三维目标整合的可能性提供了实践模型，而当代复杂性理论则为三维目标整合的必要性提供了理论支持，以此为基础建立的三维目标整合的 KAPO 模型打破了加在三维目标整合上的限制条件，有利于教师精心设计教学事件，有效实现三维目标整合，将认知教育与情感教育有机地结合起来。[②]

加涅曾经指出："一般来说，教学包含一组能够支持学生内部学习过程的外部事件，目的在于使学生能够从当前位置过渡到终点目标所规定的能力。在大多数情况下，教学事件必须由教学设计者或教师做出审慎的安排。这些具体的教学事件并非适用于所有的课，而是必须依据每一个学习目标来确定具体的形式。为适合每种情况而确定的教学事件，在支持学习过程方面应具有理想的效果。"加涅以学生的内部过程为基础，提出了"九大教学事件"，每一个事件都与特定的学习过程相对应：

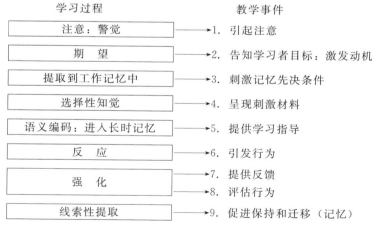

加涅在教学事件上还有一个重要思想，那就是教学事件提供者可以由教师转变为学生。在列出九大教学事件的同时，加涅又及时提醒说，绝不是每堂课

---

① 钟启泉. "三维目标论". 教育研究，2011（9）.

② 李一菲，朱小蔓. 新课程三维目标整合的 KAPO 模型. 天津师范大学学报. 基础教育版，2010（1）.

都需要所有这些事件；随着学习者经验上的增长，教学事件倾向于更经常地由学习者自己来提供。①

◆ 示　例

一个具体"教学事件"实现三维目标的整合
——"你想不想知道树叶为什么会落"②

　　在教学中，教师经常通过提问来激发学生的好奇心，以吸引学生的注意力。例如，当教师问学生"你们想不想知道树叶为什么会落"时，学生接受的刺激是言语信号。在理解语言的前提下，只要学生知道"树叶"和"飘落"这两个词的意思，就能听懂这一问题，进而唤起相应的神经冲动，并表现为具体的心理活动。我们可以将学生可能产生的一些心理活动列举如下：在心里想象树叶飘落的景象，伴有时间、天气、树种的信息，感受大自然的奇妙；根据树叶飘落的有关信息，猜想树叶飘落的原因；联想到自己利用飘落的树叶制作叶画的场景，记起制作叶画的方法，并感到快乐；联想到自己的祖母就是在一个树叶飘落的时节去世的，并感到悲伤……在以上心理活动中，涉及的"知识与技能"包括与树叶飘落有关的知识、制作叶画的方法、树叶飘落和死有关联；涉及的"过程与方法"有猜想的基本方法；涉及的情感态度与价值观包括感受大自然的奇妙、欣赏叶画的快乐心情、祖母去世的悲伤情绪。

　　由此可见，在这一教学事件所激发的心理活动中，包含了三维目标各个维度的内容，由于这些内容都是围绕"你们想不想知道树叶为什么会落"这一提问而展开的，彼此之间具有密切的关联，形成了一个有机的整体。按照KAPO模型，可以将在这一教学事件中实现三维目标整合的具体情况描述如下（见下图）：

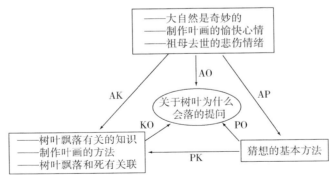

　　（注：三维目标整合的KAPO模型，其中，K、A、P分别代表知识与技能目标、过程

---

　　① 加涅，等. 教学设计原理. 皮连生译. 上海：华东师范大学出版社，1999：216.
　　② 李一菲，朱小蔓. 新课程三维目标整合的KAPO模型. 天津师范大学学报·基础教育版，2010（1）.

与方法目标、情感态度与价值观目标，O 代表教学事件）

3. 以逆向设计为总体思路

1999 年，美国课程与教学领域的专家 Grant Wiggins 和 Jay McTighe 在反思传统教学设计的不足的基础上，提出了一个新的教学设计模式——逆向教学设计（Backward Design），即"从终点——想要的结果（目标或标准）开始，根据标准所要求的学习证据（或表现）和用以协助学生学习的教学活动形成教学"（其过程主要由三个阶段组成，如下图）。他们把课程作为达到既定学习目标的手段，将教学看成将注意力集中于特定主题、使用特殊资源、选择特殊的学习指导方法、已达到既定的学习目标的过程。

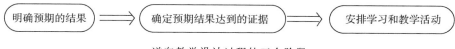

逆向教学设计过程的三个阶段

设计过程中每个阶段围绕一个焦点问题展开，分别为：学生应当知道、理解和能做什么？我们怎么知道学生是否已经达到预期结果或既定标准的要求？怎样的学与教能促进预期结果的达成？

逆向教学设计先明确预期结果，再确定预期结果达到的证据，把评价设计提到教学活动设计的前面，使评价嵌入教学过程，成为诊断和驱动教学的工具。这样一来，教学成为发现证据的过程，评价不再只是教学结束后的终结性检测，两者形成"教学——评价——教学"的螺旋式上升环，不断促进目标的达成。[①]

三、课程标准实施的检测

课程改革，作为全方位、深层次的变革，是一个深思熟虑、有目的、有计划、逐步展开的活动。课程理论家富兰（Fullan）的一句名言讲得好："变革是一个旅程，而不是一个事件。"一般来说，每个完整的课程变革都包含课程计划、课程采用、课程实施、课程评价几个相互联系并交互作用的环节。检测作为评价的一种必要手段，对课程实施特别是课程标准的实施具有监控、调节和保证的作用。

（一）课标实施过程的检测

我国研究指出，课程标准是驱动教育变革的重要力量，它的实施过程需要

---

①　叶海龙. 逆向教学设计简论. 当代教育科学，2011（4）.

多方面的检测：检测教学与标准的一致性程度；检测课程标准；检测关键革新点的实施程度；检测教师接受课程标准的程度。这些多角度的数据将为分析并促进我国课程标准的深入实施提供支撑。①

1．检测教学与标准的一致性

这一问题既涉及对教师实际运作的课程，即实施课程的考察，也涉及学习——教学——评价——标准的一致性的研究。

对教学和标准一致性的检测之所以说是最有必要的，主要原因在于以下两点：第一，通过对教师实际实施课程的调查，能够累计数据发现教师在教什么、怎样教，这些数据对于课程标准的修订具有重要意义；第二，目前我们建立了义务教育的质量检测体系，地方上也有各种统考测评，但这些都是考查学生是否达成标准，而不是学生怎样达成标准，在重要的主题上花费了多长的时间，是否采用了适合的学习过程。因此，开展教学与标准的一致性检测，可以考察教师达成课程标准的时间分配和过程是否有意义，并进行学校和地区的比较，形成在重要主题上的时间和过程的平均数据，从而减少恶性补习、超纲超标的行为。

2．检测关键性革新点的实施程度

在此次课程改革所颁布的各科课程标准中，出现了很多革新点，大体可分成两类：一是普通性的。比如，"关注学生的生活世界，联系学生的生活经验"；"采用自主探索和合作交流的学习方式"；"采用多元化和发展性的评价方法"。这些观点基本上在所有的学科课程标准中都有所体现。二是学科性的。比如，国家语文课程标准中"要进行语文的综合性学习"，上海市语文学科课程标准中"将阅读和写作相结合"，英语学科课程标准中"教师要渗透多元文化意识"，数学学科课程标准中"让学生主动地进行观察、实验、猜测、验证、推理与交流等数学活动"等等。

在分析一些检测工具和案例的基础上，我国的研究者提出以下的基本流程：

（1）寻找每个革新点上教师典型的实施行为；

（2）根据修正后的使用层级表将教师的典型行为分成不同的等级；

（3）根据这一革新点的相关理论研究，结合教师的典型行为，构造一般教师难以达到的更高层级的行为。

---

① 夏雪梅. 课程标准的实施：我们需要检测些什么. 课程·教材·教法，2010（8）.

◈示　例

语文"读写结合"中的机械运用和精致运用

机械运用的行为描述	精致运用的行为描述
·学生的写没有建立在说的基础上，学生缺少语言和思维的共享。 ·后续教学中有拓展练习，但练习没能和教学目标（写作目标）紧密结合。 ·教师前期的写作指导没有建立在指导学生深入阅读的基础上，后续的练习也缺乏对学生练习的反馈。 ·教师对这一句式的训练比较到位，但是过多强调了语文的工具性，而逐渐离开了文本，使教学缺乏了整体意识，让学生只是孤立地体会到了一个个片段。应该让学生明白这些片段"写了什么"，"怎样写的"，更要让他们知道"为什么这样写"。 ·拓展练习脱离了学生的生活实际，较难激发出学生的写作兴趣。	·学生的说和写是紧密相连的，写之前每一层级的学生有充分的语言与思维交流。 ·后续教学中有拓展练习，所提出的拓展内容要切合学生的生活经验和教学目标（写作目标）。 ·学生在进行较高层级的阅读认知要求的基础上进行说话和写话的联系。 ·将读写、文章的重点与主题思想有机整合起来，将语文的工具性和人文性结合起来，让学生明白为什么要这样写。 ·教案中能根据学生的实际设计分层式、递进式等有关读写结合的练习。每一个读写结合的小片段都是为最后的文章做铺垫。 ·写句、写话是为了产生有意义的内容，以达到和其他人进行有意义交流的目的。

3. 检测教师对课程标准的接受度

如果将课程标准作为一个革新点，则对课程标准的接受度的检测包含如下四个方面：（1）课程标准的特征，与以往教学大纲相比较，具有清晰性、实用性等特征；（2）学校对教师实施课程标准的支持，缓解忧虑、了解变革、参与决策；（3）课程标准对教师的价值，个人成本评价、与其他教师合作、教师改善的机会；（4）课程标准对学生的价值。

我们可以据此编制检测接受度的问卷，这在国外以及我国香港地区都已有实证研究。在内地，也有研究者运用这一问卷进行了个案研究，但目前还很少对课程标准的接受度进行研究。虽然有很多研究表明，有这样三组变量影响了教师的接受程度：（1）学校组织结构、文化变量；（2）教师个体的特征，如性别、教龄以及教师个人的感受、教育理念；（3）革新本身的特征，如实用性、清晰性。但是，这些变量都还没有应用于对课程标准的检测，因此，到底哪些变量更加重要，关系如何，还需进一步的实证探讨。

（二）作为教学手段的评价

教学评价是教育评价的一个子项目。由于课程与教学是学校教育最重要的活动领域，而课程与教学的实施又是以师生为主体在交互作用中展开的，因此，课堂教学评价、学生学业评价、教师工作评价都应成为教学评价的对象，这里，我们以课堂教学中的评价为聚焦点，挈领对学生与教师的评价。

应当看到，教育评价既有可能被学生诚心诚意地接受而发挥引导和激励作用，也有可能遭到或明或暗的抵制而导致形式主义；既有可能加深评价者和被评价者的感情，发挥情感激励作用，也有可能加剧双方的紧张状态和对立情绪，造成逆反心理；既有可能催生民主、理解、合作、诚信、积极的学校文化，也有可能造就等级、控制、冲突、欺骗的消极学校文化。因此，教育评价是一把双刃剑，既有可能引导人们主动地、健康地发展，也有可能导致人们被动地、畸形地发展，关键是看人们如何认识和运用它。因此，教师应重视发挥教育评价的正向作用。

1. 激励与引导

德国教育家第斯多惠曾经说过："教学的艺术不在于传授知识，而在于激励、唤醒、鼓舞。"新课程强调"为了每一个学生的发展"，与之相适应的教学评价，就应成为学生发展的催化剂和学生参与教学活动的推进器，让学生在各自不同的起跑线上逐步发展自我，完善自我。

教学评价的激励与导向作用就是让跃跃欲试的学生充满自信，让迷茫困惑的学生充满期望，让聪明智慧的学生超越自我。具体表现在：促进学生发展，激励学生前进，引导学生成长。[1]

◆**示 例**

评价与生命同在

年轻的初中女教师海伦发现自己所教的班里有不少学生学习很吃力，有一些学生因此而有些灰心。为了帮助这些学生增强信心，她想出了一个"妙计"：让每个学生用纸写下其他同学的优点，然后海伦分别抄下大家写给每个人的优点，再把这份"优点单"发给学生自己。学生们看到"优点单"上写的自己的优点，一个个惊喜万分，那些信心不足的学生很快恢复了信心，学习成绩都有了明显的提高。若干年后，海伦与这个班的学生们一起参加了本班一个在战争中死去的学生马克的葬礼，死者的父亲从其遗物中拿出一张曾经打开、折合过许多次的笔记本纸，海伦一眼就认出了这是马克的"优点单"。这时，其他同学也都从自己的贴身口袋里拿出了自己的"优点单"。大家说，我们都保留着这份"优点单"，随时随地带着它。它在我们遇到困难的时候可以让我们想到自己的闪光点，从而增强自信心。

---

[1] 姚便芳. 评价的奥妙. 成都：四川大学出版社，2010：2—49.

2. 调控与管理

教学评价的结果是一种信息反馈，它既可以使教师及时知道自己的教学情况，也可以使学生得到学习成功和失败的体验，从而为师生调整教与学的行为提供客观依据。教师据此修订教学计划，改进教学方法，完善教学指导；学生据此变更学习策略，改进学习方法，增强学习自觉性。它有利于使教学过程成为一个随时得到反馈调节的可控系统，使教学活动越来越接近预期的目标。

◆ 示　例

一个教师在单元考查后的反思

首先，从基础知识的考查中，可以反映出教学中存在的问题。教学中在重视培养学生的能力、创新精神的同时也要重视基本技能的训练。培养学生的听、说、读、写能力是语文教学的一项重要任务。培养学生的聆听、说话、阅读、写作和思维能力是教学总目标，与"陶冶品德"、"开发智力"并列。为了加强语文基础知识的掌握，必须转变教学方法。

其次，扩大学生的阅读量。除了规定的篇目以外，还应当鼓励学生多积累一些著名文章、名言警句、先哲常识、农谚俗语等，这些无论对于学识还是做人，都是十分有益的。

再次，积累是学好语文的永恒主题，在这次考查中，发现了学生学习语文过程中存在的问题——知识积累不足，"双基"掌握不够，语言表达欠缺，这也正是在教学过程中暴露出来的问题。今后我们要针对自己的教学情况进行调整，切实提高语文教学质量。要求学生在阅读时自主积累，把阅读积累和摘抄很好地结合起来；在写作中积累，要帮助学生养成良好的习惯。

检测是对教学效果进行测量并做出判断，是教学评价的一项重要功能。任何教学评价都是依据测定的结果进行综合、分析得来的，检测功能是其他功能的基础。通过采用观察、测量、考试、考查、作品分析、调查等多种方法进行测定，使教师反思自身的教学设计、教学策略和教学行为，为改进教学、提高教育质量提供客观的依据。另外，教学评价的检测还要求对教师和学生的教学态度、个性、能力、适应性、创造性等难以数量化的内容进行全面的、科学的检测。

3. 改进与增值

评价不是为了"证明"，而是为了"改进"，这已经成为人们的共识。同时，评价还具有价值增值的功能，它不仅可以提高学生的学习效率，还可以提升教师的素质，促进教学改革。

教学评价与教学效率有着必然联系，提高学生的学习效率是教师孜孜追求的目标，只有学生的学习效率提高了，课堂教学质量才会有可靠的保障，减轻学生课业负担才会有依托，落实新课标才会有教学效果上的动力支持。提高学生学习效率的途径有多条，其中，恰当的教学评价是提高学生学习效率的一条行之有效的途径。

◉示　例
张老师的"忧"与"喜"①

　　张老师是新来的教师，这学期学校安排他教初二的数学课。在简单了解了班里情况之后，张老师很快投入到备课、上课的紧张工作中。然而，不久他就发现，他的课出了问题，上课提问无人回答，学生作业错误百出。张老师陷入了深深的烦恼中，该讲的自己都讲了，重点、难点也反复强调过了，教学方法也没什么不得当，可教学效果就是不好。一番思索之后，张老师突然意识到，问题就出在自己并不了解学生上。自己既不了解整个班级的数学学习情况，也不了解每个学生的学习情况，只是想当然地备课、上课，犯了无的放矢的错误。接下来，张老师马上组织了一次数学测验，不测不知道，一测吓一跳，自己讲过的知识，学生掌握的很少。再仔细分析，问题出在不少学生对初一学习的知识就没有完全理解和掌握上，所以影响了现在的学习。发现了这个情况后，张老师既惊又喜，惊的是原来班里学生的情况和自己想象的完全不一样，上初二了，初一的知识还没掌握；喜的是幸亏发现得早。针对班里学生学习的情况，张老师及时调整了教学计划，改变了教学策略，扩充了教学内容，通过查缺补漏，适时补充了初一应掌握的知识。一段时间之后，张老师发现，课上自愿回答问题的人多了，学生作业中的错误也减少了很多，数学课的整体效果有了很大改观。

　　在诊断了学生的学习情况之后，张老师设计出了满足学生起点水平和不同学习风格学生所需的教学目标与方案，并将学生置于最有益的教学程序中，使课堂教学达到了预期目标。

（三）掌握课堂评价的技巧

　　课堂是教学的主阵地，教师在课堂中运用的评价方式直接影响着教学质量，影响着学生发展。课堂中的随机评述——或观察，或访谈，或研讨，随时随地，即时即景，激励学生成长；课堂里的测验作业，或主观试题，或客观测验，或情境再现，激发学生深刻反省，启发学生深入思考；课堂上的成果展示，或表现展示，或档案记录，增强学生的自豪感，提升学生的自信心。

---

①　李玉芳. 多彩的学生评价. 北京：教育科学出版社，2009：25.

1. 嵌入日常情境

知识在情境中释放，评价在情境中生成，只有扎根于真实的教学活动，评价才能发挥出巨大的能量，照耀学生前进的道路。教学情境中的随机评价包括观察、谈话和研讨。通过观察，可以走进学生的真实生活，发现学生的真实状态，促进学生的良好发展；通过谈话，可以与学生面对面交流，产生情感共鸣，激励学生成长；通过研讨，可以发现学生的真实想法，实现教学相长。

◆示　例

L 老师对 H 学生课堂观察的日记选摘[①]

班级：三（四）班　　　学生：H　　　日期：2004 年 10 月 16 日

我向来觉得 H 是个非常聪明、善良、守纪律的学生，学习尚有很大的潜力可挖。可今天不知道怎么搞的，上课时他就像一个没有上足发条的闹钟，走得有气无力，让他回答问题的时候，支吾半天，好像根本没听清我提的问题，没有表现出学习的积极性。我故意让他上讲台写算术题，他也没有完全做对，这与他平常的表现大相径庭。

课后，我专门留下他进行谈话。刚开始谈话的时候，他表现得极为紧张，在我的耐心鼓励下，他终于说出了原因。原来他昨天在家的时候由于犯错误被父母责怪，所以影响了他的上课效果。看来，这件事情我要写在"家校联系本"上，以引起家长的注意。

从这个例子中我看出家庭以及家庭教育对学生的影响是巨大的，家庭与学校的关系是紧密的，学生的成长环境需要学校与家庭的共同营造。

从日记中可以发现，L 老师对 H 学生的观察是在自然状态中，采用直接观察和参与观察相结合的方法。L 老师通过观察，发现 H 同学上课注意力不集中，表现异常，及时找其谈话，寻找原因，进行反思，采取有效措施。

2. 提供展现机会

如果说教学活动中的随机评述给学生以动力，试题评价给学生以反馈的话，那么，成果展示则给学生以自信。

教学活动中的成果展示有多种形式，与之相对应的评价形式也有多种，下面主要说三种：表现性评价、档案袋评价和课堂测验作业。

表现性评价是根据课程目标和教学内容，让学生在真实或模拟的生活情境中，运用学过的知识和技能去完成某种综合性、真实性的任务，教师对学生完成任务的过程及其成果进行评价，以考查学生知识和技能的掌握程度、解决实际问题的能力以及交流合作、批判思维等多方面能力的评价方式。[②]

---

① 谢洁茹. 基础教育课程改革背景下质性学生评价研究. 桂林：广西师范大学，2005.

② 俎缓缓. 真实性学生评价研究. 上海：华东师范大学，2007.

　　档案袋评价也可称为"学习档案评价"或"学生成长记录袋评价"。它记录学生的成长过程，能为学生本人和教师提供丰富多样的材料，其评价是为了展示学生的学习和进步状况，促进学生的自主发展。由此看来，档案袋评价有双重的含义和作用，其一是归纳学习者的学习、表现与交流，以及学习者自己编辑制作的作品；其二是作为多元化评价的素材。

　　课堂教学中的书面测验和作业是相通的，作用一致，内容相似，题型趋同，因此，可以把它统称为试题。根据答题方式及判分性质的不同，可以把试题分为主观性试题、客观性试题。在新课程背景下，主动性作业、情境性试题日益受到重视，因此，这里把情境性试题作为测验的一种类型单列出来。

◈示　例

"单位间双向转化"的情境创设

　　在学习了单位间双向转化的知识之后，教师为了了解学生对于单位间转化的理解深度而创设了一个情境，让学生使用所学过的知识，灵活地去解决那些与单位转化相关的实际生活问题，例如：

　　妈妈在网上订了一套在上海买不到的百科全书，这套书的价格为100元，不过如果想通过邮寄的方式拿到这套书，邮费得你们自己付。

　　你们可以选择两种不同的邮寄方式：

　　一种是普通的邮寄方式，三天后能拿到书，邮费是每0.5千克收费2元。

　　另一种是快递的邮寄方式，一天后就能拿到书，邮费是每0.5千克收费8元。

　　这套书放在邮局专用的放包裹的盒子里称，显示是1050克，那么，你会选择哪种邮寄方式拿到这套书呢？为什么？

　　那么，要想拿到这套书，你们究竟要花多少钱呢？你是怎么知道的？能不能用写一写，画一画等方法来解释一下你是怎么想的。

一份文字描述的情境性试题[①]

　　6月1日，三（一）班48名学生准备和班主任王老师到游乐园去欢庆自己的节日。买票时他们看到游乐园对团体购票有优惠，原来每人每张票2元钱，现在购一张15元的团体票就可以让10个人进去。如果请你去买票，你准备怎么买？说说你买票的方法，并请计算出你一共需要花多少钱

　　这样的作业，一方面与学生的生活紧密相连，是学生感兴趣的事情；另一方面，完全符合学科思想。"如果请你去买票，你准备怎么买？说说你买票的方法，并请计算出一共需要花多少钱"的设计，使学生都能参与，再加上作业内容的多样性，在交流时学生的创造性也可以同时得到展示，而教师则可根据

---

　　① 余志成. 情景测验：问题解决能力的评价方式. 江西教育，2005（6B）.

不同学生的创造性表现方式和程度给予相应的评价。

3. 注重及时强化

好的教学评价，能激发兴趣，启迪心智，拓展思维，调动情感；能激活课堂教学气氛，优化教学过程，提高教学效率。要做到这样的评价，一方面需要恰当应用评价方式，真正做到"评"有所用，"评"尽其用；另一方面需要掌握实践操作中的技巧，它是进行科学评价的基础。

强化是指给予一定的刺激以增加合乎要求的反应概率的过程。强化可分为正强化和负强化。正强化是为促进某种行为的保持与发扬，负强化则是为了抑制或消除某个反应。课堂教学中的评价要充分发挥其强化学生学习的作用，激励学生向着正确的方向前进。

强化的手段可分为言语强化、体态强化和符号强化。

◈示　例

赏识激励
—— 吉春亚执教的《和时间赛跑》片段

师：你们的朗读的确悦耳、动听，哪名同学愿意把你第一次读时读得不太顺的内容再给大家读一遍？

（男生 1 读）

师：孩子，你有进步。

（男生 2 读）

师：孩子，你从不会到会了，你成长了。

（男生 3 读）

师：嗯，多读几遍就一定能把课文读通顺，你也在进步。

（女生 1 读）

师：你的长进啊，就在你从读得不通顺到读得流畅当中。

（女生 2 读）

师：你这是告诉我，多读几遍就一定能读好了。

吉老师对学生的初读都进行了准确而得体、真诚而又鼓舞人心的评价，使每一名学生都感受到了爱、期望与信任。